JN4437189

사례중심
유통관리

김문정/김은희 공저

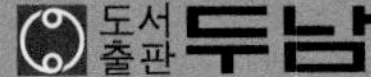

Preface

컴퓨터, 인터넷으로 대표되는 제3차 산업혁명(정보 혁명)에서 한 단계 더 진화한 혁명으로 일컬어지는 제4차 산업혁명[1]과 더불어 살아가야하는 세상은 인공 지능(AI), 사물 인터넷(IoT), 클라우드 컴퓨팅, 빅데이터, 모바일 등 지능정보기술이 기존 산업과 서비스에 융합되거나 3D 프린팅, 로봇공학, 생명공학, 나노기술 등 여러 분야의 신기술과 결합되어 실세계 모든 제품 · 서비스를 네트워크로 연결하고 사물을 지능화하고 있다. 이런 변화에 힘입어 기업들은 국경이 없는 세계화를 추구하고 있으며, 따라서 한 나라의 사회 경제적 변화는 세계 모든 나라에 영향을 미치고 있다.

유통시장 완전개방(1996년) 이후 외국의 다국적 유통기업들이 본격적으로 한국시장에 진출하면서 한국유통산업은 비약적으로 발전하였다. 그들이 10여년 동안의 경영에 실패하여 비록 철수했지만 한국유통산업의 발전에 대한 기여는 무시할 수 없을 정도이다. 이들의 선진경영기법과 막강한 자금력에 경쟁하려했던 한국 내 유통기업들은 자체의 성장은 물론 국민경제에서 차지하는 유통산업의 중요성을 높이고, 유통에 대한 실무 및 학계에 관심을 고조시켜 여러 대학에서 유통관련학과가 개설되었고, 여러 기업들이 중국을 비롯한 아시아의 여러 국가에 진출하여 성장 발전하고 있다.

본서는 급속도로 성장하고 있는 유통산업에서 자신을 성장시키고자 하는 실무자들과 미래의 사회생활을 유통기업에서 시작하려는 학생들에게 지식의 기반을 다지는데 초서가 되기를 간절히 바라면서 만들어졌다. 이 책은 저자들이 대학에서 강의한 경험과 사회활동에서 얻은 자료를 이용하여 이론을 간단히 설명하고, 기업에서 이루어지고 있는 적용사례를 통하여 유통경로 및 활동을 좀 더 쉽게 이해할 수 있도록 하였다.

---

1) 4차 산업혁명(4IR, fourth industrial revolution)이라는 용어는 독일에서 2010년 발표한 '하이테크 전략 2020'의 10대 프로젝트 중 하나인 '인더스트리 4.0(Industry 4.0)'에서 '제조업과 정보통신의 융합'을 뜻하는 의미로 사용되었는데, 2016년 1월 스위스 다보스에서 열린 '세계경제포럼(WEF)'에서 '4차 산업혁명'을 화두로 제시하면서, '디지털 혁명에 기반한 물리적 공간, 디지털적 공간 및 생물학적 공간의 경계가 희석되는 기술융합의 시대'로 정의하면서 사용되기 시작하여 점차 범위가 확대되고 있다.

이 책은 전체 13장으로 구성되어 있다.

제1장에서는 유통에 관해 처음으로 학습하는 학생들의 이해를 높일 수 있도록 유통의 의의와 기능 및 필요성에 대해 살펴보았으며, 2장에서는 유통산업의 활동에 영향을 미치는 유통환경에 관해 살펴보았다.

제3장에서는 유통업의 대표적 형태인 소매업 및 소매상의 개념과 소매업의 변화와 발전에 관한 이론에 대하여, 4장과 5장에서는 점포소매상과 무점포소매상의 유형과 특징, 급속히 변화 발전하고 있는 온라인 및 모바일쇼핑, 옴니채널에 관한 최근 동향을 살펴보았고, 제6장은 소매점 마케팅전략, 7장에서는 도매상의 기능과 유형에 관해 살펴보았다.

제8장에서는 유통경로 관리로 유통경로 설계 및 경로구성원간의 갈등, 제9장은 유통경로시스템으로 최근 다양한 업종에서 적용되고 있는 프랜차이즈 시스템에 대하여 살펴보았다. 제10장에서는 유통정보시스템의 의의와 필요성과 기술에 관해 살펴보았고, 제 11장에서는 물적유통관리에 대해 서술하였다.

제12장은 상권분석으로 유통을 처음 학습하는 학생들에게는 조금 어려울 수 있으나 2급 유통관리사 준비를 위한 필수 과목이므로 유통관리사를 대비할 수 있도록 하였다. 마지막 장인 제13장에서는 유통산업의 세계화로 세계로 뻗어나가고 있는 한국유통업체의 세계화에 관한 것과 글로벌화 되고 있는 세계의 유통업체에 관해 국가별로 살펴보았다.

저자들은 2010년 유통관리에 관한 집필을 시작하여 처음 유통을 접한 학생들이나 실무자들에게 좀 더 쉽게 유통을 이해할 수 있는 유통입문서가 되는 데 초점을 두고 노력하여, 본서는 세 번째로 구성과 내용면에서 부족한 점을 보완하고 사례연구는 거의 99%를 바꾸면서 유통산업이 얼마나 사회적이며, 소비자와 민감한 관련이 있는 현실적 학문인지를 더욱 절감하였다. 그러다 보니, 가장 최근의 조사에 의한 전문기관의 연구보고서 및 기사를 편집하여 인용할 수 밖에 없었음을 밝혀둔다. 따라서 유통이 학문으로서의 깊은 연구보다는 사회과학으로서 사회변화 현상을 읽힘으로써 사회구성원으로서의 자질을 높일 수 있다는 데 확실한 의의를 두고 싶다.

끝으로 이 책이 나오기까지 촉박한 일정에도 깔끔하게 편집해 주신 도서출판 두남 전두표 사장님을 비롯한 여러 직원들께 진심으로 감사드린다.

2018. 2.

저자일동

Contents

제3장 소매업과 소매상 • 63

제4장 점포소매상 • 75

제5장 무점포소매상 • 103

제6장 소매점 마케팅전략 • 129

제7장 도매업과 도매상 • 145

제8장 유통경로관리 • 167

제9장 유통경로시스템 • 187

제12장 상권분석 • 255

제13장 유통업체의 세계화 • 281

제1장

유통과 유통경로

제1장 유통과 유통경로

유통(distribution)이란 생산물이 만들어져서 소비자에게 전달되기까지 사회적·경제적 이전에 의해 생산물이 움직여가는 과정을 말한다. 즉, 생산자에 의해 만들어진 제품 및 서비스를 소비자에게 전달하는 과정에서 제품을 보다 효율적으로 공급하기 위해 생산과 소비를 연결시켜 주는 기능이나 활동을 유통이라 하며, 그 활동을 수행하는데 참여하는 상호의존적인 조직들의 집합체를 유통경로라 한다.

유통은 일반적으로 두 가지 측면에서 살펴볼 수 있다. 첫째, 국민 경제적인측면에서 생산과 소비를 연결시켜주는 기능을 수행하는 활동을 주업으로 하는 유통업 또는 유통산업이며, 둘째, 기업 측면에서 생산된 제품에 형태, 시간, 장소 및 소유 등의 효용을 더해줌으로써 부가가치를 창출하기 위한 유통경로의 관리활동으로 나누어 볼 수 있다.

유통경로(distribution channel)란 특정제품이나 서비스가 생산자로부터 소비자나 산업재 사용자로 옮겨가 그들이 사용하거나 소비하도록 하는 과정에 관련된 상호의존하는 조직들의 집합을 의미한다. Stern과 El-Ansary[2] 등은 유통경로란 제품이나 서비스가 사용 또는 소비될 수 있도록 하는 과정과 관련된 일체의 상호의존적이고 독립된 조직의 집합이라 하였고, Bo-wersox와 Cooper[3]는 상품과 서비스

---

2) Anne T. Coughlin, Erin Anderson, Louis W. Stern and Adel El-Ansary, Marketing Channels, 6th ed.(Upper Saddle River, NJ: Prentice Hall, 2001), pp. 2-3.

3) Bowersox, Donald J. and M. Bixby Cooper, Strategic Marketing Channel Management, Mcgraw-Hill, Inc., NY. 1992, p. 4.

의 구매 및 판매과정에 참여하는 기업들 간의 관계시스템이라 하였다. 이들의 정의를 정리하면, 유통경로는 상품이나 서비스를 생산자로부터 소비자에게 이전하는 것과 관련되는 상호의존적인 조직들의 집합으로 생산자, 도매상, 소매상, 소비자로 구성된 경로구성원을 의미하는 것으로 경제생활의 발달에 따라 생산자와 소비자 사이의 격차를 해소해 주는데 기본 역할이 있다. 먼저 유통의 의의와 기능, 유통활동을 수행하는 유통경로에 대해 살펴보기로 한다.

제1절 유통의 의의와 기능

1. 유통의 의의

유통이라는 활동이 생겨난 것은 산업혁명이후 생산기술의 혁신을 통해 대량생산체제가 확립됨에 따라 대량생산된 상품을 종래와 같은 비효율적인 유통경로를 통해 판매하는 것보다 좀 더 많은 소비자에게 효율적으로 전달하기 위한 필요성 때문이었다. 또한 사회가 발전하면서 소비자 욕구가 다양해지고, 기업들의 경쟁이 심화되면서 생산자는 생산기능을, 유통업체는 유통기능을 전문적으로 수행함으로서 기업의 장기적인 발전에 영향을 가져올 수 있을 만큼 유통활동이 필수적이며, 광범위하게 되었다.

유통활동은 상적 유통과 물적 유통으로 나누어진다. 상적 유통(commercial distribution)이란 상품에 대한 소유권이 이전되는 상거래와 관련된 활동으로 생산자, 중간상, 소비자 간에 계약이 성립되어 대금을 지불하고, 소유권이 이전되도록 하는 기능을 수행하는 것으로 주로 도매상과 소매상이 수행하는 활동이며, 물적 유통(physical distribution)은 상거래 성립 후 상품의 물리적 이동과정에서 시간 및 장소 효용을 창출하는 활동으로 운송, 보관, 포장, 하역, 유통가공 활동 등의 기능을 수행하는 것으로 운송 및 창고업자, 택배업자 등이 수행하는 활동을 말한다.

유통활동의 전문화는 기업경영활동의 분업화를 가져와 경제발전 척도의 하나로 인식되면서 생산부문에서는 연구개발, 기획 및 마케팅 등의 세부 활동으로, 유통부문에서는 도매, 소매, 물류 등의 활동으로 세분화되었다. 특히 최근에는 생산, 유통, 소비로 이루어지는 수직적 유통경로 상에서 힘의 중심이 생산자에서 유통업자로 이전되면서 유통업체의 대형화 및 다점포화를 가져와 유통의 중요성이 더해지고 있다.

이와 같이 전문화되어가고 있는 유통활동은 생산자 및 소비자에게 금전적, 시간적, 심리적, 육체적 비용을 발생시키기도 하지만 사회 전체적으로 볼 때 유통비용을 최소화함으로써 유통의 효율화를 가져올 수 있다는데 유통의 의의가 있다.

사례 1-1

유통업계, 4차 산업혁명으로 진화

최근 유통업계의 4차 산업혁명 기술접목이 활발하게 진행되고 있다. 각 브랜드별 인공지능(AI) 챗봇(Chatbot) 출시는 물론 빅데이터 기반의 개인 맞춤형 상품 추천 기능과, 생체인증을 활용한 무인점포도 등장하였다.

인공지능의 일상화

2017년 12월 21일 롯데백화점은 딥러닝(Deep learning)기술을 활용한 챗봇 '로사(LOSA)'를 선보였다. 로사는 모바일로 고객과 음성 대화와 채팅이 가능하며, 온·오프라인 빅데이터를 이용해 고객의 요청과 상황에 맞는 제품을 추천해주기도 한다. 또 단순한 키워드 검색을 넘어 한국인 정서에 맞는 대화도 가능하게 기획됐다. 생일과 크리스마스, 명절 등 특정 기간에 적용할 수 있는 약 240개의 추천 대화 시나리오를 준비해 상황에 따른 상품 제안이 가능하도록 돼 있다.

신세계백화점도 2017년 4월 AI 고객분석프로그램 'S마인드'를 자체 개발했다. 빅데이터 분석을 통해 고객의 최근 구매패턴과 선호 장르를 분석해 맞춤형 세일과 쇼핑 정보를 제공한다. 신세계백화점에 따르면 고객이 S마인드를 탑재한 앱(애플리케이션)을 통해 제공된 쇼핑정보를 확인 후 실질 쇼핑으로 이어지는 응답률이 2017년 11월 정기세일기간 동안 60%에 육박했다. 이는 기존 종이 인쇄물을 통한 응답률보다 12%p 높은 수준이며 실제 2017년 11월 세일기간 매출도 12.1%라는 신장률을 기록했다.

인터파크도 챗봇 '톡집사' 도입 후 상품 검색이 구매로 이어지는 구매전환율이 3배 높아졌다. 11번가 역시 챗봇 '바로'를 도입한 후 상담 건수가 이전보다 6배 늘어난 것으로 조사됐다.

챗봇 사업은 매출 실적 외에도 상담 비용 절감과 24시간 1:1 서비스가 가능하다는 장점, '무노력쇼핑' 등 소비 트렌드에 따라 앞으로 유통업계가 가장 주목하는 신사업이 될 것으로 전망된다.

무인점포 출점 가속화

세븐일레븐은 2017년 5월 정맥으로 본인인증과 결제까지 가능한 '핸드페이' 시스템을 골자로 한 스마트무인편의점 '시그니처'를 롯데월드타워 31층에 개장했다. 360도 자동스캔으로 점원 없이 물건 결제가 가능하며 스마트 CCTV가 고객의 동선과 체류시간 등을 체크해 상품 진열과 구매패턴 등의 데이터를 축적한다.

이마트24는 2017년 6월 전북 전주 교대점을 시작으로 총 4개의 무인점포를 열었으며, 신용카드로 매장 출입과 결제가 가능하다.

GS25를 운영하는 GS리테일은 최근 KT와 함께 미래형 스마트 편의점 개발을 위한 '태스크포스팀(TFT)'를 구성했으며, CU역시 업계 최초로 고객이 스마트폰으로 상품 스캔과 결제를 스스로 해결하는 모바일 결제 앱 'CU Buy-Self(CU 바이셀프)'를 개발했다. GS25와 CU는 연구개발과 시범운영 등을 거쳐 2018년에 무인점포를 실현한다는 방침이다.

산업통상자원부는 유통산업의 4차 산업혁명 시대 도약에 발판을 마련을 위해 2018년부터 5년간 약 170억 원의 연구개발(R&D) 예산을 신규 투입한다. 이번 예산은 상품구매 정보에 대한 빅데이터 구축과 AI기반 개인 맞춤형 상품 추천, 가상·증강 현실을 통한 시·공간을 초월한 쇼핑 등 미래 유통산업의 핵심 경쟁력 확보를 위한 유망과제 연구개발에 쓰인다.

자료원: 일간투데이, 2018.01.02. 기사편집

2. 유통의 기능

제품 및 서비스의 흐름을 효율적으로 이루어질 수 있도록 하기 위해 유통활동이 수행하는 기능은 소유권 이전기능, 물적 유통기능, 조성 기능으로 나누어볼 수 있으며, 그 기능을 구체적으로 살펴보면 다음과 같다.

1) 소유권 이전기능

소유권 이전 기능은 주로 도매상이나 소매상에 의해 수행되는 활동으로 상품의 구매 및 판매활동을 통해 이루어지는 기능으로서 교환기능 또는 상거래 기능이라고도 한다.

첫째, 구매활동은 상품을 구매하기 위해 상품의 종류, 수량, 가격, 지불조건, 공급업자 등에 관한 의사결정과 관련된 활동이다.

둘째, 판매활동은 잠재고객의 발견, 구매유발, 판매를 위한 상담 등 판매기능이 수행되기 위해서 판매촉진 활동이 선행되어야 한다.

2) 물적 유통기능

물적 유통기능은 운송업자나 창고업자 등에 의해 수행되는 활동으로 생산과 소비 사이의 장소적, 시간적 격리를 조절하는 기능으로 운송, 보관, 하역, 포장, 유통가공활동 등에 의해 이루어지는 기능을 말한다.

(1) 운송활동

운송활동은 생산과 소비 사이의 장소나 지리적인 격리현상을 극복할 수 있는 기능으로 운송활동은 상품의 효율적인 수송을 위해 운송 수단 결정을 위한 계획 및 관리 감독 활동 등을 하며, 대체로 전문화한 운송업자에게 위탁 수행되나 경우에 따라 중간상이 직접 수행하기도 한다. 운송은 상품의 성질, 형태, 수송거리의 장단 및 지리적 조건 등을 고려해서 수행되어야 한다.

(2) 보관활동

보관활동은 생산과 소비사이의 시간적 격리를 극복하여 수요와 공급을 조절하는 활동으로 상품을 특정의 장소에 저장하고 그것을 실질적으로 통제함으로써 상품의 시간적인 가치를 조정하는 작용을 한다. 보관활동은 농산물이나 수산물 등과 같이 부패되기 쉬운 경우 생산시기로부터 판매시기까지 보관하는 것이 매우 중요함으로 전문화된 창고업자에 위탁 수행되는 것이 효과적일 수 있다.

(3) 하역활동

하역활동은 각종 운반수단에 화물을 싣고 부리는 것과 보관화물의 창고 내에서의 쌓기와 내리기 또는 이에 부수되는 작업을 총칭한다. 따라서 운송과 보관능력의 향상을 지원하는 역할을 하는 등 상품의 이동거리가 짧은 경우 이루어지는 기능이다.

(4) 포장활동

포장활동은 유통과정 즉, 운송, 보관, 거래, 사용 등에 있어 상품의 내용물을 보호하거나 유지하고, 하역 및 보관을 편리하게하기 위해 이루어지는 활동이다.

(5) 유통 가공활동

유통 가공활동은 상품의 본래 기능은 유지되면서 형태 등을 변화시켜 보존을 편리하게 하여 물류 가동률을 높이려는 활동을 말한다.

3) 조성 기능

조성 기능은 소유권 이전기능과 물적 유통기능이 원활하게 수행될 수 있도록 지원하는 활동으로 표준화, 금융, 위험부담, 시장정보제공활동 등을 말한다.

(1) 표준화 활동

표준화활동은 상품의 질적 차이를 조절하여 거래 과정에서 거래단위, 가격, 지불조건 등을 표준화시키는 활동으로 상품으로서 가치를 높이고 거래를 원활하게 해준다. 표준화를 위해서는 분류, 재분류, 등급 등의 선별과정을 통해 이루어지는데, 분류(sorting)란 상품을 크기별, 중량별 등으로 구분하는 것이고, 재분류(assorting)란 도매상이나 소매상이 재판매를 목적으로 소매상이나 소비자들에게 유용한 양이나 크기로 나누고, 등급(grading)은 분류된 상품을 대, 중, 소 등으로 구분하는 것이다.

(2) 금융활동

금융활동은 유통기관이 자본 및 신용을 조달하고 관리하는 것을 말한다. 자본이란 원료구입이나 인건비 등과 같이 경상적 용도에 투입되어 단기간 회수가 가능한 운전자본을 의미한다. 신용이란 은행신용, 상업신용, 외상신용, 할부신용 등으로 유통기관이 금융기관에서 차입하거나 자체에서 할부 및 외상거래 등을 통해 생산자와 소비자 사이의 자금의 흐름을 원활하게 해주는 기능을 말한다.

(3) 위험부담활동

위험부담활동은 유통과정에서 발생되는 물리적, 경제적 위험을 유통기관이 부담하는 것으로 사고에 의한 파손, 도난, 화재에 의한 소실, 상품의 진부화, 경기변동 등에 의한 금전적인 손실을 유통기관이 부담하는 것을 말한다. 위험부담을 감소시키거나 회피하기 위하여 대손충당금을 설정하거나 보험 가입, 신용조사과 설치 등의 방법으로 대처하기도 한다.

(4) 시장정보제공활동

시장정보제공활동은 기업이 필요로 하는 소비자 정보와 소비자가 필요로 하는 상품정보를 수집, 제공하는 활동으로 종업원, 경쟁업자, 고객, 거래처 등으로부터 산업동향, 소비트렌드, 경쟁기업의 활동 등에 대한 정보를 수집하고 제공하는 것을 말한다. 이 정보기능이 유효하고 효율적으로 수행됨으로써 거래가 원활하게 이루어질 수 있는 것이다.

사례 1-2

유통업계 기술경쟁: 유통기한 늘리기

식품 신선도를 더욱 꼼꼼하게 따지는 소비자들이 늘어나고 있다. 이에 따라 식품업체들은 다양한 공법을 활용해 유통기한을 늘리거나 제품을 보다 신선하게 보존할 수 있는 방법을 찾기 위해 안간힘을 쓰고 있다.

최근 들어 제품 유통기한을 7배 가까이 늘리는 초고압처리(HPP) 공법을 적용한 식음료 제품이 늘고 있다. 고로쇠수액은 은은하게 달콤한 맛에 각종 영양분이 풍부해 많은 사랑을 받고 있는 음료이지만 채취 후 유통기한이 4일 정도로 불과해 대량 생산과 유통이 어려웠다. 이에 홍국에프엔비는 수심 6만 미터와 비슷한 압력으로 살균처리를 하는 초고압처리 공정을 고로쇠수액에 적용했다. 그 덕분에 살균과정에서 제품 변형을 막고 맛과 영양은 그대로 유지하면서 유통기한은 한 달 가까이 늘렸다.

초고압처리 공법은 육가공품에도 활용되고 있다. 일부 대형마트 매장에서 판매해온 생소시지는 유통기한이 짧은게 단점이었다. 진주햄의 '육공방 생소시지'는 초고압공법을 통해 신선육의 맛과 품질을 유지하면서 유통기한을 15일까지 확보했다.

아이배넷의 '베베핑거치즈'는 원재료를 동결시킨 뒤 압력을 줄여 수분을 빼는 과정을 거쳤기 때문에 유통기한이 길고 상온 보관도 가능하다. 원재료의 맛과 향, 영양소 파괴도 최소화해 치즈 본연의 맛과 영양을 그대로 담았다는게 회사측 설명이다.

CJ제일제당의 '비비고' 가정간편식은 과거 소스, 건더기, 육수 등 모든 재료를 함께 포장한 후 동일한 온도에서 살균처리를 했던 방식과 달리 육수와 건더기의 풍미와 원물 조직감을 향상시키기 위해 분리 살균 방식을 적용했다. 살균 시간을 단축시켜 원재료가 열을 받는 시간을 줄임으로써 원재료 맛을 살리고 유통기한을 9~12개월로 늘릴 수 있었다.

자료원: 매일경제, 2017.06.23. 기사편집

제2절 유통경로의 효용과 필요성

1. 유통경로가 창출하는 효용

유통경로는 기업이 제품이나 서비스를 목표시장에 효율적으로 도달하게 하여 고객만족과 경쟁우위를 확보하게 할 수 있는 전략적 마케팅 수단으로 유통경로의 선택은 마케팅관리자가 직면하는 가장 중요한 의사결정 중의 하나인 마케팅 믹스 요소이다.

세계화된 경쟁 개방체계에서 유통경로는 다른 마케팅 믹스요소들에 비해 쉽게 변화시킬 수 없고, 다른 경쟁기업이 쉽게 모방할 수 없으므로 유통경로에 대한 의사결정은 기업의 성공에 영향을 미치게 된다.

유통경로가 원활하지 않으면 생산과 소비간의 순환이 어렵게 되어 생산된 제품이 소비자가 원하는 시간과 장소에 전달되지 못하여, 기업은 제품이 주는 부가가치를 창출할 수 없게 되므로 성장·발전하기 어렵게 될 것이다.

유통경로가 창출하는 효용(utility)이란 특정 제품이 소비자가 이상적으로 바라는 모양을 가졌거나, 자신이 필요한 시간 및 장소에서 구매할 수 있도록 욕구를 일으키도록 하는 것으로 형태, 시간, 장소, 소유 효용의 4가지가 있다.

1) 형태효용

형태효용(type utility)은 특정제품의 형태를 소비자가 원하는 경제적 혹은 실용적형태로 바꾸어 제공함으로써 소비자가 가치를 인식할 수 있도록 하는 것이다. 생산자가 대량 포장으로 공급한 상품을 유통업체가 소량포장하거나 상품 등급을 다르게 포장하여 형태가 다르게 보이도록 하는 것이다. 예를 들면, 대형마트에서 1인 가구의 증가에 맞춰 소량으로 포장한 상품을 판매하기도 하고, 상품이 신선하게 보이도록 랩을 씌우거나 진열장의 온도 상태를 소비자가 볼 수 있도록 진열하는 것 등에서 형태효용의 창출을 볼 수 있다.

2) 시간효용

시간효용(time utility)이란 소비자가 필요로 하는 제품이나 서비스를 구매하기 원하는 시간에 공급함으로써 발생되는 효용을 의미한다. 예를 들어 편의점은 슈퍼마켓보다 상품 가격이 비싸지만 24시간 연중무휴라는 영업 전략으로 시간의 압박을 받고 있는 현대인에게 더 많은 시간효용을 창출하기 때문에 고가의 판매가 가능하다. 또 다른 예로 출하시기가 아닌 채소나 과일 등을 보관하여 소비자가 원하는 때에 구매할 수 있도록 유통시키는 것, 아침에 배달되어야 신선하게 인식되는 우유 등에서 시간효용의 창출이 가능한 것이다.

3) 장소효용

소비자가 원하는 장소에서 제품이나 서비스를 구매할 수 있을 때 발생되는 효용을 장소효용(place utility)이라 한다. 소비자가 제품구입을 위해 직접 제조업자의 공장으로 찾아갈 필요 없이 원하는 소매상에서 구입할 수 있도록 함으로써 유통경로는 장소효용을 제공한다. 유통업체들이 여러 지역에 진출한 다점포화 전략은 소비자에게 가장 편리한 장소에서 구매할 수 있도록 도와주는 장소효용이라고 할 수 있다.

4) 소유효용

소유효용(possession utility)이란 소비자에게 상품을 소유하게 함으로써 창출되는 효용으로 제품이나 서비스가 제조업자에서 소비자로 이전되어 소비자가 제품이나 서비스를 사용하고 소비할 수 있는 권한을 갖도록 도와줌으로써 발생되는 효용이다. 유통업체는 신용판매나 할부판매로 소비자에게 소유효용을 더해주며, 최근에는 정수기나 자동차 등 렌탈 사업이 붐을 이루어 아주 적은 대가의 지불로 소유효용을 높이고 있다.

사례 1-3

형태효용 소포장 농식품

이마트에 따르면 대표적인 소포장 제품군인 '간편 과일' 카테고리의 2017년 1월부터 7월까지 매출은 2016년 동기보다 71.9% 급증했다. 간편 과일 중 과일을 한입에 먹기 좋게 잘라 포장한 조각과일 상품군의 경우 같은 기간 매출 신장률이 무려 713.6%에 이르렀다. 조각과일의 경우 기존에는 매출 규모가 매우 작은 시장이었지만, 올 들어 시장규모가 급격히 팽창했다고 이마트는 설명했다. 광어, 연어 등을 소량씩 담아 판매하는 1인분 회도 6월 말 출시한 이후 한 달 만에 5만 개 판매됐다.

과거에는 4인 이상 가족 단위가 주 고객층이었고, 농식품 같은 경우 장을 볼 때 한 번에 많이 살수록 경제적이라는 인식이 주를 이뤘다. 그러나 1인 가구 급증과 맞벌이 부부 증가로 '집밥'을 먹는 횟수가 줄어든 데다 한꺼번에 많이 사면 결국 버리게 되므로 먹을 만큼만 구매하려는 소비자가 늘었다.

● 온라인몰에서도 소포장 식품 판매량은 큰 폭으로 늘어나고 있다.

2017년 1～7월 인터넷 쇼핑몰 '옥션'에서 '미니수박' 판매량은 지난해 같은 기간보다 1,696%나 급증했다. 애플 수박으로도 알려진 미니수박은 무게가 일반 수박의 4분의 1 정도이다. 5㎏이하 용량의 쌀 소포장 상품의 전체 판매량도 지난해 같은 기간보다 32%, 5㎏이하 포장 김치는 22% 증가한 것으로 집계됐다.

소비자들 상당수는 음식물 쓰레기를 줄이고 낭비를 줄이기 위해 소포장 제품을 선호하지만, 유통마진 등을 이유로 일부 상품 가격이 지나치게 높게 책정돼 오히려 경제적 소비를 하려는 사람들의 부담만 가중될 수 있다는 주장이다. 이에 대해 유통업계 관계자는 "소포장 제품의 경우 신선도 유지를 위해 특수포장이 필요하고 가공 절차도 몇 단계 더 거쳐야 하므로 비용이 올라가므로 일반 상품과 가격을 단순 비교하는 건 적절하지 않다"고 말했다.

자료원: 매일경제, 2017.08.02. 기사편집

2. 유통경로의 필요성

1) 총 거래 수 최소의 원리

생산자와 소비자 간의 거래에는 생산자와 소비자 간의 직접거래와 중간상이 개입되는 거래가 있다. [그림 1-1]에서 보여 지듯이 생산자와 소비자 간의 직접 거래(16회)에 비해 생산자와 소비자 사이에 중간상이 개입한 거래 수(8회)가 줄어들게 되는 것을 알 수 있다. 이와 같이 중간상이 개입함으로써 전체 거래빈도의 수 및 이로 인한 거래비용을 낮출 수 있다는 원리를 총 거래 수 최소의 원리라고 한다. 다시 말하면, 만약 생산자가 소비자에게 직접 판매하는 경우, 생산자는 지리적으로 분산되어 있는 수많은 소비자에게 제품을 알리고, 주문처리 및 배달 업무 등으로 인하여 많은 인력이 필요하게 되며, 시간적으로나 금전적으로 상당한 비용이 발생하게 된다. 반면에 소비자가 필요한 제품을 생산자에게서 직접 구매하고자 하는 경우에 따르면, 소비자는 생산자를 찾아가는데 소요되는 시간적 비용, 교통비 등의 금전적 비용, 구매하기 전 제품 정보를 수집하여 비교 평가해야 하는 심리적 비용 등을 감수해야 함으로 소비자가 생산자와 직접 거래하는데서 발생한 비용은 중간상을 통해서 자신이 원하는 시간에 원하는 장소에서 구매하는 것이 비용을 낮추게 된다. 그러므로 중간상의 개입으로 생산자와 소비자 양자에게 실질적인 비용감소와 보다 효율적인 거래활성화를 기할 수 있다는 것이다.

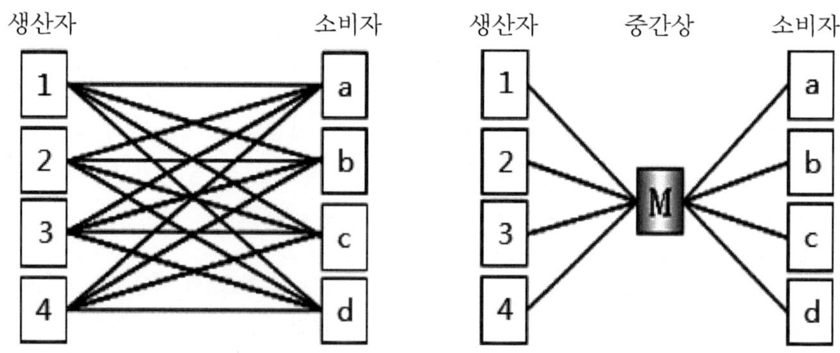

[그림 1-1] 총 거래 수 최소의 원리

2) 분업의 원리

중간상이 생산자와 소비자 사이의 거래에 개입하게 되면, 매매, 수송, 보관 등의 기능을 수행하여 제조업체가 수행할 수급조절, 보관, 위험부담, 정보수집 등에 대한 업무수행에 있어서 전문성을 갖춘 유통업체가 수행함으로써, 제조업체는 생산에 전념하고, 유통업체는 유통에 전념하는 전문화의 필요성이 보다 경제적이고 효율적으로 유통기능을 수행할 수 있다는 것이다.

3) 변동비우위의 원리

비용에는 고정비와 변동비가 있다. 제조분야에서는 고정비가 차지하는 비중이 변동비보다 커서 생산량이 증가할수록 단위당 생산비용이 감소함으로써 규모의 경제효과가 적용되어 유리하다. 반면에 유통분야는 제조분야에 비해 고정비보다는 변동비의 비중이 크므로 제조업체에서는 제조와 유통기구를 통합하여 모두 떠안기 보다는 유통활동에 참가하는 중간상들과 유통비용을 분담하여 변동비 부담을 줄이면 비용측면에서 경쟁우위를 차지할 수 있게 된다는 원리이다.

4) 집중 저장(준비)의 원리

생산자와 소비자사이에 중간상이 개입함으로써 사회전체 보관(storage)의 총량을 감소시킬 수 있다는 원리이다. 여기에서 중간상은 도매상을 의미하는데, 도매상이 없다면 많은 소매상들이 잦은 구매로 인해 발생하는 비용을 줄이기 위해 여러 가지 상품을 대량으로 구입하여 보관하게 되어 상품의 재고량은 사회 전체적 측면에서 재고비용이 증가하고 유통효율성이 떨어지게 된다. 그러므로 도매상이 상품을 집중적으로 대량보관하고 소매상이 필요한 최소량만을 보관함으로써 사회 전체적으로 보관해야할 총량은 감소하게 되어 재고비용의 절감효과를 가져올 수 있다는 원리이다.

사례 1-4

유통업계, '그로서란트'로 차별화

최근 유통업계가 기존 신선식품 매장을 '그로서란트'로 차별화해 눈길을 끌고 있다.

그로서란트는 그로서리(식재료)와 레스토랑(음식점)을 결합한 신조어다. 식재료 구입과 요리를 한곳에서 즐길 수 있는 복합공간을 뜻한다. 현장에서 구매한 해산물이나 쇠고기 등을 즉석에서 요리해 제공하는 방식이다. 그로서란트는 시장 한복판에 온 듯한 독특한 분위기와 가성비(가격 대비 성능)를 무기로 소비자의 지갑을 공략한다. 소비자가 장보기와 식사를 한 번에 해결할 수 있는 것이 최대 장점이다.

스웨덴 스톡홀름의 '어번 델리', 영국 런던의 '데일스포드 오가닉', 미국 뉴욕의 '일 부코 엘리멘터리 앤드 비네리아' 등이 세계적으로 유명한 그로서란트로 꼽힌다.

국내에서는 이마트와 롯데마트, GS수퍼마켓을 운영하는 GS리테일이 그로서란트 도입 매장을 연이어 선보이고 있다.

그로서란트는 소비자와 유통사 모두에게 윈-윈이다. 유통사에는 그로서란트가 식품 매출 발생 효과뿐만 아니라 고객이 매장에 머무르는 시간을 늘려 추가 매출 발생을 기대할 수 있다. 소비자는 '맛과 가격'이라는 두 마리 토끼를 잡을 수 있다.

이마트는 지난해 9월 오픈한 스타필드 하남 내부 신세계백화점 지하 1층에 대형마트 최초로 그로서란트 개념을 도입한 'PK마켓'을 선보였다. 이곳 '부처스 테이블'에서는 구입한 쇠고기를 즉석에서 스테이크로 제공한다. 팩에 담겨 있는 스테이크용 등심을 고른 뒤 고기 값에 조리비용 8,000원을 추가하면 근사한 요리를 맛볼 수 있다. 수산시장을 재현한 '피시 마켓'에서는 고객이 직접 고른 생선을 신선한 회나 초밥으로 제공한다. 완성된 요리는 PK푸드 스트리트에 마련된 테이블에서 즐기면 된다.

롯데마트는 2017년 4월 27일 오픈한 서울 양평점에 그로서란트를 본격 도입했다.

서초점 스테이크 스테이션에서는 양평점과 마찬가지로 팩에 담긴 다양한 부위의 스테이크용 고기를 구매할 수 있다. 이 고기에 1,500원의 조리비용을 내면 채소 등을 곁들인 그럴듯한 스테이크를 매장에서 바로 즐길 수 있다. '씨푸드 스테이션'에서는 로브스터·새우·연어·장어 등 집에서 조리하기 까다로운 수산물을 취향에 따라 찜이나 구이 등의 요리로 만나볼 수 있다. 조리비용은 스테이크와 마찬가지로 팩당 1,500원이다.

GS리테일은 6월 27일 오픈한 GS수퍼마켓 송파위례점 '쿠킹 존'에서는 원하는 쇠고기 부위와 채소 등을 구매한 후 1,500원의 조리비용을 부담하면 즉석에서 스테이크를 즐길 수 있다. GS리테일 관계자는 "8월 20일까지 전월 같은 기간 대비 쿠킹 존 이용 고객 비율이 약 2.7배 늘었다"며 "고객 반응 등을 더 살펴본 후 그로서란트 도입 매장 확대 여부를 결정할 것"이라고 말했다.

자료원: 한국경제매거진, 2017.8.30. 기사편집

제2장

유통환경

유통관리

제2장 유 통 환 경

유통환경이란 유통업체의 내부 및 외부에서 기업 활동에 직접적 혹은 간접적으로 영향을 미치는 모든 요인이라 할 수 있다. 즉 상품이나 서비스의 유통을 효율적으로 수행하는 기업을 둘러싸고 있는 요인으로서 유통업체의 경영활동에 영향을 미치는 여러 가지 요인을 환경이라 한다. 기업의 경영자 및 관리자는 환경의 변화양상을 정확하게 인식하고 이들 요인들의 영향에 적절하게 대응할 수 있어야 한다.

환경을 분류하는 방법은 영향력과 관리가능성에 따라 기업이 통제 가능한 요소와 통제 불가능한 요소, 기업외부환경과 내부 환경, 사회 전반적(거시적)환경과 개별기업(미시적)환경, 일반 환경과 과업환경 등으로 분류할 수 있다.

제1절 기업외부환경

기업외부환경(거시적 환경: macro environment)이란 기업 경영자가 통제할 수 없는 환경으로 일반사회의 변화현상이 기업 활동에 영향을 미치는 모든 요소로 매우 광범위하고 다양하다. 경영 관리자는 이러한 다양한 변화 요소를 예측하고 대응할 수 있는 능력을 갖추어야 기업을 성장시킬 수 있다.

거시적 환경은 인구 통계적 환경, 경제적 환경, 정치적·법적환경, 사회문화적 환경, 기술적 환경, 자연적 환경, 국제적 환경 등으로 구분할 수 있다.

1. 인구통계적 환경

인구의 변화 현상이 기업 활동에 미치는 영향을 인구 통계적 환경이라 한다. 인구변화를 나타내는 요소로는 인구의 증가와 감소, 인구밀도, 가족구조(가구 수와 가족규모), 결혼 상태, 연령, 성별, 인종 등이 있다.

세계에서 가장 인구가 많은 나라는 중국(14억1천만 명,2018년)으로 중국이 현재와 같이 급속한 경제발전을 가져올 수 있도록 한 중요한 요인 중의 하나라고 할 수 있을 정도로 인구변화는 중요하다. 인구통계는 지속적이며, 장기적이고 추세적인 성격을 갖는데, 최근 변화되고 있는 인구통계의 특징은 고령화, 1인 가구 증가로 인한 가구 수 증가, 도시인구의 확대 등이라 할 수 있다.

2000년부터 급속도로 낮아진 한국의 출산율은 세계 최저 수준의 낮은 출산율(2017년 세계 224개국 중 219위, 경제협력개발기구(OECD) 35개 회원국 중 최하위)로 고령화 속도가 가장 빠르게 진행되고 있는데, 노인인구의 증가는 새로운 의약품 개발이나 건강식품, 노인용품, 보험과 연금 같은 실버금융, 실버시터(silver sitter), 실버타운 사업 등의 실버산업이 성장하고 있으며, 특히 베이붐 세대의 퇴직으로 부유한 노인들이 많아지면서 이들을 대상으로 하는 실버마케팅의 중요성이 커지고 있다.

UN에서는 국가의 전체 인구 중 65세 이상의 노인 인구가 차지하는 비율이 7% 이상이면 고령화 사회(aging society), 14% 이상이면 고령사회(aged society), 20% 이상이면 초 고령사회(super-aged society)로 정의하고 있다.

2017년 12월 현재 대한민국 인구를 연령계층별로 보면 15-16세 생산가능인구는 대한민국 인구의 73.4%(3,769만 명)이고, 65세 이상 고령인구 비율은 13.8%(707만 명), 0-14세 유소년인구는 10.4%(675만 명)을 차지하고 있다(통계청, 2017). 출산율의 감소와 평균수명의 증가에 따라 생산 가능인구는 2016년 3,763만 명을 정점으로 가파르게 감소하여 2065년에는 2,062만 명(47.9%)으로 줄어들 전망이며, 고령인구는 2065년 42.5%(1,827만 명)로 2015년 대비 2.8배 증가, 유소년인구는

2065년 9.6%(413만 명)로 2015년 대비 59% 감소할 것으로 전망하고 있다(통계청 장래인구추계, 2016).

통계청 홈페이지에 소개된 서울대학교 보건대학원 조영태 교수님께서 인구변화로 미래를 예측해 보는 흥미로운 사례를 소개한다.

사례 2-1

인구변화로 미래예측

2016년 봄, 많은 사람들이 TV에서 방영된 '응답하라 1988'을 즐겨보았다. 지금은 40대가 된 주인공 덕선이 세대는 과거를 회상하며 추억에 잠기기도 했고, 그 자녀 세대는 부모들의 어렸을 때 삶의 모습을 상상하기도 했다. 필자는 주인공 덕선이 동생인 노을이와 같은 나이다. 만일 내가 타임머신을 타고 1988년으로 돌아갈 수 있다면 지금의 내 인생은 어떻게 바뀌었을까? 그것도 그냥 어린 시절로 돌아가는 것이 아니라 1988년부터 '응팔'이 방영되는 2016년까지 어떻게 사회가 바뀌어 왔는지 알고 있는 채로 시간만 뒤로 돌린다면 말이다. 아마도 필자는 지금까지 살아왔던 것과는 매우 다른 삶을 살아왔을 것이다. 한마디로 시행착오 없는 준비된 삶을 즐겼을 것이다.

만일 반대로 2017년 현실에서 13년 뒤인 2030년 미래를 볼 수 있다면 어떠할까? 마치 내가 '응팔'을 보면서 느꼈던 그 감정대로 내 앞으로의 인생을 시행착오 없이 원하는 방향으로 잘 준비해 갈 수 있지 않을까? 아마도 나는 미래가 어떻게 정해져 있는지 알고 있으면 미래를 모를 때보다 더 적극적으로 내 인생을 개척해 나갈 것이다. 생각만 해도 즐겁다. 그런데 그런 일이 가능할까? 미래가 정해져 있는데 그 정해져 있는 미래를 알 수 있는 방법이 있을까? 미래는 상당부분 이미 정해져 있고, 그 정해져 있는 미래를 볼 수 있는 방법이 있기 때문이다. 바로 인구 이야기다. 미래는 오늘의 인구특성에 의해 이미 정해져 있고, 오늘의 인구는 인구통계를 통해 알 수가 있다. 여기에 인구통계가 정확하다면 우리는 매우 정확하게 정해져 있는 미래의 모습을 알 수가 있게 된다. 더욱 더 다행인 것이, 우리나라의 통계청이 생산하고 있는 우리나라의 인구통계의 정확성은 이미 전 세계 인구학자들 사이에 잘 알려져 있다.

그렇다면 오늘의 인구가 어떻게 2030년의 모습을 이미 정해놨다는 것인가? 그 답은 간단하다. 사회를 구성하는 가장 기본적인 요소가 인구이다. 시장의 규모도 기본적으로 인구의 크기에 의해 결정된다. 하지만 사회도 시장도 단순히 인구의 크기에만 의존하지 않는다. 어떤 인구가 주를 이루고 있는지에 따라 달라진다. 즉 인구의 크기만이 아니라 어떤 구성을 하고 있는지를 알면 사회와 시장의 모습을 알 수가 있다. 여기서 인구는 가만히 정지된 것이 아니라 끊임없이 변화한다. 인구의 변화는 출생, 사망, 그리고 이동에 의해 발생한다. 만일 출생, 사망, 그리고 이동이 앞으로 어떻게 전개될 것인지를 알면 오늘의 인구가 10년 뒤에 혹은 20년 뒤에 어떻게 바뀌어 가는지 알 수가 있다. 이것이 바로 장래인구추계이다. 2030년의 사회와 시장은 오늘의 사회와 시장과 마찬가지로 그 때 인구의 크기와 구성에 의해 결정될 터인데, 장래인구추계를 활용하면 2030년의 인구를 거의 정확히 예측이 가능하다. 당연히 2030년의 사회와 시장의 특성도 예측할 수가 있다. 이것이 바로 미래 사회의 많은 부분이 오늘의 인구에 의해 정해져 있는 이유이고, 그 모습을 알 수 있다는 이유이다.

구체적인 예를 들어보자. 요즈음 저가이지만 품질이 좋은 화장품이 매우 잘 팔리고 있다. 화장품계의 대기업뿐만 아니라 중소업체도 이 시장에서 선전중이다. 국내는 물론 외국에서도 인기가 높은 것으로 알려져 있다. 그럼 2030년에는 이 화장품 시장이 지금에 비해 더 좋아질까? 나빠질까? 편의상 국내 시장에만 한정하여 예측을 해보자. 인구가 알려주는 중저가 화장품 시장의 2030년 정해진 미래는 그다지 좋지 않다. 현재 이 시장의 주된 구매고객은 20대와 30대 초반의 여성들이다. 아무래도 중저가인 것이 구매력이 아직 크지 않은 여성들에게 매력적인 소비 포인트이기 때문이다. 2017년 현재 20-34세 여성들의 크기는 약 4백 90만 명이다. 즉 이들이 현재 중저가 화장품의 시장규모인 것이다. 통계청의 KOSIS가 제공하는 장래인구추계 결과에 따르면 이 연령대의 2030년 인구는 약 3백 90만 명으로 감소될 예측된다. 우리나라에 갑자기 이 연령대 여성들이 외국에서 이주해 오지 않는다면 이 숫자는 이미 정해진 인구크기이다. 왜냐하면 2030년에 20-34세는 2017년 현재 7-21세의 인구들로 이미 살고 있는 사람들이기 때문이다. 2017년에 비해 2030년에 20-34세 연령대 여성 인구의 소득수준이 갑자기 늘어나면 어찌될까? 그럴 가능성이 거의 없지만 만일 그렇다면 오히려 중저가 화장품 시장에서 빠져나갈 것이니 시장 규모의 축소에 기여하게 된다. 반대로 소득 수준이 줄어들면 어찌될까? 이미 중저가이기 때문에 여성들이 화장을 하지 않는다면 모를까 여기서 빠져나갈 가능성은 없다. 결국 최대한으로 봐도 2030년의 중저가 화장품 시장은 2017년에 비해 약 20% 축소될 것이 이미 정해져 있는 미래인 것이다. 독자들 중에서 혹시 중저가 화장품 판매 자영업을 하시고 계신다면 그냥 지나치지 말아야 할 미래의 모습이다.

정해진 미래의 모습이 긍정적이건 부정적이건 관계없다. 정해진 모습이 무엇인지 모르면 미래는 무조건 어둡다. 반대로 정해진 모습을 알면 나의 미래를 밝게 만들어 갈 수가 있다. 미래가 정해져 있다는 것은 내가 만들어 갈 여지가 있다는 것이고 이는 기회임에 틀림없다. 인구를 알면 미래가 열린다.

자료원: 통계청 2017, '인구를 알면 미래의 기회가 열린다', 저자편집

사례 2-2

10년 후 소비시장 판도 바꿀 Z세대

2027년 미래 소비시장은 전 세계 인구의 30%를 차지하게 될 Z세대가 주도할 것이며, Z세대들에 의해 상품이 팔리는 유통 구조가 확실히 달라질 전망이다. 세대별 변화를 자세히 알아보기 위해 AT커니는 '글로벌 미래 소비자 연구'를 실시했으며, 이 연구 결과를 간단히 요약하면 다음과 같다.

- 인구 구조, 가치 변화, 인터넷을 통해 파생되는 글로벌 소비패턴은 경제적 풍요로움(affluence)에서 영향력(influence)으로 이동할 것이다.
- 미래 소비시장은 신뢰(trust), 영향력(influence), 개인화(personalization)라는 3대 원칙에 의해 좌우될 것이다.
- 유통·제조업체들에게는 신기술을 기반으로 디지털 세계에서 고객과 관계를 맺는능력이 중요해질 것이다.

젊은 세대는 서로 다른 가치관을 갖고 있다. 이를 위해서는 다음과 같은 세 가지 추세에 주목해야 한다.

1. 인구 통계학적 변화 | Z세대의 부상

향후 10년 동안 인구통계학적으로 가장 중요한 사실은 Z세대(1998 ~ 2016년생)의 시대가 온다는 것이다. 2027년이 되면 전 세계 인구의 30%는 Z세대로 구성되며, 이들은 전 세계 경제·사회·문화계에 큰 영향력을 미칠 것이다. 그러나 독일과 일본 등 고령화 사회에 접어든 선진국에서는 전체 인구가 감소해 Z세대에게 의료 및 사회 복지를 위한 추가 책임을 부여할 것이다. 반대로 인도와 중국 등에서는 인구수가 늘어난 Z세대의 구매 파워가 더욱 향상될 것이다.

2. 소비자 가치 변화 | 유명스타보다 페이스북 창업자에 열광

Z세대는 진정한 의미의 '디지털 토박이'로, Z세대 가운데 가장 나이가 많은 이들이 구글의 설립을 지켜봤다. AT커니 조사에 따르면 Z세대의 60%가 학교에

다니는 동안 파트타이머로 일한 경험이 있는 것으로 나타났으며, 인터넷을 통해 무료로 많은 정보에 접근할 수 있는 Z세대에게는 세상 전체가 교실이다. 또한 페이스북이나 트위터 같은 파괴적 비즈니스 모델을 창조한 이들을 우상시한다. 이들에게 기업가 정신은 중요한 사회적 요소다. Z세대는 미래 소비시장의 변화를 이끌 리더가 될 것이므로 유통 및 제조업체가 Z세대의 핵심 가치를 이해하는 것은 필수다. 특히 초연결성을 활용해 소비시장에서 이전보다 훨씬 큰 영향력을 행사할 수 있다.

표 1 기성세대와 Z세대의 관점 차이

구분	기성세대	Z세대
소비자	소유 중심	행동 중심
소비동인관계	가치	다양한 가치
관계	거래 기반	신뢰 기반
사업모델	정태적	동태적
마케팅	세분화	개인화
이해 필요성	트렌드	시그널

3. 초연결성 | 24시간 SNS로 연결

초연결성이란 한 사람이 언제든지 많은 사람 그리고 여러 기기와 연결될 수 있는 역량을 말한다. AT커니 '글로벌 미래 소비자 연구'에 참여한 응답자의 44%가 소셜 미디어에 적극 참여하고 있으며, SNS 참여율은 중국과 인도에서 특히 높은 수치를 보였다. 초연결성이 인구통계학적 변화 요인과 결합되면 미래 소비시장 환경은 크게 달라질 것이다.

자료원: 리테일매거진, 2017.11. 기사편집

2. 경제적 환경

경제적 환경(economic environment)이란 기업 활동에 영향을 미치는 경제정책이나 경제상황 등을 말한다. 생산 및 유통활동을 중심으로 경제활동을 수행하는 기업은 경제상황이나 시장의 변화에 탄력적으로 적응하여야 한다. 경제적 요인들은 기업의 투자활동에서 소비자의 구매행동까지 광범위하게 영향을 미치기 때문에 기업경영자 뿐만 아니라 일반 소비자들까지 경제동향에 관심을 기울이게 된다. 따라서 유통관리자는 경제적 환경의 변화가 미치는 영향을 분석하고 이에 적절하게 대응하여야 한다.

경제적 환경의 구성요소는 소비자의 소득수준과 소비구조, 산업구조, 경제체제 및 경제정책 등 여러 가지가 있으나 유통산업과 관련이 깊은 몇 가지만 살펴보기로 한다.

1) 소득수준과 소비구조

소득(income)은 경제상황과 소비자의 구매력에 영향을 미친다. 개인소득의 증가는 제품이나 서비스에 대한 수요를 증가시키고, 물가상승이나 경기침체는 소비자들의 실질소득을 감소시키고 소비심리를 위축시키기도 한다.

국민소득의 증가는 소비증가로 이어져서 유통업체 특히 소비자와 직접 거래하는 소매상의 호황을 가져오므로 유통관리자는 국민소득의 변화를 미리 파악하여 소비자행동을 예측할 수 있어야 한다.

국민소득(national income)이란 한 나라의 가계, 정부, 기업 등 경제주체가 일정기간동안에 이룩한 경제성과를 시장가격으로 평가한 지표를 말한다. 이 지표 중에서 가장 많이 쓰이는 지표는 국민총생산(GNP: gross national product)과 국내총생산(GDP: gross domestic product) 생산이다. 국민총생산은 출생지나 거주지에 관계없이 현재 국적을 가진 사람이 생산한 것을 모두 포함하는 개념이다. 즉, 일정 기간에 일국의 국민경제 내에서 생산해 낸 최종생산물의 총 시장가치를 화폐단위로 나타낸 것으로 오늘날 국민총생산은 한 나라의 경제활동수준을 가늠하는 데 가장 적절한 지표로 사용되고 있다.

소비구조는 가계에서 소비지출이 여러 가지 항목으로 배분되는 상호관계를 말한다. 가계조사에서 산출되는 평균소비구조에 의해 소비자 물가지수의 가중치가 결정된다. 소비지출의 항목은 식료품비, 주거비, 광열비, 피복비, 잡비 등이 5개 비목으로 분류되었으나 1982년 이후부터는 식료품비, 주거비, 광열·수도비, 가구집기·가사용품비, 피복 및 신발비, 보건의료비, 교육·교양·오락비, 교통·통신비, 기타소비지출 등 9개 비목으로 분류하고 있다.

2) 산업구조

산업구조(industrial structure)란 국민경제를 구성하는 각종 산업의 구성비율과 구조·관계를 나타내는 것으로, 산업 간의 유기적 관계와 경제 발달 단계를 포괄적으로 파악할 수 있다. 즉, 산업 구조는 한 국가의 자원 상태, 인구변화, 기술 수준, 국가 정책, 자본의 축적, 국민성 등과 같은 다양한 요인에 의해 변화하고 발전한다. 산업 구조를 분석해 보면, 그 나라의 경제 발전 상황, 국민 생활수준 등을 알 수 있다.

1940년 영국의 경제학자 C.G.클라크는 산업을 제1차·제2차·제3차 산업의 3가지로 분류하고 한 나라의 경제가 발전함에 따라 노동인구와 소득의 비중이 제1차 산업에서 제2차 산업으로 다시 제3차 산업으로 이동한다(Petty's law; 페티의 법칙)[4]는 역사적인 경향을 실증했다. 이것은 최초로 산업구조의 변화를 3분류법으로 분석한 것이다.

한국의 산업구조는 1962년부터 실시된 경제개발계획의 추진으로 근대화되었다. 특히 기간산업육성과 사회간접자본의 확대에 주력하면서 공업화의 기반이 마련되었으며, 1970년대에는 중화학공업부문을 중점적으로 육성하여 고도성장과 산업구조의 고도화가 이루어졌다.

산업구조의 고도화 과정을 거치면서 1차산업의 비중은 급격히 저하된 반면, 2·3차 산업의 비중은 계속 증가하였다. 1980년대 수출주도산업 육성기 급격한 경제발전을 이루었으나, 1998년 IMF(International Money Fund: 외환위기)를 겪으면

4) 농업국보다 제조업, 제조업보다 상업에 의하는 것이 이득이 훨씬 많으며, 경제가 진보하고 1인당 소득수준이 높아짐에 따라 사회적 취업 인구가 제1차 산업에서 제2차 산업으로, 이것은 다시 제3차 산업으로 그 비중이 높아가는 법칙.

서 산업구조가 조정되고, 2008년 세계적 금융위기로 산업구조는 지식기반산업으로 변환기를 맞았으나, 2017년 대한민국은 세계 제 11위라는 경제대국으로 발전하였다.

최근 4차 산업혁명[5]과 산업구조의 변화에 대한 한국의 산업구조 특징을 보면, 제조업 비중은 증가하였으나 서비스산업 비중이 세계평균 수준에 미치지 못하였다 할 수 있다. 특정 제조업 업종에 쏠림 현상이 나타나면서 첨단 제조업이 차지하는 비중이 높지만 고부가가치 첨단제조업 부가가치 증가율은 낮고, 해외생산 의존도가 상당히 높다는 점이 문제점이라 할 수 있다.

자료원: 미래창조과학부

[그림 2-1] 산업혁명과 산업구조

5) 4차 산업혁명이란 인공지능기술 및 사물인터넷, 빅데이터 등 정보통신기(ICT)과의 융합을 통해 생산성이 급격히 향상되고 제품과 서비스가 지능화되면서 경제·사회 전반에 혁신적인 변화가 나타나는 것을 의미한다. 4차 산업혁명은 다양한 제품·서비스가 네트워크와 연결되는 초연결성과 사물이 지능화되는 초지능성이 특징이며, 인공지능기술과 정보통신기술이 3D 프린팅, 무인 운송수단, 로봇공학, 나노기술 등 여러 분야의 혁신적인 기술들과 융합함으로써 더 넓은 범위에 더 빠른 속도로 변화를 초래할 것으로 전망된다. 2016년 1월 세계경제포럼(다보스 포럼)에 언급되면서 정보통신기술 기반의 새로운 산업 시대를 대표하는 용어가 되었으며 컴퓨터, 인터넷으로 대표되는 정보화 혁명(3차 산업혁명)의 연장선상에서 한 단계 더 진화한 혁명으로도 일컬어진다. dic.mk.co.kr-매경시사용어사전

3) 경제체제 및 경제정책

경제체제는 국민경제를 효율적으로 운영하기 위한 제도로서 크게 자본주의 경제체제와 사회주의 경제체제로 나누어진다. 오늘날 대부분의 국가에서 채택하고 있는 자본주의 체제는 생산수단의 사유화를 바탕으로 시장경제원리에 따라 운영되며, 시장의 변화는 기업경영에 매우 큰 영향을 미친다.

경제정책이 기업 활동에 미치는 영향요인으로는 화폐와 은행제도, 자본시장, 이자율과 환율, 경제상황, 재정정책, 사회간접자본 등 여러 가지 요소가 있다. 이들 요소 중 특히 유통업에 영향을 미치는 사회간접자본에 대한 파악은 필수적이어야 한다. 사회간접자본(社會間接資本, social overhead capital: SOC)은 국민 경제 발전의 기초가 되는 도로, 항만, 철도, 통신, 전력, 수도 따위의 공공시설로 기업이 생산 및 기타 활동을 영위하기 위한 토대가 되며, 산업발전의 기반이 되는 공공시설을 말한다. 이 시설들은 대부분 정부나 지방 공공단체의 통제 하에 있기 때문에 사회적 자본 이라 불리며, 또한 특정 기업 또는 개인에게만 혜택이 돌아가는 게 아니라 다수의 기업활동 또는 전체 공익과 관련되는 간접적 필요에 의해 마련되는 것이므로 간접자본이라고도 한다. 사회간접자본 시설이 잘 갖추어지면 제품의 수송 및 전력 등의 이용에서 비용절감을 가져 올 수 있어서 기업 경쟁력 향상으로 이어진다. 예를 들어 최고의 질 좋은 제품을 만들기 위해 최상의 시설을 갖춘 공장에 적절한 전력이 공급되지 않는다면 생산 활동은 중단되어 기업 활동을 제대로 할 수 없게 될 것이며, 아무리 좋은 제품을 만들어도 소비자에게 쉽게 접근 할 수 있는 도로나 항만시설이 완비되지 않았다면 기업은 성장·발전할 수 없을 것이다. 대한민국의 경제발전이 경부고속도로의 건설에서 비롯하여 편리한 도로교통망 및 통신망의 발전이 세계적인 기술 강국이 된 밑받침이 되어 이루어진 것이라 할 수 있다.

사례 2-3

국민소득 3만달러 진입과 홈퍼니싱 시장

유통업계의 격전지가 '의식주' 최종 단계인 집 꾸미기(홈퍼니싱) 시장으로 옮겨가고 있다. 주요 선진국에서 1인당 국민소득이 3만달러를 넘어서는 시점부터 관련 시장이 폭발적으로 성장했던 만큼, 업계가 총력전에 돌입하는 모습이다.

20일 국회예산정책처에 따르면 한국의 1인당 국민소득은 2017년 2만 9,332달러를 기록한 뒤 2018년 3만달러를 넘어설 것으로 전망된다. 내수시장에서 1인당 국민소득 3만달러는 소비경향이 획기적으로 바뀌는 변곡점으로 해석된다. 레저부문에서는 해양스포츠와 승마 등 고급 스포츠 수요가 늘고, 유통업계에서는 홈퍼니싱 같은 삶의 질을 향상시키는 제품에 대한 소비자들의 관심이 늘어난다는 게 업계의 설명이다. 여기에 최근 1인 가구의 증가, 주거공간을 중심으로 여유로운 삶을 추구하는 '휘게(hygge)' 문화 확산까지 맞물리면서 홈퍼니싱 시장의 성장에 이미 가속도가 붙었다. 통계청에 따르면 2008년 7조원 수준에 머물렀던 홈퍼니싱 시장 규모는 8년 만인 2016년 12조 5,000억 원으로 성장했다. 이 같은 추세라면 2023년에는 18조 원대 초대형 시장으로 성장할 것이라는 게 업계의 관측이다.

2016년 해외 직매입 리빙 편집숍 '엘리든 홈'을 강남에 론칭한 롯데백화점은 2017년 8월 잠실점에 1호점의 두 배 규모로 플래그십 매장을 추가로 오픈했다. 신세계백화점은 2017년 9월 부산 센텀시티점에 9,300㎡에 달하는 국내 최대 생활전문관도 열었다. 홈퍼니싱 부문 매출은 2015년 9.4%, 2016년 19.9% 성장했다. 2017년 8월까지 신장률만 26.4%로 연말 쇼핑시즌을 지나면 전년 대비 매출이 약 30% 신장할 것으로 예상되고 있다.

현대백화점은 2017년 초 현대리바트를 통해 미국 최대 홈퍼니싱 기업인 윌리엄스소노마를 국내에 도입했다. 2017년 10월에는 서울 논현동에 5층 규모의 'WSI(윌리엄스소노마) 플래그십 스토어'도 열었다.

국내 홈퍼니싱 시장 진출 업체 현황

유통업계	롯데백화점	리빙 상품 브랜드 '엘리든 홈(ELIDEN HOME)'으로 리뉴얼 바이어들이 직매입한 럭셔리 리빙 전문관 운영
	신세계백화점	홈퍼니싱 전문 브랜드 '신세계 홈' 센텀시티점에 국내 최대(9300㎡) 리빙 전문관 구축
	현대백화점	미국 최대 홈퍼니싱 기업 '윌리엄스소노마'와 국내 독점 계약 향후 10년간 포트리반·웨스트엘름 등 최소 30개 이상 매장 개점
가구업계	이케아 한샘	10월 2호 고양점 개점, 2020년까지 5개 점포 추가 개점 주방 외 토털 홈인테리어 전문매장 '한샘플래그숍' 운영
의류업계	SPA '자라' SPA 'H&M'	홈퍼니싱 브랜드 '자라홈(JARA HOME)', 매장 3곳 운영 중 자체 홈퍼니싱 브랜드 'H&M Home', 4개 매장 운영
기타	MUJI(무인양품)	일본 종합생활용품 브랜드, 롯데와 합작 형태로 국내 진출

가구전문점 이케아는 2017년 10월 경기도 고양에 2호점을 오픈했으며, 2020년까지 전국에 5개의 매장을 추가로 열 계획이다. 의류 브랜드로 더 잘 알려진 스페인 SPA(제조·유통 일괄) 브랜드 자라와 스웨덴의 H&M도 '자라홈'과 'H&M홈'으로 국내 시장을 공략 중이다. 일본의 라이프스타일 브랜드 '무인양품'에 이어 중국의 라이프스타일숍 '미니소'도 국내에 상륙, 한바탕 격전을 예고하고 있다. 최근에는 렌털전문 기업인 롯데렌탈이 가구·인테리어 소품 전문 기업인 까사미아와 손을 잡고 홈퍼니싱 가구 렌털사업에 뛰어들었다.

자료원: 경향신문, 2017.11.21. 기사편집

3. 정치적·법률적 환경

정치적·법률적 환경(political·legal environment)은 기업 활동에 제약요인도 되지만 성장요인이 되기도 한다. 정치적 환경은 경제적 환경에 영향을 미쳐 기업의 의사결정에 광범위한 영향을 미친다. 정부정책, 권력의 집중도, 정치적 상황 등은 기업경영과 관련된 여러 이해관계자 집단과의 갈등을 해결할 수 있도록 기업 활동의 범위를 설정해 주기도 한다.

정부는 기업 활동으로부터 소비자인 국민을 보호하고 기업 간의 공정한 경쟁을 유도하기 위해 기업을 지원하기도하지만 기업 활동을 규제하기도 한다. 또한 정부는 기업 활동을 촉진하기 위하여 금전적·제도적으로 지원하기도 하는데, 정부 보조금이나 조세감면 등을 통해 기업을 지원하며, 한편으로는 상법, 공정거래법, 소비자 기본법, 노동법 등을 통하여 기업 활동을 규제하기도 한다. 특히 유통기업과 관련된 법률을 보면, 독점 규제 및 공정거래에 관한 법률, 가격규제에 관한 법률, 유통산업 발전법, 화물 유통촉진법, 항만운송 사업법, 농수산물 유통 및 가격안정에 관한 법률 등과 같은 각종 법규나 규제조치 등이 유통산업에 영향을 미친다.

사례 2-4

2018년도에 달라진 유통 정책

최저시급 인상, 일자리 안정 자금 지원제도 실시

2018년 1월부터 최저임금이 시간당 6,470원에서 7,530원으로 16.4% 올랐다. 하루 8시간 기준으로 6만 240원, 월 157만 3,770원으로 고용형태나 국적과 관계없이 적용된다. 사업주 부담을 줄여주기 위해 최저임금 일부를 지원해 주는 '일자리 안정자금 지원제도'도 시행된다. 일자리 지원제도는 30인 미만 고용 사업주가 월급 190만 원 미만 노동자를 한 달 이상 고용하면 한 명당 월 13만 원을 지급하는 제도다.

유통산업 혁신

산업통상자원부는 유통산업의 글로벌 경쟁력 강화를 위해 올해부터 5년 동안 170억 원의 연구개발(R&D) 예산을 투입한다. 이번 예산은 상품·구매 정보에 대한 빅데이터 구축, 인공지능 기반 개인 맞춤형 상품 추천, 가상·증강 현실(VR/AR) 쇼핑 등으로 미래 유통산업의 핵심 경쟁력 확보를 위해 지원된다.

백화점 업계 상품권법 부활

국회에서는 상품권법에 대한 논의가 이뤄지고 있다. 상품권법이 시행되면 300만 원 이상 구매 고객은 인적 사항 및 발행 내역 작성이 의무화된다. 상품권 유통과정이 투명화되며 이로 인해 거래가 줄어들 가능성이 있어 백화점 업계는 긴장하고 있다. 또 소멸시효가 완료된 상품권에 대한 낙전수입도 서민금융진흥원에 출연하도록 돼, 구매자가 제공량을 다 쓰지 않아 업체에 돌아가는 낙전수입 감소도 예상된다.

유통 규제 확대에 따라 대규모 점포 출점은 허가제로 전환돼 신규 점포 출점이 제한될 전망이다. 기존 상권과의 협의가 의무화되며 아웃렛, 복합쇼핑몰의 성장에 걸림돌이 될 전망이다.

공정경제 위한 제도 마련

공정거래법이나 유통업법 위반 시 징벌적 손해배상제가 확대되고 과징금 부과기준율 상한이 2배로 상향조정된다. 대기업의 중소기업 기술탈취 근절 대책도 마련된다. 증시의 불공정행위 신고 활성화를 위해 최대 1억 원을 지급하는 특별포상제도를 시행하고, 코스닥시장의 신뢰를 높이기 위해 상장유지 적격심사를 강화한다.

골목상권 보호를 위한 제도 구축

카드수수료 부담 완화 방안을 마련하고 소상공인 특화자금 규모 확대와 저신용 소상공인을 위한 매출액 연동 상환자금이 신설된다.

또 상권 내몰림 방지를 위한 제도적 기반 구축으로 지역상권법을 제정하고 보조·융자 지원 및 대규모 점포·대형프랜차이즈 등에 대한 영업제한을 실시한다. 이와 함께 민생에 영향이 큰 업종에 대기업 등의 참여를 제한하는 생계형 적합업종 지정제도 도입을 추진하고 골목상권 침해로 어려움을 겪는 동네슈퍼의 자생력을 높이기 위해 슈퍼조합 중심의 전국적 체인화를 집중 지원한다.

농산물 가격 안정

농산물 가격 안정을 위해 생산 전 단계에서 체계적 수급조절이 가능하도록 빅데이터를 기반으로 관측하며 수급조절 매뉴얼을 개편한다. 중앙주산지협의회를 확대해 생산자의 수급조절 기반을 강화로 대금 받으면 하위 협력사에 결제할 때 상생결제 사용하도록 의무화한다. 상생결제 세제혜택을 중견기업으로 확대하고 중견기업 동반성장 평가 신설, 우수기업에 인센티브 확대한다.

- 수산물 국가 잔류물질 관리 프로그램

수산물의 잔류물질에 대한 체계적인 관리를 위해 국가잔류물질프로그램 운영계획이 수립된다. 위·공판장 출하·유통되는 다소비·다생산 수산물에 대한 잔류조사를 실시하고 조사결과를 토대로 위해평가 실시 및 수산물 안전관리 정책 수립 시 반영한다.

- 맥주의 재료 범위 확대

맥주의 재료 범위가 현행 엿기름, 밀, 쌀, 보리, 감자 등에서 발아된 맥류, 녹말이 포함된 재료로 확대된다. 이에 따라 귀리·호밀 맥주, 고구마·메밀·밤 등이 함유된 맥주를 제조할 수 있게 된다.

- 대규모 점포, 관리비 투명화

분양된 대규모 점포(대형유통·패션상가 등)에 입점한 상인이 납부하는 관리비 내역이 공개된다. 연 1회 회계 감사를 의무화하고 행정기관에서 관리·감독한다.

- 위생용품 안전관리 강화

위생용품 안전관리 소관부처를 복지부에서 식약처로 소관부처를 조정하고 '위생용품 관리법'을 시행해 위생용품의 범위를 현 9종에서 17종으로 확대한다. 또한 위생용품, 안전관리대상 공산품, 식품용기구 등을 위생용품으로 통합 관리하고 위생용품 수입업을 신설, 품목제조보고·수입신고 의무화 등 위생용품 안전관리 체계를 확충한다.

자료원: 아시아타임즈, 2018.01.01. 기사편집

4. 사회문화적 환경

사회문화적 환경(social-cultural environment)이란 사회나 집단을 구성하고 있는 사람들이 어떻게 행동하며 살아가는 방법, 경제적 현상 등이 기업활동에 미치는 영향을 말한다. 사회적·문화적 환경 속에서 사람들이 성장하며, 살아가는 과정

중에 형성된 생활방식, 규범, 가치관, 태도 등은 기업활동의 초점을 다르게 한다. 1980년대 중반 풍요사회로 들어선 대한민국은 1990년대 기술발전을 기반으로 변화된 경제적 변화와 유통시장의 개방 등에 의해 커다란 사회문화적 변화를 가져왔다. 유통산업에 영향을 주는 주요한 사회적 변화를 살펴보기로 한다.

1) 가치관 및 생활방식의 변화

소득수준의 향상은 구매력 증가와 소비패턴의 변화를 유도하여 제품의 질과 가치를 동시에 추구하는 합리적인 소비문화를 만들어냈으며, 건강한 생활에 대한 중요성이 강조되면서 친환경 농산물에 대한 수요가 증가하고, 건강관련 식품의 생산 및 소비에 대한 관심이 높아지고, 스포츠관련 산업, 여가관련 산업 등이 급성장하고 있다.

젊은 세대를 중심으로 '일과 삶의 균형', 이른바 '워라밸(work-life balance)'을 중시하는 풍토가 확산되고 있다. 돈이나 지위보다 삶의 질을 중요시하는 방향으로 가치관이 변화한 데 따른 결과다. 워라밸 세대는 장시간·고강도 노동, 잦은 야근을 당연시하는 것은 그간 우리 사회가 열정이라는 이름으로 묵인해온 잘못된 관행이라고 여긴다. 구조적인 사회·경제적 불평등이 고착화되면서 성실하게 일해야만 성공한다는 이데올로기는 무의미하다고 보는 청년들이 점점 늘고 있다. 젊은 세대들이 개인의 행복과 삶의 질은 높이되, 이를 일과 병행함으로써 좀 더 현실적으로 실현가능한 삶을 찾고 있는 것이다.

또한 평균수명의 증가로 가치 있는 노후생활의 중요성이 강조되면서 50-60대들이 신중년층으로 불리며 젊음과 창의성을 중시하고 성취감과 자긍심, 새로운 분야에 대한 학습의지가 강하며, 건강, 여가활동, 문화생활의 추구 등으로 다양한 분야에서 '새로운 붐'을 일으키고 있다.

2) 가계소비구조의 변화

1997년 대한민국은 IMF위기를 겪으면서 빈부의 격차가 심해져서 중산층이 붕괴되고 상류층과 하류층이 확연히 구분되는 현상이 나타났다. 이러한 구조는 유통업체에 뚜렷한 변화를 주었는데, 백화점에서는 고품질, 고가격전략으로 명품시장을 형성하였고, 할인점이나 슈퍼마켓 등은 가격파괴를 앞세운 저 가격 정책으로 뚜렷하게 구분되었다.

또한 여성의 사회적, 경제적 활동의 증가로 즉석식품과 편의점, 배달서비스 등 편의성을 중시하는 산업이 발전하고 있으며 소비구조에 있어서 여성의 의사결정의 비중이 매우 높아져 여성의 영향력이 더욱 커지고 있다.

한편으로 맞벌이 부부의 증가, 이혼율 증가, 만혼 및 독신의 증가로 핵가족화 및 1인 가구가 급증하여 가정간편식, 소형주택과 소형가전 시장, 펫 산업 등이 확대되고 있다. 아울러 셀프빨래방·무인택배함·배달대행업체를 비롯한 O2O(온·오프라인 연계 서비스) 시장도 함께 성장하고 있다.

3) 소비자주의의 확산

컴퓨터와 인터넷 사용의 급증과 IT기술의 발전으로 매스커뮤니케이션이 다양화되면서 소비자들의 목소리가 커지고 고객만족의 중요성이 강조되면서 소비자의 의견이 제품생산에 반영되는 프로슈머(product+ consumer)까지 생겨날 정도로 소비자의 목소리가 중요해지고 있다는 점에서 소비자주의 확산을 볼 수 있다.

소비자주의(consumerism)란 소비자의 기본적 권리를 지킬 것을 주장하는 이념 또는 철학으로 소비자의 기본적 권리란 J. F Kennedy(케네디) 대통령이 1962년 의회에 제출한 '소비자 이익보호에 관한 교서'에서 4가지 권리를 주창하면서 시작되었다.

첫째, 안전해야 할 권리(The right to safety)는 생명의 피해 및 위험으로부터 보호받을 권리로 건강, 유해 상품 등으로부터 보호받을 권리를 말한다.

둘째, 선택할 권리(The right to choose)는 정당한 가격, 정당한 품질 및 서비스를 선택하도록 보장되는 권리이다.

셋째, 정보의 권리(The right to be informed) 혹은 정보가 주어질 권리는 객관적이고 완전한 상품정보를 제공 받아야 할 권리를 말하며, 사기, 기만, 허위광고 등으로부터 보호 받을 권리로, 표준중량, 성능표시 등이 정확해야 한다는 것이다

넷째, 의사존중의 권리(The right to be heard)는 자신의 의견을 들려줄 권리라고도 하는데, 소비자의 의견이 정부정책의 수립이나 행정상의 결정에 받아들여질

권리로 소비자의 의견을 정부 정책에 반영하여 실행하는 것을 의미한다.

한국에서는 소비자의 4대 권리에 더해 피해보상을 받을 권리, 소비자교육을 받을 권리, 단체를 조직하고 활동할 권리, 쾌적한 환경에서 살 권리 등을 소비자의 8대 권리로 소비자단체에서 주장하면서 소비자의 영향이 커지고 있다.

사례 2-5

新소비 트렌드 '가치소비'

가치 있다고 생각하는 상품에 과감하게 돈 쓰는 '가치소비'가 내수 회복의 마중물로 주목받고 있다. 유통업계에 따르면 사치품 소비 성향은 젊을수록 높으며 저소득이라고 낮지 않다. 한국소비자원 데이터를 보면 한국 월소득 299만원 이하 소비자의 평균 명품 보유 개수는 5.2개에 이른다. 연간 새로 사는 개수도 1.5개, 구매액은 186만원 수준이다.

이런 분위기는 해외라고 다르지 않다. 도이치뱅크 조사 결과 미국 저소득층의 소비지출 중 럭셔리 제품 구매 비중은 40%에 달한다. 미국 펜실베이니아대 와튼스쿨 니콜라이 루사노브 교수 등은 논문을 통해 "젊고 소득이 높지 않은 집단의 사치품 소비 성향이 높은 것은 더 좋은 직장과 배우자를 구하는 사회활동이 활발하기 때문"이라며 "주변 집단의 소득이 높지 않을수록 사치품이 눈에 띄어 효용이 크다"고 분석했다.

NH투자증권이 통계청 자료를 바탕으로 조사한 결과 한국 소비자들의 가치소비 경험 품목은 여행, 먹거리, 의류, 패션잡화, 화장품 순으로 나타난다. 유통업계에서도 가치소비를 겨냥해 다양한 전략을 펼치고 있다. 백화점들은 최근 색조화장품 매출 호조세에 힘입어 관련 마케팅을 더욱 강화하고 있다. 색조화장품이 인기 있는 한 이유로 업계는 역시 가치소비를 꼽는다. 구매력이 상대적으로 낮은 20대 고객들도 색조화장품에 가치를 두고 구매에 나서면서 매출 증가를 견인하고 있다. 롯데백화점에서 지난해 색조화장품을 구매한 고객 중 20대의 매출 비중은 26.3%였다. 전체 화장품 구매 고객 중 20대 매출 비중이 12.3%인 데 비하면 2배 이상 높다.

백화점 내 럭셔리 매출 – 소비 줄어도 럭셔리 증가

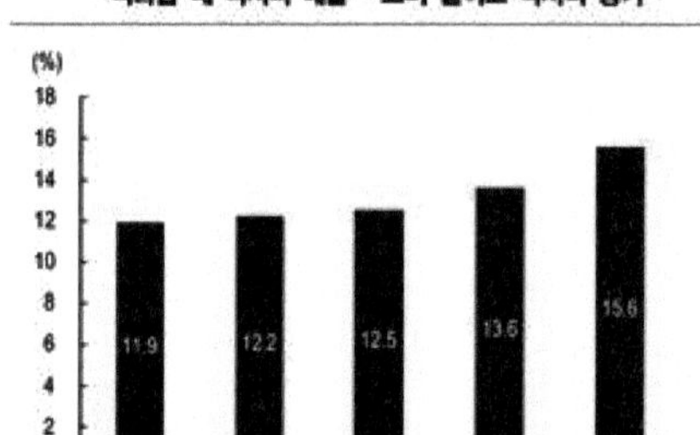

가치소비 경험 품목 – 여행, 패션 등 좋아질 것

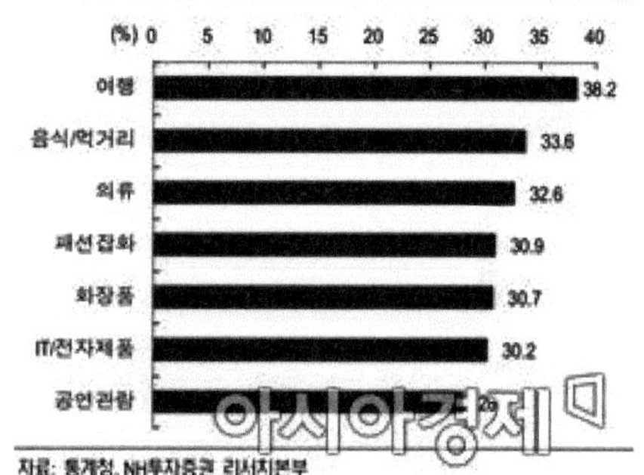

이 밖에 유통업체들의 '한정판' 아이템도 가치소비 트렌드 속 불티나게 팔리고 있다. CJ오쇼핑이 지난 8월4일 딱 1,000개만 선보인 '뷰티 박스'는 판매 개시 당일 싹 다 팔렸다. 뷰티 박스는 소용량 뷰티 용품을 모은 박스다.

자료원: 아시아경제, 2017.11.20. 기사편집

5. 기술적 환경

기술의 발전이 기업활동에 영향을 미치는 기술적 환경(technological environment)은 가장 급속도로 변화하면서 가장 크게 영향을 미치는 요소이다. 컴퓨터, 인터넷과 정보통신의 발달은 시간과 공간을 초월한 인터넷 쇼핑몰, 소셜커머스 등과 같은 혁신적인 소매업태가 등장하였으며, EDI(Electronic Data Interchange: 전자문서교환), RFID(Radio Frequency Identification: 무선 인식 전자태그), 기술 인공지능(AI: Artificial Intelligence), 사물인터넷(IoT: Internet of Things), 빅데이터 기술 등의 정보 기술은 우리의 생활 전반에 적용되어 생활에 변화를 주고 있으며, 유통 매장의 결제방법, 상품에 대한 정보제공, 재고 관리, 고객맞춤형 프로모션, 고객구매목록 분석 등에 적용되어 소매점의 경쟁력에 영향을 미치고 있다.

사례 2-6

손 안의 '퍼스널 쇼퍼' 챗봇

11번가를 운영하는 SK플래닛이 개발한 '디지털 컨시어지'는 메신저와 AI 기술이 결합된 챗봇(chat-bot)기반의 서비스다. 우리에게 친숙한 모바일 메신저를 사용할 때처럼 원하는 상품을 물어보면, 챗봇이 마치 퍼스널 쇼퍼처럼 상품을 골라 추천해준다.

챗봇 전담 '대화형 커머스 본부' 구성

최근 국내외 유통시장에서 챗봇을 통해 상품 검색부터 구매, 결제, 배송까지 가능한 대화형 커머스가 뜨고 있다. 모바일 메신저의 채팅창과 같은 사용자 환경(UI)을 제공하는 챗봇은 스마트폰 사용이 익숙한 소비자에게 쉽게 접근할 수 있다. 유통업체 입장에서 보면 풍부한 대화를 통해 고객이 어떤 상품을 원하는지 자세하게 알게 돼 구매를 유도할 수 있다. 고객 역시 자신이 원하는 상품을 찾기 위해 온라인에서 무수히 많은 상품 카테고리를 검색하는 수고를 덜 수 있다.

국내에서는 메신저 플랫폼을 보유한 카카오와 네이버, 그리고 SK플래닛 등이 챗봇 사업을 추진하고 있으며, SK플래닛 경우 대화형 커머스 전담부서인 '컨버세이셔널 커머스 본부'를 두고 11번가 앱에서 챗봇을 구현해내고 있다. 11번가는 현재 제품 스펙이 어려운 노트북이나 텔레비전, 냉장고, 세탁기 등 가전에 한해 챗봇 서비스를 제공하고 있다. 어려운 IT 용어를 몰라도, '영화를 볼 때 쓸 만한 100만 원 미만의 노트북'이라고 얘기하면, 알아서 적당한 상품을 추천해준다. 이 같은 챗봇 컨시어지 서비스는 단순히 상품 정보만 나열하는 것이 아니라 소비자와 '대화'를 통해 쌍방향으로 정보를 전달하는 것이 특징이다.

구매 전환율 향상, 결제 기능 추가 예정

11번가에 따르면 챗봇 구현으로 e-커머스 비즈니스는 한 단계 진화할 수 있게 됐다. 1세대 몰에서는 고객들이 자신이 원하는 상품을 알아서 검색해 찾아야 했다면, 2세대 몰은 특정 상품을 검색할 경우 연관 상품을 추천해주는 기능을 갖췄다. 그리고 챗봇이 도입된 3세대 몰은 AI에 기반한 대화형 커머스를 통해 개별 고객에게 맞춤형 상품 제안이 가능하다는 것이다. 한편, 챗봇이 도입된 디지털 컨시어지는 모바일에서 실제 구매 전환율을 높이는 역할도 하고 있다. 실제로 11번가 앱에서 특정 브랜드의 기획전을 실시할 경우 구매 전환율은 1.4%인데 반해, 디지털 컨시어지를 이용한 소비자들의 구매 전환율은 9%까지 높아졌다. 챗봇 대화를 통해 고객이 무엇을 원하는지 더 많이 알게 돼 최종 구매까지 유도하는 비중이 높아진 것이다.

자료원: 리테일매거진, 2017.3. 기사편집

6. 자연적 환경

자연의 변화 현상이 기업 활동에 영향을 미치는 자연적 환경은 천재지변(일기), 대기, 습도, 계절성, 풍수, 일광, 식물, 자원 등의 영향을 의미한다.

또한 지하자원(에너지; 석유, 광물 자원), 지상자원(삼림, 농산, 수산자원) 등도 영향을 미친다. 최근 자원민족주의(Resource Nationalism:천연자원은 이를 산출하는 국가의 것이라고 인식하려는 사상. 아시아, 아프리카, 중남미 등의 개발도상국이 자국에서 산출되는 자원에 대한 주권을 주장하고, 그 지배권을 강화하려는 의식)의 대두로 부존자원이 거의 없는 한국과 같은 경우 원자재 공급이나 수입상품 공급 등에도 영향을 미칠 수 있다.

사례 2-7

'눈'의 유통 경제학

눈이 내리고 추운 날씨가 되면, 유통업계에서는 장기적으론 '희(喜)', 하루하루만 봤을 때는 '비(悲)'로 '희비'가 공존하는 모습을 보인다. 눈이 많이 올수록 다양한 방한용품의 수요가 늘어서 업체들의 매출도 덩달아 늘어나지만, 눈이 오는 날 당장은 소비자들이 대형마트와 백화점 등을 잘 찾지 않는 것이 정설이기 때문이다.

한 대형마트 관계자는 "단발식으로 조금씩 내리는 눈은 상관없지만, 눈이 계속해서 오는 경우에는 매출에 부정적인 영향을 미치곤 한다"면서도 "방한용 완충제나 방한용품 등 눈 오는 걸 대비한 겨울 용품들은 특히 매출이 급증하는 경향이 있다"고 밝혔다. 이어 "비와 눈은 조금 성격이 다르다"면서 "눈은 예측이 가능한 경우가 많아서 여기 맞춰 다양한 상품을 준비하기도 한다"고 말했다. 특히 눈이 많이 오게 되면 패션상품은 매출이 크게 늘어나는 호재를 보인다. 이에 한 백화점 관계자도 "겨울 세일기간이 주로 눈이 오는 시기에 겹쳐서 진행되는데, 여기에 맞춰 코트나 패딩, 장갑 등 다양한 방한 용품과 의류들을 준비해놓는 게 분위기"라고 했다.

롯데백화점은 2017년 겨울 세일 첫 주말(16일 ~ 20일) 실적이 2016년 동기간(17 ~ 21일) 대비 14.1% 증가했다. 현대백화점도 2017년 16 ~ 19일 기간 실적이 2016년 동기(17 ~ 20일) 대비 12.7% 성장하는 모습을 보였다. 신세계도 같은 기간 기존점 기준 매출액이 1.2% 상승했다. 특히 현대백화점에서는 스포츠(아웃도어 포함) 21.5%, 영패션(겨울패션류 포함) 16.3%, 모피 10.1%의 매출 신장률을 보이며 겨울 방한 의류의 수요가 높게 나타난 것으로 확인됐다.

2017년은 겨우내 추운 날씨가 계속 이어질 것으로 업계는 내다보고 있다. 2016년 겨울 세일기간 부진한 모습을 보였던 백화점업계에는 큰 호재다. 2016년 롯데백화점은 겨울 세일에서 0.7% 매출이 역신장 했고, 현대백화점도 1.2% 매출이 감소하는 모습을 보였다.

자료원: 헤럴드경제, 2017.11.21. 기사편집

7. 국제적 환경

국제적 환경(international environment)이란 기업이 국경을 넘어 국제적으로 기업활동을 수행할 때 영향을 미치는 여러 가지 요소를 의미한다. 한국기업 뿐만 아니라 해외로 진출하는 모든 다국적 기업은 자국 내 환경은 물론 진출국의 기업환경의 다양한 요소들을 정확하게 인식하고 전략적으로 대응할 수 있는가를 결정해야 할 것이다. 현재의 세계경제는 글로벌화로 가고 있지만 한편으로 권역별 경제 블록화에 의한 지역주의가 공존하는 상황이다. 1995년 WTO(세계무역기구: World

Trade Organization)체제의 출범은 세계무역질서의 재편을 가져왔다 할 수 있는데, 공산품은 물론 농산물과 서비스 분야에 이르기까지 관세 및 무역장벽이 낮아지면서 세계경제는 국경 없는 무한 경쟁시대를 열었다. 또한 EU(European Union; 유럽연합)를 비롯한 권역별 경제블럭화로 NAFTA(North America Free Trade Agreement; 북미자유무역협정 : 미국, 캐나다, 멕시코), AFTA(ASEAN Free Trade Area; 아세안자유무역지대), APEC; Asia-Pacific Economic Cooperation; 아시아 태평양 경제협력체), ASEAN; Association of Southeast Asia; 동남아시아 국가 연합) 등으로 통합하여, 새로운 통상이슈(뉴라운드)의 등장은 역내 국가 간의 교역은 증대되지만, 역외 국가에 대한 무역장벽이 되고 있다. 새로운 통상이슈(뉴라운드)를 보면, GR(Green Round:그린라운드; 환경기준을 무역과 연계시킴), TR (Technical Round:기술라운드; 각 국의 기술개발 지원에 관한 국제규범을 정하고자 함), BR(Blue Round: 노동라운드; 근로조건을 국제적으로 표준화 하려는 다자간 협상으로 노동환경과 국제무역을 연계시키려는 것), CR(Competition Round: 공개경쟁 라운드; 각국의 경쟁조건을 공정하고 자유롭게 하자는 다자간 협상) 등이 있다. 또한 국가별 민족주의 강화로 유통기업 활동에 영향을 미치므로, 세계시장으로 진출하려는 기업은 진출국의 다양한 환경요인을 정확하게 인식한 후 진출을 결정하여야 할 것이다.

사례 2-8

중국서 자취 감추는 K유통

한국 유통업체에 중국은 무덤이나 다름없습니다."유통업체 고위 관계자는 롯데홈쇼핑의 중국 철수에 대해 "중국의 사드 보복에다 까다로운 규제로 인해 한국 유통의 설 자리가 사라지고 있다"며 "현재 중국에서 영업 중인 다른 유통업체 상당수가 추가로 철수 카드를 꺼낼 것으로 보인다"고 설명했다.

롯데홈쇼핑의 중국 진출은 지난 2010년 7월로 거슬러 올라간다. 당시 중국 3위 홈쇼핑업체인 '럭키파이'의 지분 63.2%를 1억 3,000만 달러에 인수했다. 이를 바탕으로 충칭, 산둥, 윈난, 헤이룽장성, 허난성 등 5개 지역에서 사업을 개시한 뒤 지역을 빠르게 넓히겠다는 것이 롯데홈쇼핑의 복안이었다. 하지만 라이선스·합작사 문제와 누적되는 영업손실로 헤이룽장성, 허난성 사업은 초기부터 접을 수밖에 없었다. 2015년에는 충칭 사업 운영권도 현지 사업자에게 넘겼다. 롯데홈쇼핑은 남은 윈난, 산둥 지방을 중심으로 재기를 노렸지만, 중국의 사드 보복은 이 같은 꿈까지 완전히 무너뜨렸다. 윈난, 산둥 지분과 사업권도 중국 현지 업체에 매각하면서 8년 만에 중국 시장에서 사실상 완전히 철수하게 된 것이다.

홈쇼핑업계에서 가장 먼저 중국에 진출한 CJ오쇼핑의 경우 현재 중국 광저우 기반의 남방CJ 사업을 청산하고 있다. 남방CJ는 지난 2014년 30억 원, 2015년 7억 원 적자를 기록한 데 이어 2016년에는 영업손실 폭이 무려 201억 원까지 커졌다. 2016년부터 방송 송출을 중단하고 현지 사업자와 경영권 분쟁을 겪고 있는 현대홈쇼핑 역시 싱가포르에서 국제중재 결과가 좋지 않을 경우 철수 카드를 꺼낼 것이라는 관측이 지배적이다. 대형마트의 '탈(脫) 차이나' 속도는 더 빠르다. 이마트가 이미 지난달 중국 현지 매장 6곳 가운데 5곳을 태국 CP그룹에 매각해 사실상 완전 철수 작업을 완수했다. 1997년 중국 시장에 진출한 이마트는 한때 현지 매장이 26개에 달했지만 20년 만에 중국에서 간판을 완전히 내리게 됐다.

사드 보복의 최대 피해자 가운데 하나인 롯데마트도 현재 마트 99개·슈퍼 13개 등 중국 내 112개 점포를 일괄 매각하는 방안을 추진 중이다. 만약 사드 보복 조치 해제로 영업재개가 가능해지더라도 영업 유지보다는 매각을 최우선순위에 둔다는 입장이 완고하다. 이미 너무 많은 유·무형 피해를 입어 또다시 자금을 투여해 재기를 노리느니 아예 사업을 접는 게 낫다는 판단에서다. 유통업계 한 관계자는 "기업 경영의 잘못이 아니라 외부변수인 정치적 문제로 어려움을 겪는 애로를 이해해줬으면 한다"고 하소연했다.

자료원: 서울경제, 2018.01.24. 기사편집

제2절 기업내부환경

기업외부(거시적)환경이 기업의 경영활동에 직접 혹은 간접적으로 광범위하게 영향을 미치는 반면 기업내부환경(미시적 환경; micro environment)은 특정기업의 경영활동에 직접적으로 관련되어 영향을 미치는 요인으로 각 기업의 경영 관리자가 조절할 수 있는 업무환경을 말한다. 즉 소비자, 공급업자, 경쟁자, 노동조합, 주주 등으로 기업의 업무활동과 직접적으로 관련되어 영향을 미치는 이해관계자를 말한다.

1. 소비자

기업의 제품과 서비스를 구매하는 소비자는 유통관리자가 가장 관심을 가지는 부분이다. 기업들은 소비자의 중요성을 인식하고 소비자의 욕구를 충족시키기 위하여 노력하고 있다. 소비자의 욕구변화는 유통전략의 변화에 많은 영향을 미친다. 시간의 효율적 사용 및 여가시간의 활용을 더 원하게 됨에 따라 홈쇼핑, 인터넷 쇼핑, 쇼핑몰 등과 같은 계속적인 신업태의 등장을 가져오게 하였다. 또한 지속적인 경제위축과 실질소득의 감소로 인해 소비자들이 가치 있는 소비를 원하게 됨으로써, 유통업에서는 품질을 유지하면서 보다 저렴한 가격의 제품을 공급하여야 할 것이며, 업태 운영에 있어서도 고가와 저가를 동시에 고려하는 전략이 요구된다.

사례 2-9

있어 보이는 것과 결별한 소비

현재 우리 사회의 라이프스타일과 소비를 이끌어가는 2030 세대는 베이비붐 세대의 자녀들이다. 미국발 글로벌 금융위기와 유럽발 글로벌 재정위기 시대에 자라 사회로 진출하면서 희망보다 암울한 현실을 크게 느꼈던 이들이기도 하다. 물질보다 경험에 가치를 두며 개성과 취향을 반영한 소비를 중시한다. 이들을 주축으로 한 소비패턴의 변화를 보여주는 키워드는 '페이크슈머(fakesumer)'다. 가짜를 뜻하는 '페이크(fake)'와 소비자를 의미하는 '컨슈머(consumer)'가 합쳐진 말인데 진짜보다 가치 있는 가짜, 진짜의 합리적인 대체재에 열광하는 소비자를 가리킨다. 수직적인 위상관계에 놓여있던 진짜와 가짜가 대등한 가치를 지닌 것으로 바뀐 것에서 나아가 오히려 진짜보다 가짜의 인기가 높아지고 있다. 기성세대의 유산을 물려받기보다, 비록 오리지널이 아니더라도 자기 세대에 맞는 새로운 유산을 만들어내고 싶다는 욕망이 반영돼 있다.

진짜보다 멋진 '가짜'에 열광하다

동물 복지와 환경 문제까지 고려한 윤리적·사회적 소비를 추구하는 2030 소비자들이 늘고 있다. 그런 점에서 가짜 제품은 동물보호 등 윤리적 가치에 부합할 뿐 아니라, 진짜보다 더 가볍고 편하며 가격이 합리적이라는 점에서 실용성도 높아 주목받는다.

VR을 이용한 가짜 체험을 소비하는 이들도 많아지고 있다. VR 체험관과 기기를 사용해 번지점프, 산악자전거 등 익스트림 스포츠를 안전하게 즐기는가 하면 집안에서 전 세계 미술관과 박물관을 산책하고 예술 거장들의 작품을 감상한다.

물질보다 '경험'에 투자하다

이들은 미래의 소유를 위해 현재의 삶을 포기하려고 하지 않는다. 공유경제시대의 소비 주체로서 굳이 무언가를 내 것으로 소유하지 않아도 된다는 인식 때문이기도 하고, 미래보다 현재에 충실하겠다는 심리의 발현이기도 하다. 자기 집이나 차를 장만하기 위해 다른 것들을 포기하기보다 여행, 공연을 비롯한 경험과 자기가 좋아하는 일에 투자하는 소비 패턴을 보인다. 그러다 보니 렌탈 소비를 선호한다. 자동차와 전자제품뿐 아니라 가구, 가방, 옷 등 못 빌릴 것이 없을 정도다. 한 번에 목돈을 들이지 않고 매월 소액의 일정 비용만 내면 되는 데다, 끊임없이 쏟아져 나오는 신제품과 유행에 빠르게 대응할 수 있다는 것도 장점으로 꼽힌다.

홈쇼핑과 백화점, 온라인 쇼핑몰 등 유통업계도 다양한 상품의 렌탈 서비스에 뛰어들었다. 지난해 1분기 기준 CJ오쇼핑의 렌탈 판매액은 전년 대비 두 배 이상, GS홈쇼핑은 22% 증가한 것으로 나타났다.

자료원: 머니투데이, 2018.01.21. 기사편집

2. 공급업자

공급업자의 자원 공급능력과 안정성 및 가격은 기업의 원가와 가격안정성에 직접적으로 영향을 미치므로 중요하게 고려되어져야 한다. 이들의 변화가 기업의 유통활동에 어떠한 영향을 미칠 것인지를 가능한 한 사전에 파악해야 한다. 공급업자가 필요한 시점에 제품을 납품하지 못하거나 중도에 그만두게 되면 납품을 받아오던 기업도 타격을 받게 되는 것이다.

사례 2-10

중소 납품업체 최저임금 인상 부담, 백화점·대형마트가 분담

공정거래위원회는 8일 최저임금 인상 등으로 인해 공급원가가 오를 경우 납품업체가 백화점, 대형마트, 편의점, 온라인쇼핑몰, 텔레비전홈쇼핑 등 5개 분야 대형 유통업체들에 대해 납품대금을 올려달라고 요청할 수 있는 권리를 부여하는 내용으로 표준계약서를 개정했다고 발표했다. 이는 2018년 최저임금이 전년대비 16.4% 상승하면서 납품업체들의 인건비 부담이 증가될 것으로 예상되면서, 납품업체의 부담을 대형 유통업체가 나눠질 수 있도록 하기 위한 것이다.

개정된 표준계약서는 계약기간 중 최저임금 인상, 원재료가격 상승 등으로 공급원가가 변동되는 경우 납품업체가 유통업체에 납품가격을 올려달라고 신청하면 유통업체는 10일 이내 납품업체와 협의를 시작하도록 명시했다. 만약 유통업체와 납품업체 간 합의가 성사되지 않으면 공정위 산하 공정거래조정원에 설치된 분쟁조정협의회에서 납품가격 조정을 하게 된다. 표준계약서를 사용하는 유통업체는 공정위와 맺은 공정거래협약의 이행 평가에서 우대를 받게 된다. 협약이행 평가에서 낮은 점수를 받은 유통업체는 공정위의 불공정행위 직권조사 대상으로 우선적으로 고려되는 등 불이익을 받게 된다.

자료원: 한겨레, 2018.01.08. 기사편집

3. 경쟁자

경쟁자란 특정 시장에서 고객들의 욕구나 그와 유사한 욕구를 만족시킬 수 있다고 여겨지는 현재 혹은 잠재적 기업들이다. 경쟁기업들은 동일한 시장을 대상으로 유사한 제품을 생산, 판매할 뿐 아니라, 원료의 수급에나 유통에도 경쟁적인 관계를 가지고 있다. 그러므로 현재의 경쟁자 및 잠재적인 경쟁자들에 대해서도 꾸준히 분석해야 한다.

사례 2-11

월마트, 아마존 맞서 차별화 전략

월마트는 모바일 애플리케이션(앱)과 오프라인 매장을 활용해 약 30초 만에 손쉽게 반품할 수 있는 간편 시스템을 구축할 계획이라고 파이낸셜타임스(FT)가 9일(현지시간) 보도했다. 모바일 앱에서 버튼을 한 번 누르고 매장을 찾아가 직원에게 스마트폰으로 코드를 보여주면 반품 처리가 이뤄지는 식이다. 고객센터에서 차례를 기다릴 필요도 없고 '패스트 트랙' 줄을 통해 빠르게 접수할 수 있다.

온라인에서 구매한 제품은 당장 2017년 11월부터 이 같은 서비스를 이용할 수 있으며, 2018년부터는 월마트 매장에서 산 제품도 이 같은 방식으로 반품할 수 있게 될 전망이다. 월마트가 반품 서비스를 간소화한 것은 미국 최대 전자상거래업체 아마존과의 경쟁에서 우위를 점하기 위해서다.

온라인 유통시장을 석권한 아마존이 홀 푸드까지 인수하며 오프라인으로 발을 뻗자 월마트가 대응에 나선 셈이다. 월마트의 비교 우위 요소는 미국 전역에 실제 매장이 있다는 점이다. 이를 활용해 소비자가 온라인으로 산 제품이 마음에 들지 않으면 집 근처 월마트에서 반품하도록 한 것이다. 월마트 매장 수는 총 4천700곳으로, 미국 인구의 90%가 반경 16㎞ 안에 적어도 월마트 매장 하나는 있는 것으로 알려졌다.

자료원: 연합뉴스, 2017.10.10. 기사편집

4. 노동조합

한국노총이나 민주노총과 같은 전국규모의 노동조합은 기업의 거시적 환경으로 여러 가지 영향을 미치기도 하지만, 과업환경으로서 노동조합은 기업의 임금노동자들이 기업의 구성원으로서 노동조건이나 복지향상 등의 의견제시나 파업 등을 통하여 경영활동을 제약하거나 방향을 전환하는 경우로 나타난다.

사례 2-12

대형마트 빅3 노조, 하나로 통합

마트산업노동조합은 "국내 대형마트의 90% 가까이 점유하고 있는 이마트, 홈플러스, 롯데마트 등 빅3 대형마트 노동조합을 하나로 통합했다"며 "영화 '카트'와 드라마 '송곳'의 주인공들이 여전히 열악한 마트산업의 노동조건을 개선하기 위해 새롭게 나선 것"이라고 밝혔다. 마트노조는 산별노동조합으로 각 기업 소속 노동자뿐만 아니라 마트에서 다양한 형태로 근무하고 있는 하청·파견·용역 노동자까지 포괄 가능한 노동조합이다. 이로써 사실상 한국의 마트에서 근무하는 누구에게나 노조에 가입할 수 있는 권리가 실현될 전망이다.

마트산업노조는 출범대회에서 채택한 결의문을 통해 유통산업발전법 개정 등으로 노동자의 건강권 보장, 4차 산업 등 기술도입과 업계변화에 따른 고용안정, 최저임금 정직한 인상으로 저임금 구조 타파, 협력업체 표준근로계약서 운동 등을 선언하고 전국으로 가입운동을 벌여나갈 예정이다.

자료원: 아이뉴스24, 2017.11.10. 기사편집

5. 주주

주식회사에서의 주주는 실제적으로 자금을 투자하는 집단으로 대주주 혹은 소액주주로 나눌 수 있으며, 이들로 구성된 주주총회에서 대표이사를 선출하여 임명할 수 있으므로 경영활동의 방향을 결정하는 환경요인이 된다.

사례 2-13

CJ오쇼핑, CJ E&M 8월 합병

CJ오쇼핑과 CJ E&M은 17일 이사회를 열고 6월 주주총회 승인을 거쳐 8월 1일 합병을 마무리하기로 합의했다고 밝혔다. CJ오쇼핑과 CJ E&M은 1 대 0.41 비율로 합병한다. 두 회사가 합병되면 소비자들은 CJ E&M 프로그램에 등장하는 음식, 옷 등을 TV와 인터넷을 통해 바로 구입하거나 tvN PD가 만드는 감각적 홈쇼핑 프로그램을 볼 수 있게 될 것으로 보인다. CJ E&M은 tvN, M-net 등의 TV채널을 운영하는 미디어 회사다. 이번 합병은 유통과 미디어 산업이 결합해 창출하는 새로운 시장을 잡기 위한 선제적 조치로 풀이된다. 최근 소비층 확대에 한계를 느끼는 유통업체들은 폭넓은 이용자들을 끌어올 수 있는 콘텐츠 산업으로 눈을 돌리고 있다. 중국 최대 전자상거래 업체인 알리바바가 스티븐 스필버그 감독의 영화사 '앰블린 파트너스'의 지분을 인수하고 아마존이 동영상 스트리밍 서비스를 확대하는 것도 이러한 이유에서다. CJ오쇼핑 관계자는 "글로벌시장에서 미디어와 커머스(유통) 간의 결합이 본격화되고 있다"며 "CJ오쇼핑과 CJ E&M의 사업 역량을 결합해 최고의 경쟁력을 가진 글로벌 융·복합 미디어 유통 기업으로 성장시키기 위해 합병을 결정했다"고 말했다.

이날 두 회사가 밝힌 합병회사의 올해 매출 목표는 4조 4,000억 원, 영업이익은 3500억 원이다. 장기적으로는 신규 사업을 새 성장동력으로 삼아 2021년까지 전체 매출을 연평균 15.1% 성장시킬 계획이다.

한편 이날 합병을 알리는 공시 발표 전부터 CJ오쇼핑 주가는 급등해 전날보다 8.93% 오른 25만 5,000원에 장을 마감했다. CJ E&M도 전날보다 3.16% 오른 9만 8,000원에 장을 마감했다.

자료원: 동아일보, 2018.01.18. 기사편집

제3장

소매업과 소매상

제3장 소매업과 소매상

소매업(retailing)이란 구매한 상품과 서비스에 필요한 가치를 부가하여 소비자에게 판매하는 활동을 말하며, 소매상(retailer)이란 사용 및 소비를 목적으로 상품이나 서비스를 구매하는 최종소비자에게 상품 및 서비스를 판매하는 것과 관련된 활동을 수행하는 상인을 말한다. 즉, 소비자가 생활에 물건을 구매하기 위해 백화점, 대형마트, 재래시장 등을 찾아가 자신이 사용 및 소비하기 위해 구입하는 소비자를 최종소비자라 하며 최종소비를 목적으로 구매하는 소비자에게 상품이나 서비스를 판매하는 활동을 소매활동이라 하며 이 활동을 수행하는 상인을 소매상인이라 한다.

본장에서 소매상의 기능 및 특징, 소매상의 발전과정이론에 관해 살펴보기로 한다.

제1절 소매상의 개념과 기능

1. 소매상의 개념

소매상은 유통경로 상에서 소비자와 가장 가까이 있는 경로구성원으로서 소비자와 직접 접촉하므로 변화하는 소비자욕구에 맞추어 계속 변화되어왔으며 다양한 형태의 소매점들이 나타나 경쟁이 치열해지고 있다. 소매상은 생산자 및 도매상과 소비자사이의 괴리를 좁혀주는 매개역할을 수행하며, 소매상의 경쟁력은 제조업체나 도매상이 충족시키기 어려운 소비자의 욕구를 효율적으로 충족시킬 수 있어야 하므로 소비자의 욕구를 파악하여 소비자가 원하는 시간 및 방식으로 구매할 수 있도록 상품구색이나 관련서비스를 제공할 수 있어야 한다. 소매상의 주요고객은 영리기업이나 기관구매자가 아니라 최종소비자이다. 미국의 소매센서스에서는 소매상을 매출액 중 최종소비자에게 판매하는 비율이 50% 이상인 조직체라고 정의하고 있다.

한국의 경우 전근대적인 재래시장이나 동네가게에서부터 현대적 소매업체인 백화점, 대형마트, 편의점, 통신 및 방문판매, 홈쇼핑, 인터넷 쇼핑 등의 다양한 업태들이 최종소비자에게 상품 및 서비스를 판매하며 관련서비스를 제공하는 소매상으로서 업태 내 경쟁은 물론 업태 간 경쟁을 하고 있다.

2. 소매상의 특징

최종소비자를 대상으로 상품 및 서비스를 판매하며 관련서비스를 제공하는 소매상은 다음과 같은 구체적 특징을 가진다.

첫째, 입지의 중요성이다. 최종소비자는 지리적으로 분산되어 있으므로 점포소매상의 경우 입지선정이 장기적 성공의 핵심요소가 된다. 일단 선정된 입지는 쉽게 변경하기 어려우므로 선정된 입지의 소비자특성에 맞는 소매전략 즉, 머천다이징, 상품가격, 촉진 등과 일관성을 가져야 한다. 특히 입지선정 시 상권특성, 주변점포, 교통의 편리성, 가시성 등의 다양한 기준에 의한 평가가 이루어져야한다.

둘째, 반응의 즉시성이다. 소매상은 유통경로구성원 중 소비자와 가장 밀접해 있으므로 광고, 촉진 등의 마케팅활동에 대한 소비자 반응이 즉각적으로 나타나 판촉활동에 대한 효율성을 평가하기 쉽다.

셋째, 충동구매의 비중이 높다. 충동구매는 소비자가 구매계획 없이 점포 내에서 즉흥적으로 이루어지는 구매로 조명, 진열 및 구매시점광고 등에 의해 감정적으로 동화되도록 하는 것은 최종소비를 원하는 소비자에게 소매상만이 할 수 있는 것이다.

넷째, 소매상은 소비자가 직접 방문하여 상품을 보고, 만지고, 호의적 감정으로 구매하는 점포소매상과 방문판매, 홈쇼핑, 자동판매기, 인터넷 쇼핑몰 등의 무점포

소매상이 있다. 특히 컴퓨터의 보급과 인터넷의 발달로 시간과 장소에 구애받지 않는 전자상거래가 활성화되어 세계적으로 거래가 이루어지면서 무점포 소매상이 급속도로 성장하고 있다. 따라서 본장에서는 점포소매상을 중심으로 기술하고, 무점포소매상에 대해서는 다음 장에서 다루기로 한다.

사례 3-1

경험과 전시체험 등으로 매출 올리는 신세계센텀시티

신세계 센텀시티는 2009년 오픈 이후 두 자리 수의 신장을 이어왔던 과거와는 달리 2017년 9월까지의 매출 신장율이 2%에 그친 것으로 나타났다고 15일 밝혔다. 과거 상품을 진열만 해 놓아도 잘 팔리던 백화점은, 서비스를 제공해야 상품이 팔리던 시대를 거쳐 이제는 경험이 소비가 되는 업태로 변화 한 것이다. 이에 다양한 체험과 경험을 제공함으로써 집객율을 높이고 체류시간을 늘리는 등의 방안으로 고객 모시기에 나서고 있다.

가구·인테리어 전문관에 낸 '골드문트'는 전시위주의 획일적인 매장형태를 버리고, 완벽한 방음 시설을 설치하여 최상의 사운드를 경험할 수 있는 3개의 리스닝룸(Listening Room)으로 꾸몄다. 이는, 오디오 전문가가 아닌 이상, 스펙만 보고는 실제 음향을 느낄 수 없는 한계를 극복하기 위해 실제 고객이 음향체험을 할 수 있도록 청음공간을 마련한 것이다. 8층에 위치한 그랜드힐란(Graddhyllan)은 언뜻 보면 다른 커피숍과 차이가 없어 보이지만, 사실은 암체어(Arm Chair)나 글라스웨어(Glass Ware)를 판매하는 매장이다. 체어나 글라스웨어 제품을 직접 체험해보고 구매 할 수 있도록 한 카페형 쇼룸 의 매장이다. 시코르(CHICOR)에서는 본 제품을 미리 써보는 테스터(Tester)제품들을 진열해놓았다. 다양한 브랜드의 상품을 미리 써본 후 구매하고, 각 제품을 한곳에서 비교해 볼 수 있어 인기다. 조미경 매니저는 "테스터가 없는 제품의 경우는 판매율이 부진하지만, 테스터가 있는 제품의 경우에는 충동구매, 비교구매, 다건의 구매로 이어지기 때문에 테스터 제품은 이제 필수다"고 밝혔다.

제품 판매를 위한 경험제공 외에도 다양한 전시·문화 체험으로 고객 집객율을 높이고 체류시간을 늘림으로서 매출의 긍정적 영향을 끼치고 있다.

웹이나 모바일을 통해 클릭 한번으로 의류, 잡화, 식품 등 생활 전반에 걸친 필요품이 집으로 배송되고 있다. 시간이나 특정장소에 구애를 받지 않고 간편한 결제 시스템의 장점으로'엄지족'이라 불리는 모바일 쇼핑의 시장규모는40조원에 달한다. 이런 시대적 흐름에 따라, 오프라인 매장의 가장 큰 장점인 경험과 체험을 제공함으로서 경험이 지갑을 여는 새로운 구매패턴이 나타나고 있는 것이다.

자료원: 브릿지경제, 2017.10.15. 기사편집

3. 소매상의 기능

소매상은 제조업자나 도매상과 소비자 사이의 상품의 흐름을 원활하게하기 위하여 여러 가지 활동을 수행한다. 제조업자 및 도매상에게는 상품을 판매해주는 역할을 하며, 소비자에게는 상품구매를 쉽게 할 수 있도록 여러 가지 역할을 수행한다.

1) 소매상이 제조업자를 위해 수행하는 기능

(1) 시장 확대 기능

시장 확대 기능, 재고유지 기능, 주문처리 기능 등은 소매상이 판매활동을 수행함으로서 제조업자에게 생산 활동에 주력할 수 있도록 하여 전문화에서 오는 혜택을 얻을 수 있다.

(2) 시장정보제공기능

소매상은 최종소비자와의 직접적인 접촉을 통해 상품에 대한 소비자들의 의견을 들을 수 있으므로 이를 제조업자에게 제공하여 품질, 가격이나 디자인 등을 소비자의 욕구에 맞도록 상품을 개발하거나 구색을 갖추게 한다.

(3) 고객서비스 대행기능

소매상은 자체의 신용정책을 통하여 신용판매 및 할부 등의 금융서비스를 제공하여 제조업자의 자금압박을 덜어주고 자금흐름을 용이하게 하며, 상품배달 및 설치 등과 같은 대 소비자 서비스를 대신한다.

2) 소매상이 소비자에게 수행하는 기능

(1) 제품구색제공

소매상은 수많은 상품 중에서 적절한 가격 및 품질의 상품을 소비자가 믿고 선택할 수 있도록 해준다. 유사한 상품이라도 스타일, 색상, 크기, 상표 등이 다르므로 표적소비자의 요구에 맞도록 상품구색을 갖추고, 여러 가지 상품을 구입하려는 소비자들의 시간과 에너지를 절약할 수 있도록 기능을 수행한다.

(2) 정보 및 금융제공

소매광고, 판매원 서비스, 점포 디스플레이 등을 통해 고객에게 제품관련 정보를 제공하고, 자체의 신용정책으로 소비자의 금융 부담을 덜어주는 기능으로 신용판매 및 할부판매 등의 금융서비스를 제공하여 구매를 쉽게 해준다.

(3) 서비스 제공

제품의 배달, 설치, 사용방법의 교육과 판매 후의 애프터서비스의 제공활동을 통해 소비자에게 믿음을 갖게 하는 기능을 수행한다.

사례 3-2

코스트코와 이마트 트레이더스

– 연회비 회원제의 오픈형 할인점 –

- 코스트코, 회원제·1국가 1카드 원칙 고수

코스트코는 '외국계의 무덤'인 국내 마트시장에서 살아남은 유일한 외국계 회원제 할인점이다. 연회비는 2017년 비즈니스 회원 3만 3,000원, 개인 회원인 골드스타 회원은 3만 8,500원으로 변경됐다. 연회비가 있는 대신 물건의 마진을 확 줄여 고객이 물건을 사는 만큼 이득을 보는 구조다. 그만큼 단골고객의 충성도가 높다.

코스트코는 한 국가당 한 개의 카드사만 제휴하는 것을 원칙으로 하고 있다. 따라서 삼성카드와 현금, 선불카드만 사용이 가능하다. 회원제 할인점이라 입장 시와 결제 시 카드를 보여주어야 하기 때문에 회원이 아니면 입장할 수조차 없어 많은 이들이 불편을 호소하고 있다. 물건 가짓수는 상당히 많으며 코스트코에서만 살 수 있는 제품들도 있다. 양보다는 질에 초점을 맞춰 가성비가 좋다는 이야기가 나오고 있다.

트레이더스, 신도시 중심으로 창고형 매장 진화

트레이더스는 연회비 없이 모든 카드를 쓸 수 있는 오픈형 창고매장으로, 코스트코를 이용하는 불편함을 줄이는 데 주력했다. 그러면서도 대용량으로 저렴하게 제품을 구매할 수가 있어 편리하다. 신세계포인트 적립도 가능하다. 이마트의 할인 매장 트레이더스는 이마트보다는 더 교외에 위치하며 훨씬 더 큰 매장으로 조성돼 있다. 전국에 12개 점포가 있으며 광역시나 최소 인구 60만이 넘는 대도시에 주로 개설됐다. 지난 2010년 첫 문을 연 트레이더스는 2016년에 첫 매출 1조클럽에 가입했고, 2017년 매출은 1조 5,000억 원을 넘길 것으로 추정된다.

트레이더스는 마트 1위인 이마트의 소싱역량이 빛나는 창고형 매장으로 소비자의 충성도도 높은 편이다. 주로 국내 제품이라는 한계가 있긴 하지만 가격이 매우 저렴한 게 특징이다. 2018년까지 위례, 목포남악, 여수웅천, 김포풍무, 군포 등에 추가로 트레이더스가 들어설 예정이다.

자료원: 쿠키뉴스, 2017.09.19. 기사편집

제2절 소매상의 발전과정 이론

1. 소매수레바퀴가설(소매차륜이론)

소매수레바퀴가설(Wheel of Retailing Hypothesis)은 M. D. McNair와 S. C. Hollander가 미국과 영국에서의 소매상 발전과정에 근거하여 주장한 이론이다. 소매상이 처음에는 저비용·저가격·저서비스에 기초한 혁신적 업태로 시장에 진입한 후 시장을 주도하다가, 사회·경제적 환경에 따라 변화되어 고가격 및 다양한 서비스로 시장을 주도하면서 고가격, 고품질로 변화하여 가격경쟁력을 상실하게 되면, 다시 새로운 업체가 나타나게 된다는 것이다. 수레바퀴가설은 미국의 소매상 변천과정인 전문점-백화점-할인점 순으로 성장한 것은 부분적으로 설명할 수 있으나 모든 유형 및 나라의 소매상 발전과정에의 적용에는 한계가 있을 수 있다. 한국의 경우도 미국과 유럽에서 개발된 다양한 업태의 소매점이 동시에 또는 순서가 뒤바뀌어 도입되었기 때문에 이 가설에 의하여 설명되기는 무리가 있다. 그러나 소매차륜이론은 소매상발전에 관한 대표적 이론으로 인식되고 있다.

2. 소매수명주기 이론

소매수명주기이론(Retail Life Cycle Theory)은 소매상이 발전하는 과정을 제품수명주기(PLC; product life cycle; 제품이 시장에 나와서 없어질 때까지의 단계) 이론에 적용하여 도입기-성장기-성숙기-쇠퇴기를 거친다는 것이다. 일반적으로 소매기관의 발전에 관한 다른 이론들은 어떤 특별한 변화에 대한 예측과 대처가 불가능하지만, 소매수명주기이론은 소매 관리자가 각 수명주기단계를 세부적으로 분석하여 수명주기의 각 단계로의 변화를 예측하고, 이러한 환경변화에 대해 효과적으로 소매조직을 적응시킬 수 있다. 그러나 소매수명주기 상에서 소매점의 정확한 위치와 각 단계의 지속기간을 예측하기 어려운 점도 있다. 또한 소매수명주기이론은 최근 소매환경이 급격히 변화하면서 다양한 형태의 소매상이 나타나 기존 소매상의 수명주기가 단축되고 있다.

3. 소매아코디언 이론

소매아코디언 이론(Retail Accordion Theory)은 소매상의 변천과정을 가격이 아니라 상품구색의 변화에 기초하여 S. C. Hollander가 설명한 이론으로 초기에는 다양한 상품을 취급하다가 일정시간이 지나면 전문화된 한정 상품만을 취급하고, 좀 더 기간이 지나면 다양한 제품을 다시금 취급하는 과정을 반복하여 조화를 이루면서 발전하는 것이 아코디언과 비슷하다고 하여 붙여진 이론이다.

소매아코디언 이론은 상품구색이외의 변화요인을 설명하지 못하는 한계가 있으나 미국의 소매업 변천과정을 설명하자면, 초기에는 잡화점과 백화점 같은 종합소매상이 발전하였고, 이후 1950년대에는 상품구색이 좁은 전문점이 발전하였으며, 1960년대에는 제품구색이 넓은 양판점, 1970년대에는 부티크 등과 같은 전문점, 1980년대 이후에는 창고 형 도·소매점과 같은 종합할인점이 주로 발전하고 있다.

4. 변증법 과정이론

변증법 과정(Dialectic Process)이론은 정반합의 원리로 소매점의 진화를 설명하는 것으로 두 개의 경쟁적인 소매상이 하나의 새로운 형태로 합하면서 혁신적인 형태로 발전한다는 것이다. 기존업체(정: thesis)와 경쟁하려는 새로운 업체(반: antithesis)가 서로의 경쟁우위 요인을 수용하면서 서로의 특성이 혼합된 새로운 형태(합: synthesis)를 만들어 간다는 것이다. 즉, 고가격, 고마진, 고서비스 저회전율 등의 백화점이 등장하면 이에 대응하여 저가격, 저마진, 저서비스, 고회전율의 할인점이 나타나고, 백화점(정)과 할인점(반)의 장점을 취합한 새로운 할인백화점(합)이 등장하여 발전해간다는 이론이다.

이 이론은 전문점과 할인점이 혼합된 전문할인점(category killer)으로 성장·발전한 것과 90년대 중반 월마트(Wal-Mart)가 주도하여 슈퍼마켓과 할인점을 결합하여 슈퍼센터로 발전한 미국의 소매상에서 그 적용을 찾아 볼 수 있다.

5. 자연도태설

자연도태설(Natural selection) 또는 적자생존이론은 소매업의 변천과정을 환경 적응 과정으로 설명하는 이론이다. 다윈이 진화론에서 주장한 자연도태설과 같이 환경에 적응하는 소매상은 생존·발전하게 되고 환경변화에 적응하지 못한 소매상은 자연적으로 도태된다는 이론이다. 즉, 소매 유통업을 둘러싸고 빠르게 변하는 시장의 사회·문화적, 정치적·법적, 기술적, 경쟁적 구조 및 다양한 소비자의 욕구를 충족시킬 수 있는 유연하고 적응력 강한 소매업체는 성장·발전하고, 변화에 대처하지 못하거나 대처할 능력이 없다면 도태되거나 경쟁력을 크게 잃게 되는 것이다. 환경요인 전체를 포괄하여 설명하고 있기 때문에 설득력은 높으나 소매업태가 어떤 환경요인에 의해 어떻게 변화하는 지를 설명하지 못하는데 문제가 있으며, 이는 1940-50년대 미국 도심 백화점이 급속하게 쇠퇴하고, 반면에 교외 백화점이 성장·발전한 사례에서 이론의 적용을 찾을 수 있다.

사례 3-3

복합쇼핑몰의 진화 트렌드

한국 쇼핑몰 시장은 태동기와 확장기를 거쳐 어느덧 향후 진화 방향이 구체화되는 시기에 접어들었다. 지금까지의 복합쇼핑몰은 가깝고 크며, 넓고 편리한 도심형 쇼핑센터를 대변했다. 지하철역과 이어지며 백화점, 마트, 영화관, 호텔이 어우러진 곳은 한국형 쇼핑몰의 기본 입지 조건이었다. 그러나 최근 도심형 상권이 포화되고, 여유를 즐기는 소비 트렌드가 확산되면서 교외형 라이프스타일 센터가 확대되는 움직임을 보이고 있다. 지금까지 '백화점의 확장판 개념'으로 개발된 대형 복합몰이 시장 발전에 기여했다면, 이제는 고객이 오랜 기간 머물고 쉴 수 있는 체류형 쇼핑몰이 포스트 복합몰 시대를 주도해나갈 전망이다.

• 어른들의 교류 놀이터 된 쇼핑몰

쇼핑몰의 성공 조건은 소비자들을 자사 쇼핑몰로 끌어들이는 확고한 테마를 갖추는 것이다. 이는 '유명 맛집'이 될 수도 있고, 최근 전 세계적인 트렌드인

'라이프스타일숍'이 될 수도 있다. 그러나 북유럽 인테리어숍이나 F&B 강화에 따른 분수효과만 기대하기에는 소비자 눈이 높아질 대로 높아져 이제 쇼핑몰 업체들은 문화·엔터테인먼트 콘텐츠 강화에 힘을 쏟고 있다. 최근 쇼핑몰을 방문하는 소비자들의 목적이 쇼핑과 식사에서 문화생활로 옮겨가는 추세이기 때문이다.

쇼핑몰, 경험 점유율로 경쟁하는 시대

그동안 국내 쇼핑몰 사업자들에게는 개별 매장의 판매 공간이 넓어야 몰 전체 매출이 높게 나온다는 인식이 있었다. 이 때문에 매장면적과 유동인구를 테넌트 임대료 산출 과정에서 주요 요소로 간주했다. 그러나 이보다 체류시간과 시간당 구매가 더 중요하다는 사실을 깨닫고, 최근에는 고객들이 쇼핑몰 안에 머무는 시간을 늘리려는 시도를 하고 있다. 스타필드 코엑스몰의 '오픈 라이브러리' 사례처럼 쇼핑몰 사업자가 주도적으로 나서 체류시간 연장을 위한 시설을 만드는 추세다. 스타필드 고양도 스포테인먼트 시설과 볼링장, 스크린 골프 등 다양한 즐길 거리를 갖추고 있다. 자신과 한 공간에 머무는 '동료 소비자'들이 삶을 즐기는 모습을 지켜보고, 그 순간을 공유하면서 체험을 유도하기 위한 장치다. 이렇게 엔터테인먼트 시설을 체험한 고객들은 자연스럽게 '이 쇼핑몰에 오면 즐거운 시간을 보낼 수 있고, 내 삶에도 도움이 된다.'라는 인식을 갖게 된다.

몰 고유의 아이덴티티 담아라

쇼핑몰은 주말마다 가족이나 친구, 연인들이 모여 하루 종일 머물다 가는 공간으로 자리 잡고 있다는 사실은 분명하다. 따라서 이제는 유명 글로벌 브랜드나 편집 숍 유치에 사활을 걸기보다 그저 소비자들이 편하게 와서 놀다 갈 수 있는 공간을 만드는 것이 우선이다. 즉 '기업 주도형'이 아니라 철저하게 '소비자 주도형' 관점에서 쇼핑몰 MD를 구성하는 시대가 온 것이다. 그러한 면에서 쇼핑경험 중심의 엔터테인먼트 콘텐츠와 상환경 디자인 차별화는 몰의 아이덴티티를 살려주는 핵심요소가 될 수 있다.

자료원: 리테일매거진, 2017.10. 기사편집

제4장

점포소매상

제1절 점포소매상의 유형과 특징

유통관리

제4장 점포소매상

소매상의 유형은 점포유무, 소유형태, 운영상의 특징 등에 따라 여러 가지로 분류 할 수 있으나 가장 일반적으로 점포유무에 따라 점포소매상과 무점포소매상으로 나눈다. 본장에서는 점포소매상의 유형과 특징에 대해 살펴보고 무점포소매상은 제5장에서 살펴보도록 한다. 점포소매상에는 백화점, 대형마트(할인점), 카테고리 킬러, 전문점, 회원제 도·소매 클럽, 편의점, 슈퍼마켓, 전통시장, 아울렛, 드러그스토어 등이 있다.

제1절 점포소매상의 유형과 특징

1. 백화점

백화점(Department Store)은 근대화된 대규모 소매상 중 가장 오래된 형태로 한 건물 안에 의식주에 관련된 여러 가지 상품을 부문별로 진열하고 조직·판매하는 근대적 대규모 소매상이다. 세계 최초의 백화점은 1852년 프랑스 파리에 개점한 봉마르쉐(Bon Marche)이다. 주로 대도시의 도심에 입지하여 가격 정찰제와 같은 방법을 도입함으로써 그 당시 혁신적인 유형으로 등장하였다. 미국에는 1858년에 개점한 메이시(Macy)가 있고, 영국에는 1863년에 개점한 휘틀리(W.Whiteley), 독일에는 1870년에 개점한 베르트하임(A.Wertheim), 일본에는 1904년 일본 전통 옷인 기모노 판매점이었던 오복점인 미쓰코시[三越]가 백화점으로 전환하면서 시작되었다.

미국의 백화점들은 1960년대에 이르러 성숙기 단계에 들어서게 되면서 급성장한 할인점, 양판점 등과의 치열한 경쟁으로 대다수의 백화점들이 도산하거나 합병되었고, 경쟁력이 없는 잡화, 가구, 가전 부문을 축소하고 의류부문을 강화하는 패션지향 백화점으로 바꾸어 고급화 및 특성별 머천다이징 등의 차별화전략으로 유지되었다.

한국에 백화점이 생겨난 것은 일본의 미쓰코시가 1906년 서울 명동에 지점을 설립하면서부터다. 1927년 현재의 신세계 백화점 본점자리에 현대식 건물을 착공하여 1934년 10월에 이전하였다. 미스코시 경성점은 해방 이후 동화백화점으로 영업하다가, 1963년 삼성그룹으로 흡수되어 상호를 신세계백화점으로 바꾸었다. 신세계백화점은 1967년 대한민국 최초로 바겐세일을 실시하고, 1969년 최초로 신용카드를 발급하는 등 한국의 유통 시장을 선도하였다.

한국인이 설립한 최초의 현대식 백화점은 박흥식(朴興植)이 1929년 9월 종로 2가에 설립한 화신상회(和信商會)로 후에 화신백화점이라 불리며 백화점으로서 역할을 하였으나 1980년대 무리한 사업확장과 도시개발 등의 원인으로 문을 닫았다.

현대식 한국 백화점은 1979년 고객제일이라는 경영이념을 바탕으로 설립된 롯데백화점이 새로운 쇼핑문화를 재정립시키며, 한국 내 유통업계의 정상을 지키면서 성장과 발전을 거듭하여 왔다. 1980년대 한국의 백화점은 '황금알을 낳는 거위' 등으로 불리며 수많은 백화점이 생겨났으나 치열한 경쟁으로 대부분이 부도 또는 폐업하였고 1985년 압구정 본점으로 시작한 현대백화점이 합류하여 1990년대 초까지 낙후된 한국 유통산업에서 근대적 대형소매점으로 독점적 지위를 누리며 매년 20% 가까운 성장을 기록하면서 소매유통 시장의 주도적 역할로 대표적 백화점으로 자리잡게 되었다. 그러나 국내 백화점 성장은 지난 2000년 후반부터 온라인 중심의 소비트렌드 변화와 유통규제 등으로 정체기를 맞아 성장이 둔화되고 있는 추세다. 지난 2011년 11.4%를 끝으로 국내 백화점 매출성장률은 최근 3～5%까지 떨어졌지만 다양한 변화를 통해 성장을 모색하고 있다.

일반적으로 인식된 백화점의 특징을 보면, 의류, 화장품, 잡화 등의 각종 상품을 부문별로 다양한 제품구색을 제공하여 소비자들이 일괄구매 할 수 있도록 하고 주로 직영으로 운영하며(한국의 경우 위탁판매를 겸하고 있음), 편리한 입지, 쾌적한 쇼핑 공간, 사회적 지위관련 만족을 추구하는 대규모 소매 점포이다.

사례 4-1

백화점 신사업팀의 유통혁신

유통업은 하루가 다르게 바뀐다. 한발 앞서 생각하지 않으면 변화의 속도를 따라가지 못해 도태되기 쉽다. 오프라인 매장의 주도권은 빠르게 온라인으로 넘어가고 있다. 소비자들은 온라인에서 가격뿐 아니라 가성비(가격 대비 성능)까지 비교한다.

- 롯데백화점 AI팀, '엘롯데 쇼핑봇'

AI팀은 IBM의 클라우드 인지 컴퓨팅 기술인 '왓슨' 솔루션을 활용해 새로운 서비스를 개발하는 팀이다. 온라인몰 '엘롯데'에서 공개한 쇼핑가이드 로봇 '로사'다. AI팀이 하는 일은 주로 빅데이터를 취합해 AI를 훈련하는 작업이다. 롯데백화점은 엘롯데에서의 소비자 반응을 반영해 로사를 개선한 뒤 2018년 1월 백화점 오프라인 매장에서도 로사를 운영할 계획이다. 스마트폰 엘롯데 앱을 설치하면 로사를 활용해 오프라인 매장에서 쇼핑 안내를 받을 수 있다. 온·오프라인 채널을 통합해 AI를 활용한 유통 서비스를 상용화하는 것은 롯데백화점이 처음이다.

- 현대백화점 원테이블팀, HMR 개발

현대백화점은 프리미엄 HMR 브랜드인 원테이블을 출시하기 위해 2016년 초 전담팀을 출범시켰다. 원테이블팀이 개발한 제품들은 주 타깃층인 30 ~ 40대 주부와 유명 한식당 봉우리의 장경훈 대표, 미쉐린 1스타 레스토랑 이십사절기의 고세욱 대표 등으로 구성된 맛 평가단 테스트를 거쳤다. 이들 제품은 출시 두 달 만에 현대백화점에서 5만 9,000세트가량 팔렸다. 원테이블팀은 2018년 죽순밥, 벌교 꼬막밥 등 신제품 50여 개를 추가로 선보일 계획이다. 판매처도 현대백화점뿐 아니라 아울렛 점포와 온라인몰·홈쇼핑 등으로 넓힌다는 방침이다.

◉ 신세계백화점 시코르팀, 화장품

신세계백화점 시코르팀은 신세계백화점이 화장품 편집숍 시코르를 내기 위해 2016년 꾸린 팀이다. 김현아 시코르팀 바이어는 "평소 화장품을 쇼핑할 때 불만족스러웠던 점들을 얘기하면서 자연스럽게 매장 콘셉트가 세워졌다"고 말했다. 눈치 보지 않고 화장품을 마음껏 테스트해볼 수 있는 매장, 민낯으로 들어와서 화장품을 발라보며 놀 수 있는 코덕들의 놀이터. 시코르는 그렇게 탄생했다. 이들은 온라인 커뮤니티와 인스타그램 등 소셜네트워크서비스(SNS) 채널을 수시로 둘러본다. 숨어있는 소비자 수요를 파악해 새로운 '스타 브랜드'를 키워내기 위해서다. 매일 쏟아지는 신제품을 직접 발라보고 업체도 탐방한다. 이렇게 발굴한 단독브랜드는 바이테리, 그로운 알케미스트 등 20개가 넘는다. 온라인에서만 판매하던 중소기업 브랜드인 '헉슬리'는 시코르에 입점한 뒤 매출이 5배 뛰었다.

자료원: 한국경제, 2018.01.02. 기사편집

2. 대형마트

일반적으로 할인점(Discount Store)이라 인식되고 있는 대형마트(Largescale Retail Mart)는 저가의 대량판매 영업방식을 토대로 유명제조업체의 상표를 항상 저렴한 가격으로 판매하는 대규모 소매상을 말한다. 즉, 생산자로부터 물품을 대량으로 구매해 판매하는 방식으로 시중가격보다 최소 10% ~ 30%까지 낮은 가격으로 판매하는 유통업체를 말한다. 외국의 경우, 창고형 방식/회원제를 도입하여 운영하고 있으나, 한국에서는 할인점이라기보다는 대형마트(Super Store)방식으로 운영하고 있으며, 백화점이나 일반 소매점보다 판매관리비, 광고비, 건물 인테리어 비용을 줄이고 셀프서비스를 통한 인건비의 절감, 대량매입으로 매입단가를 낮추면서 낱개판매보다는 박스단위의 판매를 유도하여 낮은 가격으로 제품을 판매하고 있다.

미국에서 시작된 최초 할인점은 1948년 뉴욕 맨하탄에서 개점한 콜벳(Korvette)

이며, 1957년 K-Mart가 1년에 1백개 이상의 점포를 개점하면서 본격적인 할인점으로 시작되었다. 할인점의 등장배경은 제 2차 세계대전 이후 경기가 악화되면서 저가 상품에 대한 소비자욕구의 증가와 1930년대 이후에 정착된 슈퍼마켓의 셀프서비스 방식에 익숙해진 소비자들이 비식품계 일상생활용품을 판매한 할인점에도 적응되어 성공을 거두게 됨으로써 치열한 경쟁을 하게 되었다.

미국의 할인점이 저렴한 가격, 유명브랜드 판매, 셀프서비스, 건물임대료가 저렴한 지역 위치, 평범한 내부시설 등의 특징이 있는 반면에, 한국에서의 대형마트는 미국이나 유럽의 할인점과 다른 특징이 있다. 즉, 미국의 슈퍼마켓, 유럽의 하이퍼마켓, 일본의 슈퍼스토어 등을 토대로 한국소비자의 쇼핑정서와 구매 관습에 맞도록 변형되면서 대형마트로서 발전하였다.

한국 최초의 대형마트는 1993년 11월 신세계백화점이 서울 도봉구 창동에 이마트를 출점한 것이다. 이마트는 점포시설 투자와 고객서비스를 대폭 축소하고, 식료품과 생활용품을 중심으로 일반 소매점보다 20 ~ 30% 정도 저렴한 가격으로 항상 할인 판매함으로써 가격파괴의 기폭제가 되었다.

1996년 한국유통시장 전면개방이후 한국에 진출했던 프랑스 유통업체인 까루푸와 미국의 유통업체인 월마트는 10년을 견디지 못하고 모두 철수하였으며, 토종을 내세운 이마트와 영국의 테스코가 빠져나간 홈플러스, 후발업체 롯데마트 등이 다점포화 전략 추구로 각 지방에 점포를 개설하고 있으며, 고객편의를 향상시키기 위한 다양한 전략으로 은행, 약국, 여행사, 안경점, 음식점 등과 같은 생활편의시설의 제공을 통해 원스톱쇼핑이 가능하도록 차별화를 추구하면서 성장하고 있다. 특히 중국이나 동남아 국가들이 월마트나 까루푸 등과 같은 외국계 유통업체에 시장을 점령당하고 있는 상황에서, 한국유통업체들도 한국적 할인점의 독특한 운영방식으로 중국(이마트), 인도네시아(롯데마트) 등에 진출하여 성장·발전해감에 따라 한국의 유통업 발전가능성을 밝게 해주고 있다.

유럽이나 미국의 경우 취급품목 및 운영방식의 차별화로 하이퍼마켓(Hyper-market), 슈퍼센터(Super Center), 양판점(GMS: General Merchandising Store) 등의 형태를 달리하고 있으나 한국에서는 대형마트가 이들의 운영방식을 통합한 형태이므로 본서에서는 따로 분류하지 않기로 한다.

사례 4-2

대형마트, 新전략 박차…소포장·단독상품 확대

대형마트업계가 세분화되는 소비자들의 니즈를 반영하기 위해 새로운 상품 전략을 잇달아 내놓고 있다. 롯데마트는 2017년 8월 15일 신선식품 등 소용량 상품 규격·용량 기준을 새로 마련하고 포장 및 진열방식을 개선하겠다고 밝혔다. 이는 종전 대형마트 판매 공식인 대용량·저가·풍부한 상품 구색을 탈피한 것이다. 소용량·소포장 상품 비중을 늘리기 위해 상품 규격 설정과 더불어 포장 방식 역시 개선했다. 기존 랩 포장 방식이나 상품에 비해 과하게 크거나 작은 트레이 등은 취급하지 않고 과일의 경우에는 소포장 컵·집기 등을 새롭게 구비해나갈 예정이다.

이어 최근 '지역맥주' 단독 판매로 소비자들에게 큰 인기를 끌고 있는 홈플러스는 이 여세를 몰아 단독 상품 역량을 강화하겠다는 방침이다. 홈플러스는 국내 중소 양조장과 협업해 지역 이름을 딴 강서·달서·해운대·서빙고 등 수제맥주를 기획으로 출시하고 있다. 또한 세계 각국의 유명 먹거리·생활용품 등을 해외 직소싱해 온라인 직구족들을 오프라인으로 이끌어낼 계획이다. 2016년 9월 홈플러스는 대만 대표 간식인 '펑리수'를 직소싱해 출시 2주 만에 준비 수량을 모두 완판한 바 있다.

이마트는 체험형 콘텐츠로 경쟁사와 차별점을 두겠다는 전략이다. 이마트는 베이비 전문점 '베이비서클'과 완구 전문점 '토이킹덤'을 통해 대형마트를 문화센터·테마파크처럼 즐기면서 고객들이 오랜 시간 체류할 수 있도록 변화를 꾀하고 있다. 특히 베이비서클은 이유식카페와 유아문화센터 스타일로 꾸며져 최대 2시간 반까지 머무르며 즐길 수 있도록 했다. 또한 토이킹덤은 체험시설을 비롯해 카페·스낵존 등 식음료시설도 마련돼 있다.

자료원: 스카이데일리, 2017.08.15. 기사편집

3. 회원제 도매클럽

회원제 창고형 도매클럽(Membership Warehouse Club)은 창고처럼 널따란 실내 매장을 기본으로 대용량 또는 묶음형(번들형) 단위의 상품들을 일반 대형마트보다 10～20% 더 저렴한 가격으로 판매하는 대규모 유통 매장으로 철저히 회원제 방식으로 운영되는 것이 특징이다. 미국의 코스트코가 1993년 한국에 창고형 할인점 시장에 진출한 뒤 굳건히 자리잡고 있는 가운데 이마트가 2010년 11월 트레이더스로 가세했고, 2012년 롯데마트가 빅마켓으로 처음 진출하였다. 이마트는 1993년 서울 창동점을 창고형 할인점 형태로 선보였으나 한국인들의 구매 습관상 대용량, 묶음형 구매가 대중화되지 않은데다 이마트의 다점포 전략으로 한국형 할인점으로 불리는 현재의 일반 대형마트로 전환됐다.

1976년부터 회원제 할인매장의 선구자 역할을 한 프라이스클럽이 1983년 워싱턴주 시애틀에서 시작한 코스트코와 1993년 10월 합병되면서 프라이스/ 코스트코가 되었다. 그 후 1997년 1월, 창고형 할인매장이 아닌 프라이스엔터프라이즈가 분리되면서, 코스트코로 바뀌었고, 1999년 8월 30일, 코스트코 홀세일로 이름을 변경하고, “COST”라는 심벌로 나스닥에 상장되었다. 코스트코는 다양한 상품 군과 자사 브랜드(PB)의 고품질을 내세워 꾸준하게 영업을 전개해 왔으며, 소매 사업자 위주의 비즈니스 회원과 개인 구매자의 골드스타 회원으로 나눠 운영하고 있다. 코스트코 본사는 워싱턴주, 이사콰에 위치하고 있으며, 전 세계 752개 점포가 있다. 한국에서의 코스트코는 서울 양평점을 비롯해 양재점, 상봉점, 경기 고양 일산점, 경기 광명점, 의정부점, 송도점, 공세점 등 서울수도권 8개, 부산점, 울산점, 대구점, 대전점, 천안점 등 지방 4개 등 총 13개 매장을 두고 있으며, 한국 본사는 광명점에 두고 있다.

이마트는 2010년 11월 경기도 용인 구성점을 창고형 할인점 매장으로 개장하여 ‘이마트 트레이더스(E-MART TRADERS)’로 창고형 할인점 시장에 다시 문을 두드렸다. 이마트 측은 이마트 트레이더스를 수평적 복합형 할인점(기존의 창고형 할인점과 독립운영의 전문점(카테고리 킬러 매장)이 결합된 신개념 또는 4세대 할인점 모델이라고 설명)이라며 코스트코와 차별화된 매장임을 강조하고 있다. 특히 이마트 트레이더스는 코스트코의 회원제와 달리 '비회원제'로 운영되고, 결제수단과 1점1카드 사용이 아닌 국내 사용이 가능한 전체 신용카드로 개방해 상대적인 경쟁력 우위를 확보하고 있다고 한다. 또한 이마트 트레이더스가 비회원제 할인점이면서도 회원제 할인점보다 가격이 저렴한 이유는 4,000개 상당의 핵심상품을 공급하는 협력업체의 비용절감 유도, 박스단위 포장을 개봉 상태로 진열하는 RRP(판매준비완료포장), 이마트와 일괄 매입 등에 따른 원가 인하로 인한 것이다.

이마트 트레이더스는 용인 구성점을 시작으로 2011년 인천 송림점, 대전 월평점, 부산 서면점에 이어 2012 ~ 2017년 대구 비산점, 경기 안산점, 천안 아산점 등 총 12개점(2017년 11월 홈페이지)을 두고 있다.

2012년 6월 28일 문을 연 롯데마트의 창고형 할인점 1호 '빅마켓(VIC MARKET)' 서울 금천점도 코스트코와 이마트 트레이더스의 성장 추세에 맞춰 고객들의 호응이 예상외로 크다. 코스트코와 같이 회원제 방식인 빅마켓은 오픈 한 달 만에 회원 수가 8만 5,000명을 돌파했다. 애초 롯데마트는 오픈 1년 내에 회원 10만 명 달성 목표를 잡았으나, 이같은 빠른 성장세로 10만 명 목표는 4개월 만에 이뤄졌다. 이처럼 이마트, 롯데마트 등 국내의 대표적인 유통업체들이 잇따라 창고형 할인점 매장 확대에 나서자 이랜드도 최근 뉴코아아울렛 인천점 지하 1층을 창고형 매장 '홀렛(WHOLET)'으로 리모델링하여 운영 중이며, 2015년 강남점 뉴코아아울렛을 리뉴얼 오픈했다.

사례 4-3

안 팔리는 제품 매주 60개씩 퇴출하는 이마트 트레이더스

서울 성수동 이마트 본사 13층에 있는 창고형 할인점 트레이더스 본부에선 매주 금요일 '상품 컨벤션'이 열린다. 바이어 등 60여 명이 참여하는 회의에선 전국 12개 점포에서 뺄 상품과 새로 진열할 상품을 결정한다. 매주 50 ~ 60개 상품이 교체된다. 1년으로 따지면 5,000개 상품 중 60%인 3,000개가 교체되는 셈이다. '외면 받는 상품을 빠르게 교체해 소비자들이 올 때마다 뭔가 새롭다고 느끼게 하는 전략'으로 트레이더스는 급성장하고 있다.

매장 수에선 코스트코 추월

신세계그룹 내에서 트레이더스는 '신(新)신성장엔진'으로 불린다. 이마트(오프라인), 이마트몰(온라인), 트레이더스(창고형 할인점) 중 가장 빠르게 성장하고 있다. 2017년 11월까지 트레이더스 매출 증가율은 27.1%로 이마트몰(25.5%)보다 높다. 오프라인 이마트 매출 증가율은 2.8%에 그쳤다. 기존 점포만 계산해도 트레이더스 매출은 12.8% 올랐다. 매장 수에선 외국계인 코스트코(13개)를 이달 안에 추월한다. 트레이더스는 2010년 용인에 첫 점포를 냈다. 현재 매장은 12개. 오는 15, 21일 군포점과 김포점을 열면 매장 수가 코스트코보다 많아진다. 트레이더스는 2018년 위례신도시와 월계동에 추가로 점포를 낼 계획이다.

이마트의 구매력 효과

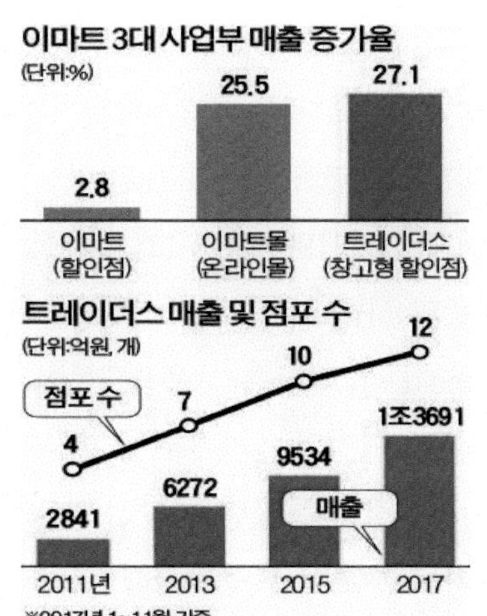

트레이더스가 할인점 시장의 정체에도 성장할 수 있는 또 다른 비결은 가격이다. 일반 할인점보다 8 ~ 15%, 회원제로 운영 중인 경쟁 창고형 할인점보다는 3 ~ 5% 저렴하다. 수입고기와 수입과일은 코스트코와 경쟁해 이길 가능성이 없다고 판단한 트레이더스는 국내산에 집중했다. 삼겹살 한우 등 축산물과 딸기 귤 포도 등 제철 국산 과일, 그리고 수산물로 승부한다. 좋은 품질의 신선식품을 낮은 가격에 팔 수 있는 비결은 강력한 구매력이다. 이마트 145개 점포와 이마트몰이 갖고 있는 강력한 구매력이 트레이더스로 이어진다는 설명이다. 트레이더스 관계자는 "신선식품 직매입 규모는 이마트가 국내 최대"라며 "트레이더스에선 이렇게 구입한 대용량 제품을 낮은 가격에 판매해 인기가 높다"고 말했다. 전체 매출에서 신선식품이 차지하는 비중은 매년 커지고 있다. 2015년 35.8%였던 신선식품 매출 비중은 2016년 37.4%로 늘었고, 2017년에는 39.7%로 올랐다. 매출도 해마다 급증하고 있다. 품목별로는 2017년 1 ~ 11월 기준으로 수산물이 45.6% 늘었고 채소(36.7%), 축산물(36.3%) 등이 뒤를 이었다. 대형마트에선 매출이 줄고 있는 쌀, 잡곡 등 양곡류

도 트레이더스에선 16.3% 증가했다.

다른 창고형 할인점과 달리 비회원제로 운영해 별도의 가입비가 없다. 모든 신용카드를 이용할 수 있어 결제수단에 제약도 없다.

자료원: 한국경제, 2017.12.12. 기사편집

4. 카테고리 킬러

전문할인점이라고도 하는 카테고리 킬러(Category Killer)는 한 가지 (또는 한정된) 상품군을 깊게 취급하며 대형마트보다 저렴한 가격으로 판매하는 대규모전문할인점이다.

깊이 있는 제품구색, 우수한 고객서비스, 고가격의 상품을 취급하는 전문점과 차별되며, 어느 정도의 깊이를 가진 다양한 상품을 취급하는 할인점 및 양판점과도 차별화되는 점포형태로 1970년대 후반 미국에서 시작되어 1980년대 전 세계적으로 발전되었고, 1990년대 그 성장이 가속화되어 미국에서 가장 각광받고 있는 소매업태 중의 하나이다. Toys R'Us(완구), Circuit City(가전), Office Depot(사무용품), Home Depot(집수리 용품) 등이 미국의 대표적인 카테고리 킬러이다.

전문할인점의 경쟁우위는 전문점과 할인점의 장점을 모두 가지고 있다는 것이다. 즉, 전문점의 특징인 다양하고 풍부한 상품구색, 할인점의 최대장점인 가격경쟁력을 가지고 고객을 공략한다. 또한 매장의 대형화, 체인화에 의한 광범위한 구매력, 창고형식의 매장과 셀프서비스 판매 등 할인점 운영방식을 도입함으로써 저가격을 실현할 수 있었다. 전문할인점이 출점하면 근처의 백화점이나 할인점의 해당 카테고리 상품 매출이 급격히 떨어지기 때문에 카테고리 킬러로 부를 만큼 경쟁력을 갖추고 미국에서 급성장하고 있으며, 장기적으로 성장성이 큰 소매상이라 할 수 있다.

한국에서의 전문할인점으로는 전자제품 취급점인 하이마트와 전자랜드21, 장난감을 취급하는 토이저러스, 신발 멀티숍 ABC마트, 유아용품 전문매장인 맘스맘, 글로벌 가구 전문업체 이케아 등이 있으며, 다양한 품목으로 증가하고 있다.

사례 4-4

한 분야 제품만 모아서 파는 카테고리킬러

경기 불황 속에서도 유통 업종 중 카테고리 킬러의 이익 실현이 막강한 효력을 발휘하고 있다. '규모의 경제'로 특정 상품군을 대량 구매해 전문적으로 취급한다.

카테고리 킬러의 원조격은 완구판매체인 토이저러스다. 미국에서 성장한 토이저러스는 국내에서 2006년 롯데마트가 라이선스 계약을 맺은 뒤 전개하고 있다. 슈즈 카테고리 킬러 시장은 2010년 3,812억 원을 기록한 데 이어 꾸준히 성장해 2017년에는 2016년 대비 20%가량 늘어난 1조 3,000억원 규모로 전망된다. 점유율 1위인 ABC마트는 주식시장 상장을 거듭 추진하고 있는 가운데 시가총액이 약 1조 원에 달할 것으로 추정된다. 완구에 이어 가전양판점, 생활용품 전문점 등도 국내에 안착한 카테고리 킬러의 유형이다. 다이소의 매출은 2016년 1조 3,055억 원, 2017년엔 1조 7,000억 원대로 전망된다. 전자가전 양판점인 롯데하이마트도 올해 4조 원의 매출을 돌파할 것으로 보인다. '가구공룡'이라 불리는 이케아는 한국 1호점인 광명점을 통해 전 세계 이케아 매장을 통틀어 매출 1위를 달성했다. 2017년 회계연도 기준 3,650억 원의 매출을 달성한 이케아코리아는 2020년까지 6개 점포를 전국 단위로 개설하고 총 4,000개의 신규 일자리를 창출할 계획이다.

카테고리 킬러는 직영 및 프랜차이즈점으로 이뤄진 다점포망을 통해 대량 매입과 현금 매입, 제조업체 직매입 등으로 가치가격을 실현하고 있다. 특히 판매점의 체인화를 통해 현금 매입과 대량 매입 방식을 통해 제품 판매 가격을 낮춰 경쟁력을 유지할 수 있으며 타깃 고객층에 대해 차별화된 서비스를 제공하는 것은 물론, 체계적 고객관리를 한다는 점에서 매력적이다. 소비자로서도 비대면 온라인 쇼핑과 달리 특정 상품군에 대해 다양한 제품 구색을 직접 오프라인 점포에서 살펴볼 수 있으며, 더 할인된 가격에 구매할 수 있어 경쟁력을 지녔다. 국내 카테고리 킬러 입점 방식은 기존의 독립된 로드숍 혹은 대형마트나 복합쇼핑몰 등 대규모 공간에 입점한 형태로 나뉘는데, 대규모 공간 입점 형태의 경우 디스플레이나 상품 진열 면에서 편의성 제공을 넘어서 '매혹적인 공간'으로 진화하고 있다. 유통업계 관계자는 "점포 형태를 불문하고 카테고리 킬러는 새롭게 성장 중인 업태로, 상품이나 브랜드에 완전히 몰입하는 공간을 마련해 체험할 수 있도록 하는 전략이 필요하다"고 강조했다.

자료원: 이투데이, 2017.11.06. 기사편집

5. 전문점

전문점(Specialty store)은 취급하는 제품계열이 한정되어 있으나 제품계열 내에서는 깊이 있고 다양한 품목을 취급하는 고급화되고 전문화된 서비스를 제공하는 소매상이다. 특정 제품계열에서 다양한 상표, 크기, 색상, 스타일 등을 갖추고 소비자들이 최대한의 선택기회를 제공 받을 수 있도록 고도의 전문적인 서비스를 제공하려는 것이다.

전문점의 가장 큰 특징은 깊이 있는 제품구색과 전문화된 서비스의 제공에 있다. 가전, 의류, 운동용품, 가구, 보석, 서적 등, 취급하는 제품계열의 폭의 정도에 따라 세분화하기도 한다. 성공한 전문점의 예로는 스포츠화만 판매하는 미국의 Athlete's Foot, 진의류 만을 취급하는 Gap 등이 있으며, 최근에는 기존의 의류, 가전, 서적, 컴퓨터 전문점 이외에 스포츠의류 전문점, 액세서리 전문점, 커피전문점 등으로 확산되고 있는 추세다.

전문점의 형태를 분류하면 용도별전문점, 품목별 전문점, 고객층별 전문점, 브랜드별 전문점 등 크게 네 가지로 나눌 수 있다.

용도별전문점에는 혼수, 침구, 스포츠 용품 전문점 등이 있으며, 품목별전문점에는 서점, 가구, 보석 전문점 등으로 점차 다양화 되고 있다. 고객층별 전문점은 아동복, 신사복, 캐주얼 의류 등과 같이 특정고객을 대상으로 하는 전문점을 말한다. 브랜드별 전문점은 주로 체인점 형태로 단일회사 제품의 다양한 브랜드를 취급하거나, 단일 브랜드로 다양한 품목을 취급하면서 전문화된 서비스를 제공하는 전문점이다. 커피, 빵, 아이스크림 등 주로 외식산업에서 다양하고 세분화되고 있는 소비자들의 욕구를 찾아 특정고객층을 겨냥한 전문점들이 크게 증가하면서 꾸준히 성장하고 있다.

사례 4-5

책 추천·처방 서비스로 인기몰이

대형 서점의 커다란 서가에서 어떤 책을 사야 할 지 어려운 소비자에게 책을 추천해주는 '북 큐레이션'이 새로운 문화 트렌드로 떠오르고 있다. 큐레이션(curation)이란 해당 분야의 전문가가 콘텐츠를 목적에 따라 수집·선별하는 것을 뜻한다. 큐레이션 서점은 대형서점보다 개인화된 서비스로 특정 장르, 특정 저자 등의 책을 추천해준다.

오상진·김소영 아나운서 부부가 최근 서울 합정동에 문을 연 큐레이션 서점 '당인리 책 발전소'는 많은 사람들의 발길이 이어지고 있다. 서점 안에 있는 작은 카페에서 손수 커피를 내리고 계산도 직접 한다. 손님들은 책마다 붙여져 있는 코멘트를 보며 즐겁게 책을 고를 수 있다.

단 한 사람을 위한 '책 처방'을 해주는 큐레이션 서점도 있다. 서울 창전동에 있는 '사적인 서점'은 땡스북스 전 매니저인 정지혜 대표가 일대일 상담을 통해 맞춤형 책을 추천해준다. 상담은 보통 한 시간 가량 진행되기 때문에 철저하게 예약제로 운영된다. 독서차트를 작성해 지속적인 큐레이션도 가능하다. 책은 줄거리와 책을 선정한 이유와 응원 메시지가 담긴 편지와 함께 집으로 배송된다.

서울 성북동의 '부쿠(BUKU)'에는 소셜네트워크서비스(SNS) 채널에서 100만 명이 넘는 팬을 보유한 '책 읽어주는 남자' 운영자가 공동대표로 있다. 부쿠는 '나에게 좋은 책을 당신에게 추천합니다.'라는 취지로 북 큐레이터들이 직접 책을 읽어 선별한다. 여러 명의 북 큐레이터가 책을 고르는 만큼 문학·인문·심리 등 다양한 분야의 서적 1만여 권이 준비돼있다.

온라인서점 커넥츠북을 운영하는 에스티 유니타스 조세원 부대표는 "큐레이션 서비스를 이용하면 매일 쏟아지는 방대한 자료 중 자신에게 맞는 콘텐츠를 추천받을 수 있고, 나아가 자신도 몰랐던 취향을 발견할 수 있을 것"이라며 강조했다.

자료원: 매일경제, 2017.11.24. 기사편집

6. 편의점

편의점(CVS: Convenience Store)은 인구밀집지역에 위치해서 24시간 영업을 하며 재고회전이 빠른 식료품과 편의품 등의 한정된 제품계열을 취급하는 소규모 매장(대체적으로 60㎡ 이상 230㎡ 이하)으로 대형 소매상이 제공할 수 없는 편의성에 초점을 맞춘 작은 규모의 소매상이다.

최초의 편의점은 1927년 미국의 한 제빙공장(South Land)에서 시작되어 전 세계에서 성공적으로 운영되고 있는 세븐 일레븐(7-Eleven)으로 다른 소매점들보다 문을 여닫는 시간이 오전 7시부터 오후 11시까지 주로 영업한다는 의미로 붙여진 이름이다. 현재와 같이 연중무휴 24시간 영업은 1951년 메인 주의 프리포트 점에서 시작되었으며, 미국 전역에 실시된 것은 1991년으로 영업시간의 편의성은 가장 강력한 전략적 특징의 하나가 되었다.

편의점의 천국이라 불리는 일본에는 1969년 마이 숍이라는 편의점이 처음 등장하였으며, 1974년 이토요카도가 미국의 사우스랜드사와 제휴하여 세븐 일레븐 1호점을 개점한 이후 지속적으로 성장하여 7-Eleven Japan이라는 독립 편의점으로 발전하였다.

한국의 편의점은 1989년 5월에 세븐일레븐이 서울 방이동 올림픽 선수촌 아파트 상가에 개점을 시작으로 꾸준히 성장하면서 여러 기업이 편의점 사업에 합류하였다. 패밀리마트, 미니스톱, GS25, 바이더웨이 등 2001~2003년 3년간 연평균 38.7% 의 최고 성장률 이후 2004년~2007년에는 출점은 증가하였으나 폐점이 많아 전체적으로는 성장이 둔화되었다.

편의점의 경쟁우위는 편의성에 있는데, 연중무휴 24시간 영업으로 시간 편의성, 학교, 주택가, 사무실 등 쉽게 접근할 수 있는 지역에 위치하는 공간 편의성, 일용잡화를 위주로 소량의 일류상표를 주로 취급하므로 상품선택의 편의성이 있다.

편의점의 주 고객층은 시간이나 장소의 편의성을 추구하는 10대에서 30대의 젊은 층이다. 한 조사에 의하면 편의점 고객은 21-30세가 46.6%를 차지하였는데, 이들은 가격이 비싸더라도 시간 및 장소의 편의성 때문에 기꺼이 편의점을 이용한다고 하였다. 최근 1인가구가 급증하면서 소량을 구매하려는 소비자의 증가, 취급

품목의 다양화 및 체인화 경영에 의해 점포수의 증가와 더불어 매출액의 상승을 가져와 계속적으로 성장하고 있는 추세이다.

사례 4-6

편의점의 다양한 서비스

편의점이 '서비스의 메카'로 부상하고 있다. 각종 '먹거리' 판매에 집중하던 편의점사가 이종업계와 손을 잡고 다양한 서비스를 선뵈면서 소비자 발길을 사로잡고 있다.

가장 보편화된 편의점 서비스 분야는 금융이다. CU는 2016년 6월 신한은행과 손잡고 점포에 '디지털 키오스크(무인정보시스템)'를 설치했다. 키오스크를 이용해 신한은행 지점에서만 할 수 있었던 체크카드 발급, 계좌 비밀번호 변경 등의 업무를 할 수 있다. 119개 항목에 이르는 공과금도 납부할 수 있다.

최근 출범한 인터넷전문은행도 ATM 기기를 갖춘 편의점과의 제휴에 적극적으로 나서고 있다. GS25는 케이뱅크와 함께 입출금, 카드 발급은 물론 대출 업무도 가능한 '스마트ATM'을 설치했다. 케이뱅크는 이달 말까지 전국 GS25매장에 ATM 1,600대를 설치할 계획이다. 카카오뱅크는 세븐일레븐 ATM에서 건당 최대 1,300원 이용 수수료를 면제해주고 있다. 전국 점포 4,000여대 ATM기를 활용, 카카오뱅크 입출금 및 이체 서비스 등 여러 금융 서비스를 제공한다. 이마트24는 지난해 10월부터 일부 점포에서 '캐시백 서비스' 시범운영에 들어갔다. 고객이 체크카드로 편의점에서 상품을 구매하면서 현금 인출도 할 수 있는 서비스다.

1인가구를 위한 서비스도 봇물을 이루고 있다. 집을 비울 때가 많은 자취생들을 위해, 이커머스는 편의점을 대체 배송지로 활용하고 있다. CU는 11번가에서 주문한 상품을 CU에서 찾는 '11PICK' 서비스를 내놨다. GS25 역시 G마켓, 옥션, G9를 운영 중인 이베이코리아와 손잡고 무인 안심 택배함 '스마일박스' 서비스를 시행 중이다. 편의점에서 세탁도 할 수 있다. GS25는 세탁 전문 업체와 제휴해 편의점에 세탁물을 맡기면 근처 세탁소에서 세탁물을 수거해 세탁하고, 다시 편의점으로 배송하는 서비스를 시작했다. 세븐일레븐도 지난 1월 전문 세탁

서비스 업체와 제휴를 맺고 세탁서비스를 서울 용산구 산천점에서 시범 운영하고 있다.

해외여행객이 증가하면서, 편의점은 항공권 예약서비스로도 발을 넓혔다. GS25는 에어부산과 손잡고 항공권을 예약하고 발급할 수 있는 신개념 멀티키오스크를 선뵀다. 멀티키오스크는 GS25 점포에 설치되는 무인 서비스 기기로 24인치 터치스크린을 통해 실시간으로 에어부산 국내, 국제선 항공권을 예약, 발권할 수 있다. 일반 구매시보다 최대 5%까지 추가 할인 가격으로 구매할 수 있다.

점포 간 경쟁이 격화하는 가운데 편의점들이 수익 개선을 위해 복합 서비스 개발에 공을 들이는 모습이다. 서용구 숙명여대 교수는 "편의점이 온라인 유통업체들은 제공할 수 없는 다양한 서비스의 창구로 변모하고 있다"며 "편의점 산업이 지속적으로 크기 위해서는 일본처럼 질 높은 서비스를 제공할 필요가 있다"고 밝혔다.

자료원: 이데일리, 2017.12.18. 기사편집

7. 슈퍼마켓

슈퍼마켓(Supermarket)은 1929년에 시작된 경제대공황으로 절약소비패턴이 확산되던 1930년 미국 뉴욕에 킹 커렌(King Kullen)을 개점한 것이 시작이다. 식료품, 세탁용품, 가정용품 등을 중점적으로 취급하는 소매점으로 편의점이나 동네가게에 비해 규모가 크고, 이윤이 낮으며, 셀프서비스를 특징으로 하는 소매점을 말한다.

미국은 슈퍼마켓이 출점한 이후 30년이 지난 1960년대 중반에 성숙기에 도달 했으며, 2000년에도 소매업에서 차지하는 비율은 상당히 크다.

일본은 1950년대에 출점하여 1970년대 소매업태 중 매출 1위의 호황을 누렸다.

한국의 슈퍼마켓은 1968년 뉴서울 슈퍼마켓이 최초이나 본격적인 체인 형 슈퍼마켓의 출점은 1971년 8개의 독립점포를 기업으로 설립하여 새마을 슈퍼체인으로 체인 본부의 관리 하에 운영되었다. 슈퍼마켓이 전국적으로 확산되기 시작하여

1975년에는 정부지원 11개, 지방장관지정 9개 회사의 점포가 484개 점포로 증가하는 등 급속한 성장으로 1996년에는 3조 6,000억 원의 거대시장으로 성장하였다. 그러나 1997년 경제 위기로 인한 경기침체의 영향과 대형 할인점의 성장으로 대형 슈퍼마켓 체인점들은 부도와 폐점이 가속화 되었다. 특히 한국에서 슈퍼마켓은 대형할인점들의 공격적인 경영과 다점포화로 설자리를 잃어가고 있는 상황이며, 대규모 체인화는 거의 사라지고 소규모로 주로 식료품만을 취급하는 슈퍼마켓으로 유지되거나, 백화점 및 할인점에서의 식품부문으로 변화하고 있다.

사례 4-7

콘셉트 슈퍼마켓

최근 독특한 콘셉트의 변종 슈퍼마켓이 눈에 띈다. 상품 중심의 전문점이 아닌, '정'이나 '나눔' 등의 정서를 내세우는 콘셉트 슈퍼마켓이 그들이다. 33㎡ 남짓한 구멍가게에 단골들이 끊이지 않는 이유는 '친밀감'이다.

전문점에서 변형된 뉴타입 슈퍼마켓

콘셉트 슈퍼마켓은 독특한 콘셉트를 내세워 슈퍼마켓의 변종 카테고리를 만들고 있다. 일례로 충남 단양의 나들가게 중앙슈퍼에서는 라면을 끓여준다. 슈퍼마켓의 주 소비자층이 시멘트 공장에 드나드는 화물차 기사들인 것에 착안해 라면과 김밥을 판매하고 있다. 또 각종 공구부터 장화까지 주 소비자층에 맞는 상품을 특별히 갖춰두었다. 이렇듯 일반 상품이 매출을 부르는 주력 상품이 되는 것은 여기에 '정서'가 담겨있기 때문이다. 이제는 전문성보다는 '정서'를 찾는 소비자들이 늘었다. 동네 슈퍼 주인과 대화를 통해 정을 나누는 것이다. 1980년대 한국형 슈퍼마켓의 형태다.

슈퍼마켓에서도 소통은 필수

최근 가맥집이 인기다. '가맥'은 '가게 맥주'의 준말로 동네슈퍼마켓에서 판매하는 맥주다. 슈퍼마켓에서는 맥주를 팔면서 동시에 가벼운 안주도 함께 내준다. 슈퍼마켓이 새로운 형태의 주점이 된 것이다. 종로구 익선동의 거북이슈퍼는 2015년에 오픈한 33㎡ 남짓의 구멍가게다. 박지호 거북이슈퍼 대표는 "앞으로 슈퍼마켓에서는 물건을 사고파는 일을 넘어선 소비자와의 소통이 필요하다"고 강조했다. 소형점포지만 필요한 것은 다 있다. 소비자들이 상품을 구매하기 위해서는 대부분 중형규모 이상의 마트를 이용한다. 그러나 한두 가지 잊은 상품을 거북이슈퍼에서 구매할 수 있도록 주요 생필품을 갖춰 헛걸음 하는 일은 없도록 했다.

'상품' 나누는 매장

홍대 상수역 부근의 고메마켓은 1인이 다 먹지 못하는 대용량 상품을 소분해서 판매하고 있다. 국내 상품보다는 해외 대용량 상품이 주력 상품이다. 국내 마트에서 찾기 어려운 민트, 바질 등의 채소도 판매하고 있다. 해외 생활을 오래한 사람들이나 1인 소비자들이 주 소비자층이다. 고메마켓의 상품은 대용량 상품을 구매하는 것보다는 용량 대비 비싼 편이다. 그러나 쓰레기를 줄이고 필요한 만큼의 양을 서로 공유하자는 '나눔'이 콘셉트다. 환경보호, 그리고 공생이다. 초콜릿 등의 스낵도 여러 가지 종류를 모아서 한 봉지로 담아 판매하고 있다. 모든 상품을 조금씩 맛보고 싶어 하는 소비자의 니즈를 충족시켰다. 페페론치노도 18g 정도로 소분해서 판매 중이다. 한 끼 식사를 조리하기 위해서는 안성맞춤이다. 수입맥주도 다양하게 갖췄다. 테라스에서 가볍게 즐길 수 있는 구조이며, 곁들여 먹을 수 있는 치즈나 블루베리 등도 판매하고 있다. 간단한 샐러드 등으로 식사를 할 수도 있다.

자료원: 더바이어, 2017.02.15. 기사편집

8. 슈퍼 슈퍼마켓

슈퍼 슈퍼마켓(Super SuperMarket)은 매장 면적 500 ~ 800평 규모의 슈퍼마켓으로 "기업형 슈퍼마켓"이라고 부른다. 대형마트와 슈퍼마켓의 중간 크기의 식료품 중심 매장으로 대형마트가 흡수하지 못하는 소규모 틈새시장을 공략 대상으로 삼는다.

대형마트에 비해 점포 면적이 작고 출점 비용이 적게 들며 소규모 상권에도 입지가 가능해 차세대 유통 업태로 각광받고 있다. 기존 소규모슈퍼마켓과는 달리 정육점/빵집/수산물코너/즉석식품코너가 있다. 과거에는 대형슈퍼마켓업체인 GS슈퍼마켓과 해태슈퍼마켓(현, 킴스클럽 마트)만 있었으나, 대기업 유통업체들이 대형마트 부지 확보 출점이 점차 어렵게 되자 이를 극복하고자, 홈플러스부터 기업형 슈퍼마켓(홈플러스 익스프레스) 시장에 뛰어 들어, 현재는 대형마트업체들이 전부 기업형 슈퍼마켓 시장에 진출하였다.

대형마트가 1주일에 한번 대량 구매하는 형식으로 주말쇼핑 개념이라면 슈퍼 슈퍼마켓은 바로 그날 식사를 위한 식품을 사기위해 걸어서 갈 수 있는 거리로 매일 쇼핑 개념인 셈이다.

사례 4-8

기업형슈퍼마켓(SSM)의 성장 잠재력

기업형슈퍼마켓(SSM)을 중심으로 한 슈퍼마켓 시장 규모가 매년 최고치를 경신하고 있다. 경쟁 심화와 정부 출점 규제 등 리스크도 상존하는 만큼 각 업체들은 점포 개발 다각화·리뉴얼 등을 통해 성장세를 이어가려 노력 중이다. 현재 슈퍼마켓 시장은 롯데슈퍼, 홈플러스익스프레스, GS수퍼마켓, 이마트에브리데이 등 유통대기업 계열 SSM들이 장악하고 있다. 2017년 기준 점포 수는 롯데슈퍼 465개, 홈플러스익스프레스 365개, GS수퍼마켓 292개, 이마트에브리데이 231개 등이다.

소비 트렌드 변화에 비춰보면 SSM의 성장 잠재력은 더 크다. 앞서 2000년대 초반까지의 소비는 값싼 물건을 대량으로 구매할 수 있는 대형마트가 주도했다. 최근엔 가격보다 편의를 중시하는 소비자가 늘고 있다. 대형마트와 편의점 중간쯤에 위치한 SSM은 골목 구석구석에서 인근에 사는 소비자를 끌어모으고 있다.

롯데슈퍼 관계자는 "상위 기업 간 출점 경쟁은 주요 입지의 임차료 상승으로 이어진다"며 "생존을 위한 가격 할인·이벤트 등 출혈 경쟁을 유발할 여지도 있다"고 지적했다. 또 정부 규제는 SSM에 있어 숙명 같은 리스크다. 2000년대 중반 이후 SSM이 대도시는 물론 지방 중소 도시로도 확대되면서 지역 중소상인들과의 갈등도 커졌다. 이에 유통산업발전법과 대·중소기업 상생협력 촉진에 관한 법률이 2010년 11월 개정됨으로써 SSM의 시장 진입은 규제 대상이 됐다. 특히 유통산업발전법은 SSM 신규 출점 전략의 족쇄다. 이 법률은 전통시장 또는 전통상점가 경계로부터 1,000m를 전통상업보전구역으로 지정해 SSM의 등록을 제한하거나 조건을 부여한다. 2013년 1월 유통산업발전법 개정안이 국회에서 통과되면서는 SSM도 대형마트와 마찬가지로 영업시간 제한 및 의무휴업일 지정 등의 규제를 적용받고 있다.

SSM들은 신도시나 택지개발지구, 아파트 밀집지역 등 법 적용이 안 되는 지역에 대한 상권 개발을 통해 출점 활로 찾기에 매진하는 모습이다. 점포 프리미엄화도 속속 진행 중이다. 롯데슈퍼는 2016년 롯데프리미엄 푸드마켓을 론칭하고 서울 도곡동에 1호점을 열었다. 서울 문정점과 공덕점을 추가로 열었고 4호점 서초점 개점도 앞두고 있다.

자료원: 아시아경제, 2017.01.15. 기사편집

9. 전통시장

전통시장 및 상점가 육성을 위한 특별법(제2조 제1호, 2013.6)에 의하면 전통시장이란 자연발생적 또는 사회적·경제적 필요에 의하여 조성되고, 상품이나 용역의 거래가 주로 전통적 방식으로 이루어지는 장소로서 도매업·소매업 또는 용역업 50개 이상의 점포가 밀집한 곳, 토지 면적이 1,000㎡ 이상인 곳으로서 지자체장이 인정하는 곳이라 정의하고 있다.

전통시장(Traditional Market)은 1970년대까지만 해도 한국에서 가장 지배적인 소매업태였으나, 슈퍼마켓의 등장에서 시작하여 유통시장의 개방으로 대형 유통업체들이 출점하면서 점차적으로 쇠퇴하기에 이르렀다.

1980년대 이후 계속적으로 쇠퇴하여 1995년 말 전국에 시장은 2,321개였으나 2015년에는 1,439개만 남아있는 실정이며, 종사자 수는 356,176명에 점포수는

207,083이나 이중 9.1%는 비어있는 상태다(대한상공회의소, 유통산업통계, 2015/하반기).

이러한 전통시장의 쇠퇴는 사회적 갈등과 실업 등 사회문제를 수반하고 있어서 최근 정부 및 지방자치단체에서 전통시장 활성화 방안으로 재개발 및 재건축 사업으로 노후시설을 개조하거나 또는 시장상인협회 등에서도 시설의 현대화 및 서비스 향상이나 저가격 전략 등을 통해 활성화에 노력을 기울이고 있다.

특히 2017년 전통시장 육성을 위해 다양한 지원이 이루어지고 있는데, 구체적인 사업으로, 글로벌 명품시장 육성, 문화 관광형 시장 육성, 골목형 시장육성, 청년상인 육성, 전통야시장, 봄내음 축제 및 가을축제, 박람회 및 우수상품전시회, 특화상품개발 및 마케팅행사, 온라인 쇼핑몰(온누리마켓) 진출, MI(Market Identity) & 캐릭터 개발, 대학간 협력, 청년재능기부 활동 등으로 활성화에 노력하고 있으며, 고객이 만족하는 전통시장을 위해 편리한 지불결제, 고객신뢰, 위생청결, 조직역량, 안전관리 등의 5대 핵심과제로 특성화 기반조성 시장 육성전략으로 전통시장 활성화를 추구하고 있다.

사례 4-9

젊어지는 전통시장

전통시장이 젊어지고 있다. 온라인·모바일 등으로 쇼핑채널이 다각화되면서 쇠락의 길을 걷던 전통시장이 젊은 고객을 끌어들이고, 시장을 활성화하기 위해 청년 상인들을 적극 유치하고 있다. 26일 유통업계에 따르면 서울 뚝도시장, 전주 남부시장 등 전국 각지의 전통시장이 청년몰로 특화하면서 기존 전통시장에 새바람을 일으키고 있다. 젊은 고객층과 가족 단위 방문객이 늘고 있는 서울 뚝도시장의 청년 상인들은 세련된 수제맥주집 '성수제맥주×슈가맨', 견과류와 렌틸콩, 아마씨 같은 웰빙 농산물을 판매하는 '호호건강마을' 등을 운영 중이다. 이밖에 이 곳 청년 상인들은 플리마켓 등 주말 이벤트를 기획해 시장 활성화에 기여하고 있다. 앞으로 협동조합까지 설립해 자립할 계획을 세우는 등 전통시장에서 살아남아 시너지 효과를 극대화하겠다는 포부다.

하루 저녁에 1만 명이 찾는 전주 남부시장 청년몰에 입점한 청년들은 당시 상인들이 떠나 버려진 시장 상가 2층을 개조했다. '순자씨 밥줘', '범이네 식충이', '만지면 사야 합니다', '우주 계란' 등 이색 가게들을 톡톡 튀는 감각으로 꾸며 '늙은 전통시장'의 이미지 변신에 성공했다.

남대문시장은 전통시장에 젊은 피를 수혈하기 위해 청년 점포 15곳을 들이기로 했다. 39세 이하 청년 상인들이 남대문시장 내에서 유통인구가 가장 많은 지하철 4호선 회현역 5번 출구 앞에 점포를 열게 된다. 남대문시장 주식회사 관계자는 "현재 청년 상인들이 입점하게 될 점포는 확정된 상태고 공모전을 통해 선정하는 일만 남았다"면서 "청년 상인들이 남대문시장에 활기를 불어넣어주길 기대한다."고 말했다.

청년몰은 전통시장 상인들이 취급하지 않는 품목으로 승부를 걸어 젊은층의 이목을 끌고 있다. 반려동물 유골함, 독일식 족발, 수제 맥주와 향수, 계란밥, 컬러링 엽서 등 이색 아이템을 속속 선보였다. 소규모 전시회와 음악회, 공연 등 문화행사가 자주 열리고 수제 소품·잡화·공예품·짚 공예품 등을 살 수 있는 것도 청년몰의 장점이다.

자료원: 매일경제, 2017.05.26. 기사편집

10. 헬스 앤 뷰티(H&B)스토어(드러그스토어)

드러그스토어(drug store)는 1897년 미국에서 시작되었으며, 약품을 위주로 화장품과 일상용품을 취급하는 소매점이다. 식품위주인 슈퍼마켓, 대형마트와 다르게 의약품과 건강기능식품, 화장품, 전문체인 약국으로 자리 잡고 있다.

한국에서는 의약 분업 실시 이후 편의점 등에서 간단한 의약품을 판매할 수 있게 되면서 특화된 매장을 갖춘 드러그스토어가 주목을 받고 있다. 더욱 백화점만 고집하던 외국 화장품 브랜드가 매출을 높일 수 있는 수단으로 중저가 화장품을 내 놓으면서 유통채널도 하향 확대하고 있는 것이다. CJ에서 운영하는 올리브 영은 다양한 화장품과 의약품을 판매하며, GS왓슨스, 로레알, LG, 코오롱 등이 뷰티 케어 상품군을 취급하며, 20 ~ 30대 여성고객들을 겨냥하고 있다.

일본에서는 70년대부터 도입되어 의약품, 생활용품, 유아용품까지 판매하면서 자동차를 타고 이용할 수 있는 드라이브 스루(drive through)도 운영되고 있다.

사례 4-10

올리브영·GS왓슨스 등 헬스 앤 뷰티 숍(H&B) 전성시대

더 편안하고 쾌적한 쇼핑을 추구하는 소비자들에게 최적화된 헬스앤뷰티(H&B)스토어가 뜨고 있다. H&B스토어는 의약품, 화장품, 건강보조식품, 생활용품 등을 한곳에서 파는 외국 드러그스토어의 국내 버전으로, 드러그스토어의 미용·건강부문이 강화됐다.

1999년 국내 최초로 H&B스토어를 도입한 올리브영은 업계 최초로 다양한 제품을 브랜드와 상관없이 한 자리에 모아 체험하고 비교할 수 있도록 매장을 구성해 소비자들의 주목을 받았다. 15일 업계에 따르면 1인 가구 증가라는 사회적 흐름을 타고 올리브영은 매출액이 2012년 3천85억 원에서 2016년 1조 1천270억 원까지 뛰었다. 매장 수도 2012년 270개에서 2017년 상반기 850개로 3배가 넘게 늘었다. 국내외 약 600여 개의 브랜드를 취급하는 등 중소기업들의 판로 확대에도 기여하고 있다. 유통업계에서는 올리브영이 2017년 매장 1천 개를 기록하고 매출도 2016년보다 늘어날 것으로 전망하고 있다.

업계 2위인 GS왓슨스도 H&B 업계 전반의 인기에 힘입어 꾸준히 사세를 확장하고 있다. 왓슨스 점포 수는 2014년 104개에서 2017년 상반기 기준 151개로 늘었다. 2017년 안에 190개까지 늘리는 것이 목표다. 매출액은 2014년 1천85억 3천만 원에서 2016년 1천460억 5천만 원으로 뛰었다. GS리테일과 AS왓슨이 50대 50으로 지분을 투자해 설립된 왓슨스는 2017년 2월 GS리테일이 AS왓슨의 지분을 전량 인수한 후 합병해 현재 GS리테일의 헬스&뷰티 사업부가 됐다.

왓슨스는 왓슨스만의 독창적인 상품을 개발·도입하고 뷰티 카테고리 상품의 디스플레이 등을 한국에 맞게 변형해 국내 소비자들의 공략하고 있다. 특히 소비자들이 즐겁게 쇼핑할 수 있도록 매장 레이아웃을 구성하고, 셀프 메이크업존 등 상품을 편하게 사용해볼 수 있는 구역을 지속적으로 확대하고 있다.

롯데그룹에서 운영하는 롭스도 2013년 5월 1호점이 홍대에 오픈한 후 이달 현재 92개 점포를 운영하고 있다. 매출도 꾸준히 늘어 2015년과 2016년에는 각각 전년 대비 110%, 100% 성장했다. 2017년에는 전년 대비 80% 신장을 목표로 한다. 매장 또한 누적 122호점을 내는 것이 목표다. 롭스는 온라인 유명 제품과 백화점 브랜드, 해외 직구 브랜드 등 롭스 단독 제품을 발굴해 판매하는 한편 기초 부문에서는 한국산 약국화장품인 일명 'K-더모' 제품 판매를 확대했다.

2016년 이마트가 국내에 처음 선보인 글로벌 H&B 브랜드 '부츠'는 총 4개 매장을 운영하고 있다. 부츠는 세계 1위의 드럭스토어 기업으로, 이마트는 부츠의 글로벌 소싱 파워와 이마트의 상품 기획력으로 차별화된 '한국형 H&B' 모델을 선보이겠다는 계획이다. 특히 넘버7(No.7), 보타닉스 등 부츠의 자체 브랜드 상품과 맥, 슈에무라, 베네피트 등 글로벌 럭셔리 뷰티 브랜드를 제공하는 등 프리미엄화를 강조해 올리브영, GS왓슨스 등과 차별화했다. 약사가 직접 운영하는 약국을 매장 한쪽에 설치한 것도 다른 H&B스토어와 구분되는 특징이다.

자료원: 연합뉴스, 2017.08.15. 기사편집

11. 아울렛과 복합쇼핑몰

아울렛(outlet)은 미국에서 팩토리 아울렛(factory outlet)이라고 하여 제조업체가 자사제품의 재고품을 60 ~ 70% 할인하여 판매하며 주로 교외의 한산한 쇼핑몰에서 소매점 형태의 직영점 형식으로 운영된다.

한국에서 아울렛은 1980년대 중반 의류업체들이 상설할인매장으로 하나의 거리를 형성하면서 생겨났다. 1994년 이랜드에서 '2001 아울렛'을 당산동에 출점하면서 이랜드의 재고의류를 60 ~ 80%까지 할인된 가격으로 판매하여서 의류업계 가격파괴를 선도하였다. 2000년대 중반이후 신세계 백화점이 명품을 중심으로 교외의 도로변에 아울렛을 시작으로 백화점업계에서 대규모 아울렛 점포를 개설하고 있다.

아울렛 출점으로 경쟁하던 백화점 업계는 규모의 입지 측면의 한계와 낮은 마진의 우려로 복합쇼핑몰에 주력하고 있다. 최적화된 입지를 갖춘 기존대규모 백화점의 활용도를 높이면서, 단순히 상품만 판매하는 것이 아니라 여가 및 엔터테인먼트 시설이 보강된 대규모 쇼핑몰은 다양한 욕구를 가진 소비자들로부터 검증 받은 유통채널이 되면서 백화점 업계의 새로운 성장 동력이 되고 있다.

사례 4-11

복합쇼핑몰 몰링 컬처 마케팅

그동안 복합쇼핑몰에서 즐길 수 있는 문화생활은 영화 감상이 전부였지만 최근 들어서는 도서관, 콘서트, 게임장 등 다양하게 문화생활을 즐길 수 있는 공간이 크게 늘어나고 있다. 이 같은 몰링 컬처 마케팅을 통해 집객효과와 함께 매출 상승이라는 '두토끼' 효과를 톡톡히 보고 있다.

- 스타필드 코엑스몰 '별마당 도서관 후광효과'

코엑스몰 내에 위치한 '별마당 도서관'은 2017년 5월 말 문화 체험과 휴식이 가능한 공간이라는 주제로 문을 연 이후 6개월 만에 코엑스몰 상권을 변화시켰다는 평가를 받고 있다. SNS상에서 하루 평균 300개 이상의 글이 등록될 정도로 입소문을 타자 자연스럽게 코엑스몰을 찾는 고객이 늘었다. 6개월 동안 방문 고객 수는 1,000만 명을 넘는 것으로 추산된다. 별마당 도서관이 유명세를 타면서 코엑스몰 내 매장의 매출은 30% 이상 늘었다. 이마트24 코엑스몰1호점 역시 매출이 큰 폭으로 상승했는데, 일반 이마트24 대비 2배 이상 높은 매출 신장율을 보였다고 신세계는 설명했다.

- 여의도 IFC몰 문화마케팅으로 방문객 20% 증가

여의도 IFC몰 역시 내부에 '사우스 아트리움', '노스 아트리움'이라는 넓은 공간을 활용해 다양한 문화 체험 행사를 진행하고 있다. 2016년에는 여름휴가를 복합쇼핑몰에서 보내는 '몰링족'을 위해 가족 체험공간을 만들었다. 이후 19일간 방문객이 전년 동기 대비 20% 늘었다. 2017년 8월 한달간 소니 플레이스테이션 체험 행사를 진행해 쇼핑몰 내 최신 콘솔게임 및 가상현실(VR) 체험도 할 수 있는 게임장을 마련했다. 그 결과 전월 대비 방문객 수가 15% 증가한 것으로 나타났다.

영등포 타임스퀘어 새해맞이 콘서트 인기

영등포에 위치한 타임스퀘어 역시 1층에 위치한 아트리움 행사장에서 매주 영화 레드카펫, 연예인 팬 사인회, 콘서트 등의 문화행사를 벌인다. 타임스퀘어 윤강열 차장은 "주로 문화 행사를 진행하는 주말에는 평일에 비해 2.5배가 넘는 하루 약 15만 명의 방문객이 타임스퀘어를 찾고 있다"고 말했다. 매년 12월 31일 진행하는 새해맞이 콘서트 '카운트다운 서울 엣 타임스퀘어'에는 2016년 총 3,500명이 찾았으며 2017년에도 사전 온라인 예매가 매진되는 등 높은 인기를 보이고 있다.

복합쇼핑몰 관계자는 확대되는 '몰링 컬쳐' 마케팅에 대해 "브랜드 이미지 상승과 유입고객 확대가 최대 목표"라고 말했다. "고객들이 많이 오면 자연스럽게 외식 등의 비용이 생기면서 매출 상승으로 이어지는 경우가 많다"며 "이런 행사들은 한 번 방문한 고객들이 좋은 이미지를 가지고 재방문할 수 있도록 유도하기 위한 하나의 마케팅 방법"이라고 설명했다.

자료원: 파이낸셜뉴스, 2017.12.06. 기사편집

제5장

무점포소매상

유통관리

제5장 무점포소매상

컴퓨터 기술의 발달 및 보급의 증가는 인터넷 사용의 대중화를 가져다주었으며, 정보통신기술의 발달은 소매거래에서 세계화를 실현시키고 있다. 또한 소비자의 라이프스타일 변화와 소비자의 편의성에 대한 욕구 증대 및 다양한 매체에 대한 정보화가 발전하면서 무점포소매상의 경쟁이 나날이 심화되고 있으며, 기존의 점포소매상들도 무점포판매에 뛰어들고 있다. 특히 인터넷 사용인구가 세계 1위를 자랑하는 한국에서는 하루가 다르게 생겨나고 있는 새로운 형태의 무점포소매상에 대한 형태와 거래규모의 예측을 어렵게 하고 있다.

무점포소매상(Non-store retailer)은 점포에 상품을 진열하지 않고 직접소비자와 접촉하거나 가상공간에서 상품을 판매하는 소매상을 말한다.

무점포판매는 통신판매, 카탈로그, 신문, 잡지 등과 같은 인쇄매체, TV 등의 방송매체, 인터넷을 비롯한 멀티미디어 등의 매체도구를 이용하여 소비자에게 상품을 직접 판매하는 것이다. 본장에서는 무점포 소매상으로 우편(통신)판매, 텔레마케팅, TV홈쇼핑, 자동판매기, 방문판매 등과 기타소매상으로는 온라인쇼핑, 모바일쇼핑, 옴니채널에 대해 살펴본다.

제1절 무점포소매상의 유형과 특징

1. 우편(통신)판매

통신판매(Direct Mail)는 판매하고자 하는 상품 또는 서비스에 대해 카탈로그나 광고매체를 통하여 알리고 고객으로부터 통신수단을 통해 주문을 받은 상품을 택배회사 또는 우편 등으로 배달하는 방식으로 판매하는 소매상을 말한다.

통신판매는 19세기 후반 미국에서 최초로 등장하였으며, 대표적인 통신판매 업체는 1872년에 설립된 Montgomery Ward와 1886년 시계의 통신판매로 성장한 Sears이며 1989년 미국의 통신판매 규모는 1,830억 불이고 미국의 소매업에서 10%를 차지하였으나, 인터넷 판매와 홈쇼핑 등의 성장으로 점차 규모가 축소되고 있다.

한국에서는 1976년 신세계 백화점이 카드고객을 대상으로 주문엽서를 이용한 통신판매가 최초였으며, 1980년대 후반에 백화점과 우체국에서 통신판매를 실시하였다. 1990년대 초반에는 롯데, 신세계, 현대백화점 등이 신용카드 회사들과 제휴하여 본격적인 통신판매를 하였고, 우체국에서는 제조업체 및 농산물 생산단체 특히 각 지방의 특산물 판매로 괄목할만한 성장을 하고 있다.

사례 5-1

지역 업체와 함께 크는 우체국쇼핑

우리 농산물 직거래를 위해 출범한 우체국쇼핑은 현재 공급업체 1,000여곳으로 누적 매출액은 2조 8,000억 원에 달할 정도로 성장했습니다. 영세 사업자들의 판로 확대, 수익 증대에도 큰 역할을 하고 있다는 평가입니다.

제주 지역에서 17년간 수산물 유통업을 하고 있는 김석영씨는 사업 초기에는 한정된 거래처에다 상품 홍보도 어려워 고민이 많았습니다. 하지만 우체국쇼핑에 입점한 뒤에는 서울·경기·충청 등 전국으로 상품이 팔리고 큰 인기를 끌면서 매출이 2배 이상 올랐다고 합니다. 우체국쇼핑을 2006년부터 시작한 이후 매출이 계속 늘어나 지금은 20억 원정도 되며, 그 중 20 ~ 30%는 우체국쇼핑을 통한 매출로 갈치, 고등어를 비롯한 상품 수는 20여종이고, 취급물량도 연 300톤에 달하는 등 우수업체로 인정받아 여러 차례 상을 타는 등 꾸준히 성장하고 있습니다.

2017년에 31주년을 맞는 우체국쇼핑은 우정사업본부가 운영하는 직거래 장터입니다. 전국 3,700개 우체국망을 통해 다양한 상품을 판매하는 우체국쇼핑은 올해 누적 매출액이 2조 8,000억 원에 이를 정도로 규모가 커졌습니다. 현재 9,200종의 지역 특산물과 온라인 전통시장·중소기업 상품으로 구성되어 있으며, 정부가 인정하는 농수산물만 취급하고, 엄격한 입점심사는 물론 2년마다 심사를 통해 품질을 관리합니다. 향후 1인 가족, 혼밥족을 대상으로 한 맞춤형 상품을 만드는 한편 지역 우수 공급업체들도 지속적으로 발굴할 계획입니다. 영세사업자의 판로 개척과 매출 증대에 큰 도움을 주는 우체국쇼핑은 지역 경제 활성화는 물론 우수업체들의 든든한 협력자로 동반 성장하고 있습니다.

자료원: 머니투데이방송, 2017.09.18. 기사편집

2. 텔레마케팅

텔레마케팅(tele-marketing)이란 텔레커뮤니케이션(telecommunication)과 마케팅 (marketing)의 합성어로 고객과 1대1 커뮤니케이션을 통하여 고객유지, 고객만족, 신규고객 확보를 위한 마케팅수단이다. 즉, 전화를 이용하여 목표 소비자층에 제품 정보를 제공한 후 제품 판매를 유도하거나, 소비자가 TV, 라디오 광고나 우편 광고를 보고 수신자 부담 전화번호를 이용하여 주문을 받아 판매하는 방법이다.

미국에서는 1970년대부터 텔레마케팅이 시작되었으며, 1980년 후반부터 성장을 보였다. Fortune지 선정 500대 기업 중 텔레마케팅을 채택한 회사가 1986년 34%에서 1990년 66%로 증가할 정도로 발전하였다. 한 예로 J. C. Penney 사는 3,000만 명 고객의 성명, 주소, 지금까지의 거래명세 등을 자료로 가지고 있으며, 고객으로부터 주문이나 제품에 관한 문의가 오면 오퍼레이터는 고객에 대한 정보와

문의 제품에 관한 정보를 컴퓨터 단말기에 호출하여 컴퓨터 화면에 나타나는 대화 순서에 따라 고객과 대화를 할 수 있는 시스템을 도입하고 있다.

한국의 경우 미국계 시티은행이 1986년 최초로 이 기법을 도입하여 은행, 보험, 호텔, 백화점 등 여러 서비스 분야에서부터 전자, 통신, 제약 등으로까지 거의 모든 산업분야로 급속히 확대되었다. 최근에는 전문 텔레마케터를 고용하여 광고, 판매 촉진, 직접우편과 같은 마케팅매체를 보완하여 고객반응을 유도하고 고객관리 및 판매활동을 한다.

사례 5-2

보험 텔레마케팅(TM), 안내자료 미리 배포

앞으로 보험 텔레마케팅(TM)을 할 때 전화뿐만 아니라 가입권유 전 안내 자료를 미리 제공해야 한다. 또 고객에게 불리한 내용을 속사포로 설명하고 넘어갈 수 없게 되는 등 향후 CM채널 불완전판매 위험은 크게 줄어들 전망이다. 14일 금융감독원은 이 같은 내용을 담은 'TM채널의 불합리한 관행개선' 조치에 대해 밝혔다. 이는 2017년 12월 나온 '금융소비자 권익제고 자문위원회' 권고안을 수용한 결과다.

TM채널은 전화로 간편하게 보험에 가입할 수 있는 장점이 있어 2016년에 300만 건의 가입자를 끌어 모았다. 하지만 전화로만 설명을 듣기 때문에 판매자와 소비자 사이의 정보 비대칭성이 있었고 이에 따른 불완전판매 위험이 높았다. TM설계사는 이제 구조가 복잡해 이해가 어려운 변액보험이나 저축성보험이나 65세 이상 고령자가 가입하는 상품에 대해서 가입권유 전 보험안내자료를 미리 제공해야한다. 듣기만 하는 방식에서 보면서 듣는 방식으로 보완해 소비자의 보험 보장 이해도가 높아진다.

고객에게 불리한 내용은 빠르게 설명하고 해당 보험상품의 보장과 장점은 천천히 설명하는 불합리도 개선된다. 전화를 통해 보험상품을 팔 경우 음성의 강도와 속도는 비슷하게 유지해 불완전판매 가능성을 줄이는 것이다. 또 TM설계사가 보험상품의 중요내용을 한꺼번에 설명하고 고객에게 이해 여부를 "예"를 묻는 관행도 바뀐다. 이는 불완전판매 여부 분쟁 시 고객에게 불리하게 작용했는데 앞으로는 일괄이 아닌 개별 질문방식으로 변경돼 소비가 권익이 높아진다.

고령자에 대한 배려도 강화된다. 보험소비자는 청약 후 30일, 보험증권 수령 후 15일 내에 보험계약의 청약을 철회할 수 있으나 고령자가 이를 인지하지 못하는 경우가 많았다. 이제는 65세 이상 고령자에 대해서는 철회기간이 청약 후 30일에서 45일로 확대된다. 고령자가 보험안내자료를 쉽게 알아볼 수 있도록 보험가입 권유 전 글자와 도화 등을 활용, 맞춤형 안내자료를 송부해야한다. 또 고령자가 불완전판매에 노출될 가능성이 높기 때문에 보험사의 TM 녹취 모니터링 대상의 30%를 고령자 보험계약에 배정할 계획이다.

그동안은 TM설계사의 보험상품 설명대본에는 특별한 작성기준이 없었다. 하지만 상품에 대한 오인이나 불완전판매를 막기 위해 생명보험협회를 중심으로 설명대본 작성시 유의점을 업계 공통의 가이드라인으로 마련할 예정이다. 금감원 관계자는 "TM채널 판매 관행 개선은 소비자권을 강화하는 효과가 있을 것이고 이는 TM채널의 완전판매문화 정착과 보험산업 전반에 대한 신뢰를 높이는데 중요한 역할을 할 것"이라고 말했다.

자료원: 아시아투데이, 2018.01.14. 기사편집

3. TV 홈쇼핑

TV 홈쇼핑(Television home-shopping)은 TV를 통해 제품 구매를 유도하는 소매방식으로 TV 광고에서 직접 주문에 관한 정보를 제공하여 주문을 받는 TV 광고방식과 홈쇼핑채널을 이용한 주문방식이 있다.

직접반응광고(direct response advertising)방식은 30초에서 1분 정도의 짧은 TV 광고를 통해 간략한 제품소개와 주문전화번호를 제공하면 소비자가 무료전화를 이용하여 제품을 주문하는 방식으로 미국에서는 Informercial 혹은 Short-form 등으로 불린다.

TV 홈쇼핑의 이점은 소비자들이 점포에 직접 가지 않아도 어느 곳에서나 편리하게 주문할 수 있으며, TV화면을 통해 직접 실연됨으로써 상품에 대한 정보와 사용법을 쉽게 알 수 있으며, 가격이 10 ~ 30%로 정도 저렴하다는 것이다.

한국의 TV 홈쇼핑은 케이블TV 개국과 더불어 시작되었는데, 1995년 한국홈쇼핑(현재 GS홈쇼핑)과 39쇼핑(현재 CJ홈쇼핑)으로 시작된 초기에는 상품부족과 시청자들의 호응이 부족하여 부진한 실적을 보였으나, 본격적인 홈쇼핑 채널 방송이 시작된 1996년 이후부터 연평균 180%를 넘는 성장세를 지속하면서 급성장하였다.

한국에서 홈쇼핑이 급성장하게 된 원인을 구체적으로 살펴보면,

첫째, 케이블 TV가입자의 지속적인 증가로 홈쇼핑만을 전담하는 채널에서 정규방송시간 내내 상품안내와 주문을 받는 홈쇼핑채널 방식으로 보다 많은 소비자들이 접근할 수 있게 되었다.

둘째, 전문적인 프로그램 진행자(일명 쇼핑호스트)들이 상품들을 소개하면, TV 시청자들이 전화로 주문하고, 신용카드로 결재하면 집까지 배달되는 판매 방식이 편의성을 추구하는 소비자 욕구와 부합되었다.

셋째, 신기술에 의해 신제품을 개발한 중소·벤처기업과 아이디어 상품을 찾던 홈쇼핑업체간의 이해관계가 일치되어 홈쇼핑 히트상품을 등장시켰다. 예를 들면, 원적외선 오븐 레인지, 자동차 코팅 세트, 녹즙기 등 생소한 중소기업 제품을 쇼핑호스트가 사용방법 등을 구체적으로 설명하면서 판매로 이어졌다. 특히 외환위기 이후 대기업 제품(전자제품-김치냉장고)도 대박 제품으로 매출을 올렸다.

넷째, 기존업체에 대기업 유통회사가 합류하면서 시장이 확대되었다. 2001년 현대, 우리(2006년 롯데가 인수), 농수산 홈쇼핑이 후발주자로 합류하면서 경쟁이 치열해졌고, 취급상품(보험, 여행, 공연티켓, 외식상품 등)이 광범위해지면서 시장이 확대되어 최근에는 부동산(상가 분양) 매물까지 홈쇼핑 상품으로 등장하였다.

자료원: CJ홈쇼핑 홈페이지, 2017.11.

한국의 대표적 홈쇼핑이라 할 수 있는 CJ홈쇼핑은 2004년 이후 해외 여러 나라에 진출하여 한국의 중소기업 제품의 판로 개척으로 동반성장을 이끌고 있다.

사례 5-3

TV홈쇼핑 신기술 도입경쟁

홈쇼핑업체 간 신기술 도입 경쟁이 치열해지고 있다. 두 가지 상품을 하나의 TV화면에서 동시에 소개하는 다중 방송 서비스를 도입하고, 모바일 쇼핑에 홍채 인식 기술을 도입해 모바일 앱 로그인 속도 개선 작업에도 나서고 있다. 홈쇼핑 충성 고객으로 분류되는 40 ~ 50대 주부에서 벗어나 20 ~ 30대를 끌어안아야 생존할 수 있다는 절박한 몸부림이다. TV 채널을 통한 판매는 정체기에 접어들었다. 홈쇼핑 5개사에 따르면 TV 채널을 통한 매출은 2014년 이후 8조원 수준에 머물고 있다.

다중 방송 서비스는 신세계TV쇼핑이 2017년 11월 26일 시작했다. 소비자가 리모컨으로 방송 화면 상단 이미지를 선택하면 다중 방송을 시청할 수 있다. 다중 방송 서비스는 인터넷으로 TV를 시청하는 인터넷TV(IPTV)의 데이터 영역을 활용한다. 데이터 영역은 상품정보 검색·구매·결제 등에 활용되는데 이 영역에서도 상품 소개 화면을 송출하는 방식이다. 신세계TV쇼핑은 모바일 결제 단계도 6단계에서 3단계로 줄였다. 기존에는 TV 화면을 통해 상품을 선택한 후 연락처를 따로 입력하고 휴대전화로 상품 링크를 받아 주문을 끝냈지만, 연락처를 등록해 놓으면 휴대전화로 주문서를 확인할 수 있도록 결제 단계를 줄였다.

롯데홈쇼핑은 2017년 9월 삼성전자의 생체인식 서비스인 삼성패스를 도입했다. 이를 통해 모바일 앱 로그인 시간을 평균 10초에서 1초 수준으로 대폭 줄였다. 롯데홈쇼핑 관계자는 "20 ~ 30대 소비자 중 번거로운 로그인 과정을 개선해야 한다는 목소리가 높아 로그인 시간을 줄일 수 있는 개선안을 마련했다"고 말했다. 이와 함께 고객이 검색한 상품을 기반으로 연관성 있는 상품과 스타일까지 추천하는 '상품 추천 서비스'도 선보였다. 상품 추천 서비스는 지난 9월 오픈 이후 한 달 만에 매출 70억 원을 찍었고 두 달 만에 250억 원의 매출을 기록했다. 롯데홈쇼핑 관계자는 "서비스 분석 결과 여성 고객 이용률이 85%로, 남성보다 압도적으로 많았고 30대 여성 이용률이 가장 높았다"고 말했다.

유통업계에서는 홈쇼핑이 신기술 도입 관문으로 꼽힌다. 백화점·마트 등 오프라인 유통 채널과 비교해 뒤늦게 생긴 채널이다 보니 새로운 기술에 대한 저항도가 낮다. 2015년 GS홈쇼핑이 360도 가상현실(VR) 영상을 자사 채널에서 서비스하기 시작한 게 대표적인 사례다. VR 서비스를 처음으로 선보인 GS홈쇼핑은 2018년 준공을 목표로 모바일과 TV를 결합한 홈쇼핑 전용 물류센터를 경기도 이천에 건설하고 있다.

간편 결제를 선호하는 젊은 층을 위해 이를 도입하는 홈쇼핑 업체도 늘고 있다. CJ오쇼핑은 지난 10월 네이버페이와 제휴 서비스를 시작했다. 이로써 CJ오쇼핑에선 국내 주요 간편 결제 시스템을 대부분 이용할 수 있게 됐다.

홈쇼핑 콘텐트도 젊은층 맞춤형으로 변화하는 중이다. 지난달 CJ오쇼핑에는 아이돌그룹 슈퍼주니어가 출연해 롱 패딩 제품을 팔아 20억 원이 넘는 매출을 기록했다. 방송 포맷도 상품 소개 위주가 아닌 예능 형태로 바꿨다. 김나미 CJ오쇼핑 PD는 "20 ~ 30대 고객 유입을 위해 젊은 고객층에 특화된 콘텐트를 파워 유튜버 VJ와 협업해 앱으로 서비스하고 있다"며 "인기 문화콘텐트를 녹여낸 프로그램 기획하는 등 방송 포맷 다양화를 시도하고 있다"고 말했다.

자료원: 중앙일보, 2017.12.28. 기사편집

4. 자동판매기

자동판매기(vending machine)는 BC 215년 이집트에 등장한 성수(聖水) 자동판매기가 세계 최초이나, 상업용 자동판매기는 18세기 영국에서 담배를 판매하는 데 사용된 것이 최초라고 할 수 있다. 영국, 유럽 대륙, 스칸디나비아 등에서는 1880년대 이래 주로 과자와 담배를 판매하는 데 이용되었다.

미국에서는 1888년 껌 판매소를 늘리기 위해 뉴욕 시의 고가철도 플랫폼에 처음 설치되었으며, 1926년까지 값싼 사탕을 판매하는 정도에 머물러 있다가 담배 자동판매기가 등장하면서부터 현대식 자동판매기의 기원이 되었다. 1937년 청량음료 자동판매기에 이어 1940년대 회사와 공장에서 인건비를 줄이기 위해 사용되었고,

1950년대 말에는 건물 내 식당을 대체하거나 보조하기 위해 가공식품 외에도 다양한 종류의 신선한 식품이 판매되었고, 병에 담긴 청량음료를 판매하기 위해 자동판매기에 냉동장치까지 부착되었다.

한국에 자동판매기가 처음 선보인 것은 1975년 대한가족협회가 미국으로부터 들여온 남성용 피임기구(콘돔) 자동판매기이다. 이후 다양한 종류의 자동판매기가 꾸준히 개발되었고 1988년 서울올림픽을 전후하여 판매상품이 다양해지면서 급속히 확대되기 시작하여 독립소매상 중의 하나로 발전하게 되었다.

자동판매기는 장소와 시간에 제한되지 않고 24시간 구매할 수 있게 함으로써 소비자에게 편리함을 제공하는 무점포소매상으로서 회사와 공장은 물론 학교·오락장소·병원·사무실 등에도 널리 보급되어 개인사업자나 판매망을 확보하려는 음료 혹은 식품회사가 설치하여 직접 운영 하고 있다. 이러한 현상은 편의성을 추구하려는 소비자 욕구의 증대와 점포임대료 상승, 치열한 시장경쟁에서 자체 판매망을 구축하려는 기업의 요구가 부합되었기 때문이라 할 수 있다.

자동판매기는 담배, 커피, 음료, 스낵, 화장지 등 다양한 생활용품에서 최근에는 모바일 자동판매기(Mobile Vendor)라고 하여 휴대전화에서 통화하는 것만으로도 상품을 살 수 있는 자판기도 있으며, 술이나 담배를 판매하는 자동판매기의 경우, 성인 여부 확인을 위해서 주민등록증 등 적절한 신분증을 요구하기도 한다. 또한 지방자치단체의 특산물 판매(하동 녹차 자동판매기)에 이용되어 특산물 대중화를 위한 유통기구로서의 역할 수행까지 담당하게 되었으며, 자동판매기 제조업자, 설치사업자, 운영사업자를 위한 창업 상담이 필요할 만큼 성장 발전하고 있다.

사례 5-4

자판기의 부활

"땅 1평이면 충분합니다. 앞으로는 그곳에서 파는 것보다 못 파는 것 찾기가 더 어려워질 겁니다."유통업계 한 신사업담당자는 "미래에는 굳이 큰 매장을 지을 이유가 없어질 것"이라며 이같이 말했다.

매장의 프리미엄화(化)와 입지 경쟁에 골몰하던 유통업계가 자판기 사업을 눈여겨 보고 있다. 특히 '레드오션'(경쟁이 너무 치열해 수익성이 악화되는 시장)에 접어든 패션·뷰티업계가 앞 다퉈 자사 신상품을 자판기에 넣고 판매하고 있다. 브랜드숍 이니스프리는 디지털자판기 '미니숍(mini shop)'을 운영 중이다. 이니스프리의 화장품 체험공간인 '그린라운지' 여의도점과 CGV왕십리점에 미니숍을 설치했다.

유니클로는 미국에 있는 45개 매장의 매출이 점차 둔화하자 의류 자판기를 돌파구로 들고 나온 것. 현재 오클랜드 공항을 비롯 로스앤젤레스, 뉴욕 등 총 10개 도시에 자판기 '유니클로 To Go'를 설치했다. 판매 제품은 유니클로의 주력 제품인 '히트텍 셔츠'와 '울트라 다운재킷' 등 2종이다. 사이즈가 맞지 않는 상품은 매장이나 우편으로 반품할 수 있다.

새로운 소비 트렌드로 부상한 '언택트(untact)'도 자판기 설치를 부추기고 있다. 언택트란 접촉을 뜻하는 '콘택트(contact)'에 부정관사 '언(un)'을 붙인 신조어다. 사람과의 접촉을 부담스러워하는 1인 가구 중심의 '나홀로 쇼핑족'이 증가하면서, 유통업계가 자판기 등을 활용해 점원과 고객 사이 접점을 최소화 하고 나선 것.

유통기한이 짧은 신선식품도 자판기로 들어왔다.

농협경제지주는 자판기에 IoT(사물인터넷) 식육 스마트 판매시스템을 적용해 자판기 내 재고와 가격, 적정온도 등을 사람 없이 관리할 수 있다. 판매 품목은 국산 쇠고기와 돼지고기 등 20여종이다. 농협은 우선 중앙회 본관과 서대문구 지역에 자판기 2대를 설치해 시범 운영하고, 2020년까지 1인 가구 밀집 시설을 중심으로 모두 2,000대를 설치할 계획이다.

풀무원건강생활도 '똑똑한 자판기'를 선뵐 계획이다. 풀무원은 지난 11월 12일부터 4일간 시흥하늘휴게소에 컴퓨터가 내장된 자판기 '인텔리전트 벤딩머신'을 설치해 시범운영했다. 인텔리전트 벤딩머신은 통신기능을 탑재해 유통기간이 1~2일 정도로 짧은 신선식품도 실시간 원격으로 관리할 수 있는 것이 특징이다. 판매 대상은 녹즙과 유산균음료, 핫도그 등 간식류다. 풀무원은 내년 인텔리전트 벤딩머신 100대를 병원, 휴게소, 키즈 시설 등에 설치·운영할 계획이다.

유통업계가 자판기 설치에 나선 이유 중 하나는 최저임금 인상에 따른 인건비 부담을 최소화할 수 있어서다. 지방 소도시 등 인구가 적은 지역의 편의점에 가정간편식(HMR) 자판기가 들어설 가능성이 있다. 실제 한국 편의점 사업자들이 벤치마킹 대상으로 꼽는 일본 최대 편의점업체 세븐일레븐재팬은 2018년 2월까지 오피스 빌딩과 공장 내에 김밥과 샌드위치, 빵 등을 판매하는 자판기 100대를 설치하기로 했다. 2019년 2월까지 자판기를 500대로 늘린다는 계획이다.

침체기에 접어든 자판기 산업이 유통업계의 '이색 자판기' 시도로 반등할 수 있을지 여부도 주목된다. 식품의약품안전처가 2016년 발행한 식품의약품통계연보에 따르면 2015년 전국의 자판기 개수는 3만 4,556대다. 2013년(4만 3,778대)과 비교하면 2년 새 1만여대 가까운 자판기가 줄었다.

자료원: 이데일리, 2017.12.01. 기사편집

5. 방문판매

방문판매는 판매원과 소비자 간의 일대일 대면 방법을 통해 제품과 서비스를 판매하는 소매업태이다. 직접 대면을 통해 소비자가 원하는 상품을 실제로 보여주고 자세히 설명함으로써 소비자를 이해시켜 물건을 판매하는 것으로, 한국의 방문판매는 1980년대 중반 화장품 판매에서 시작되어 발전하였다. 이후 야쿠르트, 의약품, 서적, 보험, 정수기, 학습지 업체들이 주로 방문판매를 통해 성장하였다고 할 수 있다.

방문판매의 이점으로는 중간 유통업자에게 마진을 지불하지 않음으로 그 만큼 이익을 얻을 수 있고, 제조업자의 이미지가 판매원을 통해 올바르게 소비자에게 전해질 수 있으며, 유통단계에서의 불필요한 재고나 반품이 없게 되어 생산 계획을 세우기 쉽다는 점을 들 수 있다.

또한 상품을 사용해보고 이에 만족한 소비자가 다시 판매자가 되어 소비자들에게 상품을 판매하는 다단계 판매회사도 방문판매를 이용하고 있다.

사례 6-6

방문판매시장 '인공지능 무풍지대'

4차 산업혁명시대를 맞아 유통시장에서도 '인공지능('AI)'이 대세로 떠올랐지만 방문판매시장은 '대면마케팅'이라는 장점에다 브랜드와 품목이 다양화되며 AI의 무풍지대를 형성하며 성장을 거듭하고 있다.

방문판매업을 하는 한국야쿠르트는 커피, 치즈, 가정간편식, 마스크팩 등 브랜드 및 제품 다양화로 성장세를 이어가고 있다. 한국야쿠르트는 기존 유제품 및 발효유제품 기반 위에 '콜드브루 by 바빈스키', '끼리치즈' 등으로 취급 품목을 다양화한 데 이어 지난 7월에는 가정간편식(HMR) 서비스 '잇츠온'을 론칭했다. 최근엔 브랜드 강화를 위해 새 카테고리 '밀키트'를 선보이며 밑손질을 끝낸 식재료와 양념 등이 세트로 들어있는 반조리 식품까지 출시했다. 올 초에는 과일과 야채 추출물을 첨가한 '하루야채 마스크팩'으로 뷰티 품목까지 선보였다. 한국야쿠르트 관계자는 "노란 유니폼의 '야쿠르트 아줌마'는 전국에 1만 3,000여명이 활약 중"이라면서 "하루 7시간 정도 일하면 월 수입이 190만원 정도 되기 때문에 지원자가 많지만 결원이 생겨야 신규 채용하는 구조여서 입사 자체가 쉽지 않다"고 설명했다.

풀무원건강생활의 방문판매브랜드 풀무원로하스는 건강기능식품을 다루는 헬스케어 제품을 넘어 스킨케어, 주방 및 리빙용품 등 홈케어 라인업을 갖췄다. 지난 2015년 '로하스 키친' 사업을 시작하며 주방가전 제품을 출시한 데 이어 지난 6월엔 수면 관리 전문 브랜드 '자미즈'를 선보였다. 최근엔 국제적인 천연 및 유기농 화장품 인증제도인 '코스모스 내추럴' 등급 인증을 받았으며, 아기 전용 스킨케어 '러브 베이비' 2종을 내놨다. 풀무원로하스 관계자는 "지난해 방문판매의 시장규모는 3조 3,417억 원으로 전년 대비 16% 증가하는 등 꾸준히 연간 두자릿수 증가율을 보이고 있다"면서 "방문판매사원이 직접 고객과 대면하면서 고객에게 적합한 상품과 서비스를 추천한다는 장점 때문에 온라인에 기반한 AI와는 차별화된 영역을 형성하며 지속적인 성장을 할 것"이라고 내다봤다.

자료원: 파이낸셜뉴스, 2017.11.17. 기사편집

제2절 기타소매상

1. 온라인쇼핑몰

인터넷(Internet)의 등장은 전 세계 사람들을 하나의 거대한 망(network)속에 연결되는 가상사회를 만들어냈다. 1990년대 중반 이후 인터넷의 사용이 급격히 증가하면서 수많은 사이버기업이 생겨나게 되었다.

인터넷(Internet)의 이용이 우리생활의 일부가 되면서 인터넷이라는 가상공간(cyber-market)에서 이루어지는 모든 경제적 교환행위 및 이를 지원하는 활동으로 정의할 수 있는데, 이를 통해 거래되는 상품은 유형의 상품뿐 아니라, 각종 소프트웨어, 서비스 등 무형의 상품도 포함되며, 컴퓨터를 이용한 인터넷상에서 주문부터 결재 및 배송, 촉진활동과 같은 마케팅까지 이루어진다.

인터넷을 통한 쇼핑은 활발한 상호작용, 집약된 정보, 전 세계와의 쉬운 접촉 등의 이점 때문에 급격한 성장세를 보이고 있다. 인터넷 사용율 세계 1위인, 한국의 인터넷쇼핑몰은 세계에서 가장 빠르고 다양하게 급성장하고 있다.

온라인쇼핑몰은 기업과 소비자 간의 전자상거래(B2C: Business to Consumer)로 기업이 소비자에게 상품을 판매하는 가장 일반적 인터넷 비즈니스 형태로 생산자가 직접 사이트를 개설하거나 유통업체가 쇼핑몰의 형태로 운영하는 것이다.

온라인쇼핑몰은 전자상거래 중에서 가장 활발하게 진행되고 있으며, 많은 사람들이 찾아가는 곳으로서 유형의 소매점을 가상공간에 구현한 것이라 할 수 있다.

온라인쇼핑몰은 가격경쟁력이 높아야 하며, 기존 시장에서 들어올 수 없는 정보와 흥미를 제공할 수 있어야 한다. 일반적인 형태의 전자상거래 모델인 만큼 차별화가 매우 중요하며, 한번 접속했던 이용자가 다시 찾도록 웹사이트를 구성하여 최대한 편리하고 간편한 쇼핑, 구매 및 대금 지불절차를 지원할 수 있어야 한다. 또한 소비자 개개인에 맞는 맞춤형 판매방식과 안정적인 유통망을 확보해야 하며, 구매절차 및 대금결제 방법이 쉽고 안전하게 이루어질 수 있도록 해야 한다.

온라인쇼핑몰은 1995년 개점한 아마존(미국)의 성공과 더불어 수많은 인터넷 소매상이 등장하였는데, 아마존과 같이 자사가 직접 운영하는 전자상점과 인터파크(한국)와 같이 입주업체를 모집하여 유통을 대행해주는 전자쇼핑몰로 구분되나 대체적으로 온라인쇼핑몰은 양자를 포함하는 개념으로 사용되고 있다.

1996년 6월1일 대한민국 최초로 온라인쇼핑몰을 오픈한 인터파크는 1997년 10월 1일 데이콤에서 자회사로 분사하여 데이콤인터파크로 설립되었으며 데이콤에서 독립해 인터파크로 사명을 고치고 출범했다.

인터파크의 오픈은 다른 기업체들에게 새로운 시장에의 참여 동기를 불러일으킴과 동시에 국내에 전자상거래라는 새로운 개념을 전파하는데 일익을 담당했다.

사례 5-6

인터넷 장보기 세계 1위는 한국

한국 소비자들이 인터넷을 통한 장보기를 가장 활발하게 하는 것으로 나타났다.

27일 유럽계 시장조사기관 칸타월드패널에 따르면 한국은 생필품 시장에서 인터넷 구매가 차지하는 비중이 16.6%에 달해 압도적 1위를 차지했다. 2위인 일본(7.2%)과 갑절 이상의 차이가 났으며 이어 영국이 6.9%로 3위를 기록했다. 그 외 상위권에 속한 국가로는 프랑스(5.3%), 대만(5.2%), 중국(4.2%) 등이었다. 최근 유명 IT 기업 아마존닷컴이 슈퍼마켓체인 '홀푸드마켓'을 인수하면서 큰 화제가 됐던 미국은 온라인 구매 비중이 1.4%로 10위에 그쳤다. 인터넷 장보기가 아직 대중화가 되지 않은 셈이다.

이번 조사를 위해 칸타월드패널은 2015년 6월부터 2016년 6월까지 세계 주요 국가의 생필품 시장에서 전자상거래가 차지하는 비중을 조사했다. IT 및 유통업계에서는 한국에서 인터넷 장보기가 큰 인기를 얻은 것은 기술의 발전과 더불어 맞벌이 및 1인 가구가 크게 증가했기 때문이라고 풀이했다. 유통업계 관계자는 "IT기술 발전 덕분에 일단 많은 소비자들이 스마트폰 쇼핑이 익숙해졌다"며 "바쁜 맞벌이 가정과 1인 가구가 늘며 온라인으로 생필품을 배달시키는 추세"라고 설명했다. 특히 과거 식품을 살 때는 꼭 눈으로 보고 사야한다는 생각이 소비자들 사이 강했지만 최근 이런 생각마저 많이 약화됐다고 유통업계에선 보고 있다.

현재 인터넷 장보기는 주로 이마트·롯데마트 등 주요 대형마트들이 온라인에서도 시장 주도권을 쥐고 있다. 하지만 올해 들어 지마켓·롯데닷컴 등 인터넷 쇼핑몰이 '지테이블', '가락상회' 등 새 서비스를 내놓으며 인터넷 장보기 시장에 뛰어들고 있다.

자료원: 매일경제, 2017.06.27. 기사편집

2. 모바일쇼핑

모바일쇼핑(mobile shopping)은 휴대폰으로 무선 인터넷에 접속해 쇼핑을 할 수 있는 서비스다. 이용자들은 휴대폰을 이용해 이동 중에도 쇼핑이 가능하고, 백화점·마트에서 물건을 살 때 인터넷 쇼핑몰에 접속해 해당 물건 가격을 비교할 수도 있다. 바코드를 전송해 주면 매장에서 상품으로 교환할 수 있는 모바일 상품권으로 간편하게 선물을 주고받을 수 있다(매경시사용어사전, 2017).

모바일쇼핑은 온라인 쇼핑채널 중의 가장 급격히 성장하는 추세로 2013년 17%에서 2017년 60% 확대되었으며(통계청, 2017), 2019년 온라인 쇼핑의 70% 이상이 모바일 채널에서 이루어질 것으로 예상하고 있다.

Z세대(1995 ~ 2005년 출생)는 컴퓨터와 함께 평균 5개 기기를 동시에 사용하며, 모바일 앱을 통한 브랜드정보를 다른 세대보다 64% 더 신뢰하며, 가족(43%), 친구(35%), 지인(23%), 유명연예인(10%)의 영향을 받아 상품을 구입하며, 66%가 주체적 소비자로 상품 구매 전 자신이 직접 능동적으로 검색하여 상품을 선택하며, 거의

모든 소비재 품목에서 온라인 쇼핑을 선호한다는 것이다(닐슨코리안 클릭, 2017).

2016년 말 전 세계의 스마트폰 보급률은 50%를 넘어섰고, 한국은 85%로 조사되었다(세계이동통신사업자협회). 이를 실감할 수 있는 것은 지하철에서 스마트폰으로 동영상을 보거나 길거리에서 맛집을 검색하는 등의 모습은 이제 우리 주변에서 쉽게 찾아볼 수 있는 익숙한 광경이다.

한국인에게 단순한 스마트 기기를 넘어 생활 필수품으로 자리매김하고 있는 모바일 시장 변화의 흐름을 파악하기 위하여 전국 만 7세-69세 남녀 국내 안드로이드 스마트폰 이용자 행태와 최근 4년간 모바일 앱 이용자 수와 이용 시간을 함께 분석한 데이터에 따르면, 한국 모바일 시장에 본격적으로 스마트폰이 출시된 이후 2014년까지는 가속 성장기로 이용자 수가 폭발적으로 증가하였으나, 2015년을 기점으로 한국 모바일 시장은 이용자 규모 성장은 정체된 반면, 모바일 앱을 사용하는 시간은 하루 평균 8.4시간(2012년 11월)에서 9.3시간(2013년 11월), 9.5시간(2016년 11월)으로 꾸준히 늘어나고 있으며, 모바일 이용 연령층이 확대되어 전 연령층에 걸쳐 모바일 이용이 보편화되고 있음을 알 수 있다. 2012년 11월에는 1.8%에 불과했던 60대의 모바일 이용 비중이 2016년 11월에는 9.5%로 5배 이상 증가하였고, 50대의 모바일 이용 비중 또한 9.8%에서 19.8%로 2배 가량 늘어난 점은 젊은 세대에만 국한된 모바일 서비스 보다는 전 연령층에 어필할 수 있는 콘텐츠 개발이 반드시 필요함을 알 수 있다(닐슨코리아 디지털 미디어 본부).

또한 보안, 결제 솔루션의 발달로 인해 전자 상거래, 금융, 결제 서비스 영역이 크게 성장 하여 업계에서는 '엄지족 소비자'를 잡기 위한 경쟁이 치열해 질 것이다. 그러므로 모바일 시장의 변화에 발맞춰 스캐닝, 증강현실(AR), 가상현실(VR) 등 신기술이 결합된 서비스, 이용자 맞춤 서비스 등 차별화된 콘텐츠와 서비스 만이 모바일 시장에서 주도권을 선점할 수 있을 것이다.

최근 온라인 쇼핑에서 모바일 쇼핑이 급격히 증가하고 있는데, 통계청 자료에 의하면, 2017년 12월 온라인쇼핑 거래액은 7조 5,311억 원으로 전년(2016) 동월대비 21.3% 증가하였으며, 온라인쇼핑 거래액 중 모바일쇼핑 거래액은 4조 7,698억 원으로 33.6% 증가하였다.

〈표 5-1〉 온라인쇼핑 거래액 동향

(억원, %)

구 분	2015년		2016년		2017년				증 감 률	
	12월	구성비	12월	구성비	11월^{p}	구성비	12월^{p}	구성비	전월비	전년동월비
ㅇ 총 거래액	53,976	100.0	62,096	100.0	75,850	100.0	75,311	100.0	-0.7	21.3
모바일 거래액	27,347	50.7	35,707	57.5	47,595	62.7	47,698	63.3	0.2	33.6

전월대비 온라인쇼핑 거래액은 0.7% 감소, 모바일쇼핑 거래액은 0.2% 증가하였으며, 온라인쇼핑 거래액 중 모바일쇼핑 거래액 비중은 63.3% 차지하였다.

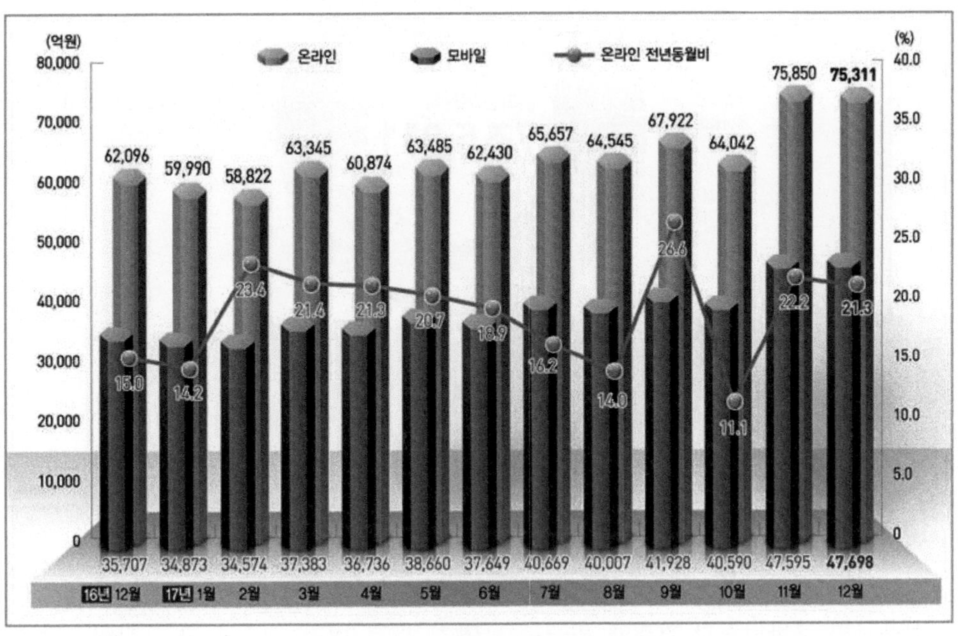

자료원; 통계청 보도자료, 2017년 12월 및 연간 온라인쇼핑 동향

[그림 5-1] 온라인쇼핑 거래액 동향

상품군별 거래액 구성비를 보면, 2017년 12월 온라인쇼핑 거래액 구성비는 전년 동월대비 음·식료품(2.7%p), 애완용품(0.2%p) 등은 확대되었으나, 생활·자동차용품(−1.6%p), 화장품(−0.8%p) 등은 축소 전월대비 여행 및 예약서비스(1.6%p), 유아·아동용품(1.0%p)등은 확대되었으나, 의복(−2.2%p), 가전·전자·통신기기(−1.6%p) 등은 축소되었다.

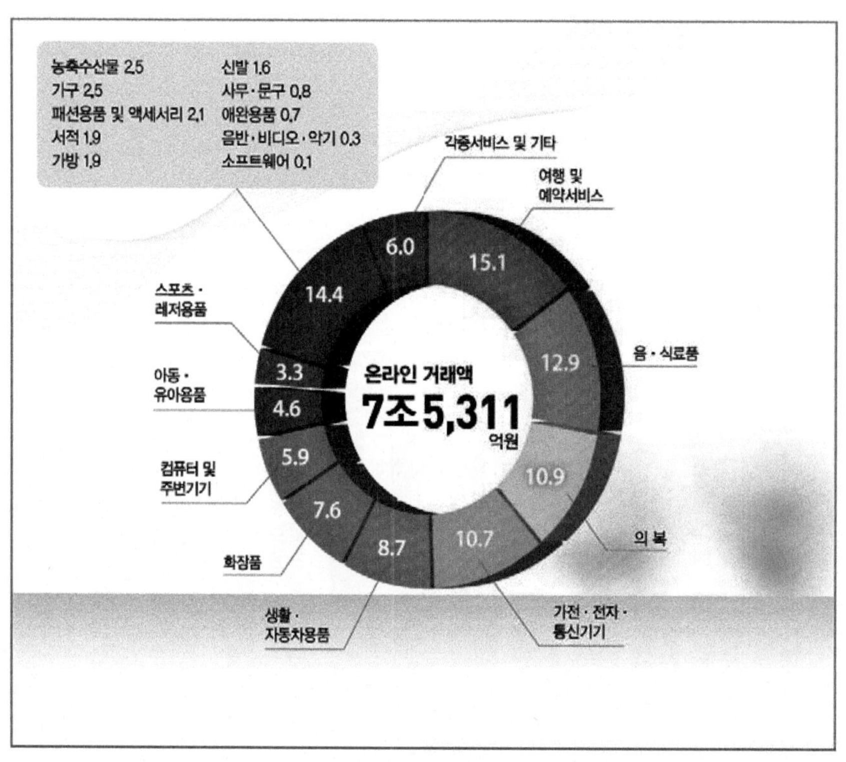

[그림 5-2] 상품군별 온라인쇼핑 거래액 구성비 (%)

상품군별 모바일쇼핑 거래액 비중을 보면 2017년 12월 상품군 별 온라인쇼핑 거래액 중 모바일쇼핑 거래액 비중은 지속적으로 증가하는 추세로 신발(76.5%), 아동·유아용품(76.2%), 음·식료품(76.0%) 순으로 높아졌다. 전년 동월대비 가구(15.6%p), 사무·문구(12.8%p), 음·식료품(9.3%p), 농축수산물(9.2%p) 등에서 크게 확대되었다.

전월대비 여행 및 예약서비스(3.3%p), 농축수산물(2.8%p) 등에서 확대되었으나, 애완용품(-1.5%p), 컴퓨터 및 주변기기(-1.2%p) 등에서 축소되었다.

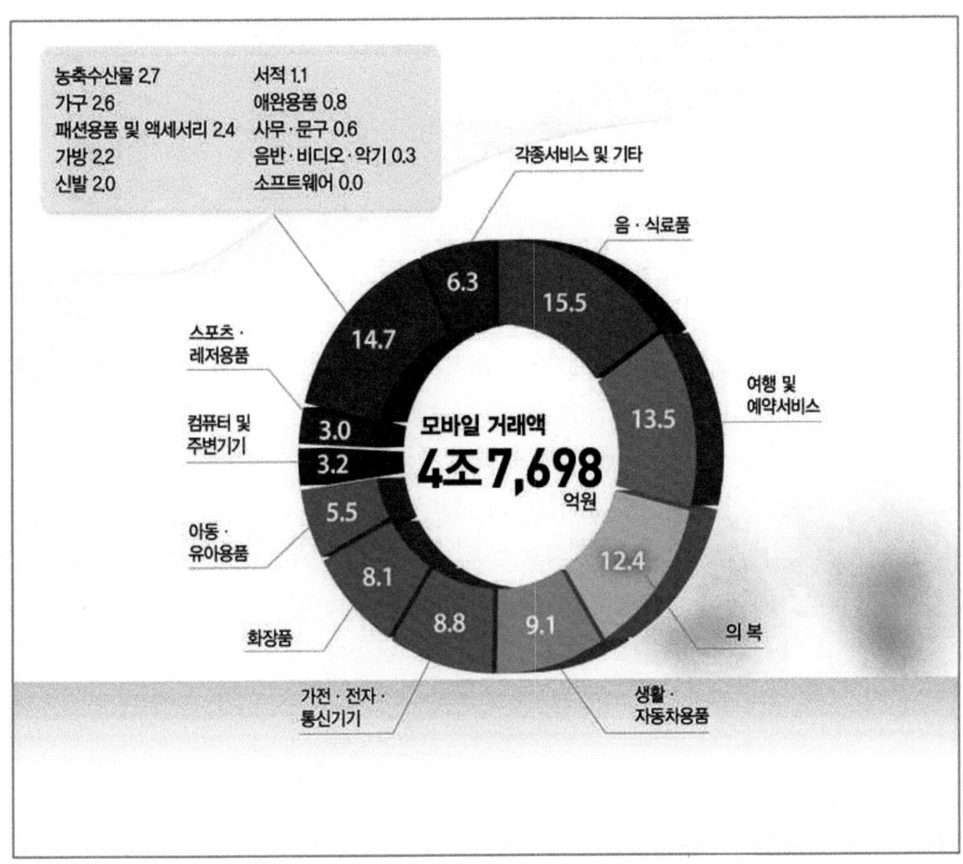

[그림 5-3] 상품군별 모바일쇼핑 거래액 구성비 (%)

이상의 자료에서 알 수 있듯이 온라인쇼핑 중 모바일쇼핑은 계속적으로 늘어날 것으로 예상할 수 있다.

사례 5-7

'커지는 엄지족'… 모바일쇼핑 10조 돌파

올 1분기 온라인쇼핑 거래액이 모바일쇼핑 성장세에 힘입어 사상 최고치를 경신했다. 온라인쇼핑에서 모바일이 차지하는 비중은 60%대에 육박했다.

통계청이 발표한 '2017년 3월 온라인쇼핑 동향' 자료를 보면 3월 온라인쇼핑 거래액은 1년 전보다 21.3% 늘어난 6조 3,257억 원을 기록해 월간 역대 최고액을 경신했다.

스마트폰 등을 이용한 모바일쇼핑 거래액은 37.6% 증가한 3조 7,318억 원으로 전체 온라인쇼핑 거래액의 59.0%를 차지했다.

분기별로도 1분기 온라인쇼핑 거래액은 전년 동기보다 19.4% 증가한 18조 1,911억 원으로 역대 최고액을 기록했다. 1분기 모바일쇼핑 거래액은 전년 동기보다 35% 증가한 10조 6,626억 원으로 온라인쇼핑의 58.6%까지 높아졌다. 3월 온라인쇼핑 거래액 중 가장 비중이 높은 상품군은 여행 및 예약서비스(14.7%)였다. 음·식료품(11.7%), 의복(10.5%) 등이 뒤를 이었다. 모바일 비중이 높은 상품군은 아동·유아용품(74.8%), 신발(73.2%), 음·식료품(72.9%) 순이었다.

자료원: hankyung.com , 2017.05.05. 기사편집

3. 옴니채널

옴니채널(Omni-channel)이란 '모든'을 의미하는 옴니(Omni)와 '경로'를 나타내는 채널(Channel)의 합성어로, 온·오프라인으로 양분되던 기존의 유통채널이 IT·모바일 기술 등과 융합돼 온·오프라인 경계 없이 고객에게 최선의 서비스를 제공하는 유통전략이라 할 수 있다. 옴니채널은 소비자가 온라인, 오프라인, 모바일 등 다양한 경로를 넘나들며 상품을 검색하고 구매할 수 있도록 한 서비스, 유통 채널의 특성을 결합해 어떤 채널에서든 같은 매장을 이용하는 것처럼 느낄 수 있도록 한

쇼핑 환경을 의미한다. 백화점 매장에서 홈쇼핑 제품을 입어보고, 온라인으로 장을 본 물건이 들어있는 렌터카를 편의점에서 수령하는 것 등이 그 예이다. 그러므로 옴니채널은 채널간의 유기적인 연계를 통해 동일한 고객이 어떤 채널을 방문하더라도 동일한 서비스와 혜택을 받을 수 있도록 채널들이 통합되어야 하고, 고객을 중심으로 채널들이 유기적으로 연결되어 일관된 커뮤니케이션 제공으로 고객 및 판매를 증대시키는 채널전략이 되어야 한다.

글로벌 시장 조사기관인 유로모니터는 옴니채널 범위를 기존의 오프라인 매장, 온라인 웹페이지, 모바일, 사물인터넷과 스마트워치(Smart Watch)를 활용한 플랫폼까지 포함되며, 영국을 포함한 서유럽 고객들이 옴니채널을 활용한 쇼핑패턴에 익숙해지고 있다고 하였다. 이런 현상은 미국에서도 마찬가지라 할 수 있다. 세계 최대 유통업체인 월마트는 자사 온라인 몰에서 주문 후 매장에서 수령하는 'Site to Store'나 주문 당일 매장에서 수령하는 'Pick up Today' 같은 다양한 배송 서비스를 제공하고 있으며, 메이시스(Macy's) 백화점 역시 '가장 앞서가는 옴니 채널 유통업체'를 기업의 비전으로 변경하고 유통업계 최초로 Chief Omnichannel Officer라는 새로운 직함의 임원을 임명하는 등 옴니채널 전략에 적극적 행보를 보이고 있다. Chief Omnichannel Officer는 메이시스가 운영하고 있는 매장, 웹, 모바일 등 여러 채널들이 잘 융합될 수 있도록 코디네이팅을 담당한다. 매장에 재고가 없는 품목을 그 자리에서 자사 온라인 몰에서 주문할 수 있게 'Search and Send' 프로그램을 운영하고 있고, 온라인 주문의 보다 빠른 배송을 위해 오프라인 매장을 온라인 몰의 물류센터로 활용하고 있다.

클릭 앤 콜렉트(Click & Collect) 서비스는 온라인에서 주문하고 매장에서 제품을 수령하는 서비스로 오프라인 유통업체가 온라인 경험을 매장에 접목시키는 대표적인 사례이다. 클릭 앤 콜렉트 서비스는 유통업체 입장에서는 배송비를 절감할 수 있고, 소비자의 매장 방문을 유도함으로써 매장에서 판매하는 다양한 다른 품목의 소비를 유인하는 기회를 확보할 수 있다. 소비자도 제품 수령 시 실물을 확인할 수 있어 그 자리에서 교환이나 반품이 가능하여 리스크가 적고 즉각적으로 제품을 소유할 수 있는 이점이 있다. 이러한 서비스는 월마트 이외에도 최근 매출 감소로 부진을 겪고 있는 영국 슈퍼마켓 분야 시장 점유율 1위인 테스코의 매출 회복 주요 전략으로 활용되고 있고, 한국 내 대형 유통업체에서도 활용하고 있다.

옴니채널에 의해 새롭게 등장한 쇼핑 패턴을 보면,

기존의 쇼핑 패턴인 온라인 탐색 후 온라인 구매, 매장방문 후 매장구매에서 온라인 탐색 후 매장 또는 온라인 구매라는 역쇼루밍과 매장 탐색 후 매장 또는 온라인 구매라는 쇼루밍의 새로운 쇼핑패턴이 등장하게 되었다.

옴니채널 이용의 증가는 소비자와 유통업체, 제조업체 모두에게 새로운 기회일 수 있다. 소비자 입장에서는 좀 더 저렴하고 편리한 쇼핑을, 제조업체에게는 유통업체를 통하지 않고는 소비자를 만날 수 없었던 과거를 뒤로 하고 제조업체 스스로 소비자들과의 접점을 만들 수 있는 기회를, 유통업체에게는 정체되어 있는 국내 유통 산업에서 새로운 성장 동력을 발견하는 기회로 활용될 수 있을 것이다.

한국에서의 옴니채널은 백화점, 마트, 편의점 등 다양한 형태의 채널을 보유한 롯데, 신세계 등 유통 대기업들을 중심으로 새로운 옴니 서비스를 선보이는 추세다.

여러 사례를 통해 옴니채널의 형태을 살펴보기로 한다.

사례 5-8

유통가 미래 '옴니'에 달렸다…핵심 키워드 급부상

최근 유통시장에서 온·오프라인 경계가 허물어지면서 '옴니채널'이 핵심 키워드로 급부상했다.

19일 업계에 따르면 롯데, 신세계 등 유통 대기업은 최근 오프라인 매장 중심의 외형 확대와 온라인 서비스 고도화에 집중하고 있다. 가격 경쟁과 4차 산업혁명 기술을 도입해 온라인 마케팅을 활발히 전개하는 한편, 체험이나 오락, 휴식 기능을 갖춘 오프라인 매장 수를 선보여 고객과의 접점을 늘린다는 전략이다. 특히 변화와 융합을 키워드로 하는 4차 산업혁명의 주요 기술 인공지능(AI), 가상현실(VR), IoT 등이 유통산업 환경과 서비스에 도입되는 추세다.

롯데의 경우 최근 '옴니해본적 옴니'라는 광고를 통해 본격적으로 옴니 서비스를 홍보하고 나섰다. 지갑이 필요 없는 모바일 결제 서비스 L페이, 원하는 시간에 원하는 곳에서 찾을 수 있는 스마트픽, 고객의 매장 위치를 기반, 쿠폰 및 정보를 제공하는 L팟, 주문 후 2시간 내 배송하는 스마트퀵 서비스 등이 대표적이다.

L페이의 경우 지문인증, 계산대 음파를 활용한 원터치 결제 서비스 등으로 최근 고도화됐다. 지난 7월 기준 결제액은 250억원으로 꾸준히 증가세를 보이는 중이다. 엘팟 역시 6월 말 고객 수신 쿠폰 수 244만건을 기록하며 저변을 넓히고 있다. 스마트픽의 경우 전국 5,000여개 세븐일레븐 매장에서 이용이 가능하며 월 주문건수 5만 2,000건, 주문금액 31억원 수준이다.

신세계그룹 역시 SSG닷컴으로 오프라인 기반 유통업체 가운데서는 가장 두드러진 성장세를 보이고 있다. 특히 지난 9월 이마트 온라인몰은 960억 원의 매출로 전년 동기 대비 34% 큰 폭 성장했다. 이마트(할인점) 매장이 9월 −3%의 역신장을 기록하고 창고형매장 트레이더스가 16.4%를 기록하는 같은 기간 눈에 띄는 실적이다. 1 ~ 9월 신장률 역시 27.3%를 기록해 이마트(할인점) 2.1%의 실적을 큰 폭으로 웃돌았다.

이 같은 변화는 해외에서도 활발히 이뤄지고 있다. 아마존은 지난 6월 오프라인에서 의류, 잡화 등을 직접 착용해보고 미리 살 수 있는 '아마존 프라임 워드로브 서비스'를 공개했다. 온라인으로 산 옷, 신발 등을 주문해서 입어본 뒤 마음에 들면 사고, 그렇지 않으면 반품하는 서비스다. 이 서비스는 유료 회원들을 대상으로 우선 적용돼 운영한다. 미국의 온라인 중고의류 판매업체 쓰레드업 역시 올해 말 기준 오프라인에 매장 5곳을 연다고 최근 밝혔다. 우리나라의 '중고나라' 격인 온라인 기반의 업체가 실제로 매장을 열어 접점을 만들고, 접근성을 높인다는 전략을 내놓은 것이다.

업계 관계자는 "옴니 채널이 미래 유통 시장의 키워드가 된 지는 오래됐다"면서 "얼마나 실생활에 편리하게, 또 빠르게 적용되는지가 관건이며 이 과정에서 효과적이고 트렌디한 홍보·마케팅 역시 성공여부를 가를 것"이라고 설명했다.

자료원: 아시아경제, 2017.10.19. 기사편집

사례 5-9

국내 최초 온·오프라인 결합매장, 롯데하이마트 '옴니스토어'

5일 리모델링을 마치고 새로 문을 연 경기 구리시 롯데하이마트 '옴니스토어'는 국내 가전 유통업계 최초의 온·오프라인 결합형 매장이다. 1층 매장 중앙에 위치한 '옴니존'에선 고객들이 전용 애플리케이션이 깔린 태블릿PC를 사용해 매장에 진열돼 있지 않은 가전제품까지 두루 살펴본 뒤 손쉽게 구입할 수 있다. 온라인 쇼핑몰과 비슷하지만, 인터페이스가 직관적이고 간단해 이용하기 편리하다. 특히 디지털 기기나 온라인 쇼핑에 어려움을 겪는 장노년층도 쉽게 이용할 수 있다. 옴니존에선 매장에 진열된 상품 수(5,000 ~ 7,000개)보다 훨씬 많은 8만여 개의 가전제품을 검색하고 곧바로 결제해 구입할 수 있다. 현장에서 수령할 수도 있고 배송 주문을 선택할 수도 있다.

옴니존을 이용해 전기밥솥을 구입했다는 이선경(27) 씨는 "예전에는 매장에 구입하려던 제품이 없으면 그냥 돌아왔는데 옴니존을 이용하니 매장에 없는 제품도 바로 구입할 수 있어 좋다"며 앞으로 자주 이용하겠다고 했다.

조성헌 롯데하이마트 옴니채널팀 팀장은 "'옴니스토어'는 온·오프라인의 장점을 결합한 신개념 매장이다. 직접 눈으로 확인한 후 구매하는 오프라인 구매 장점에 다양한 상품을 비교하며 선택할 수 있는 온라인의 장점을 결합했다"고 말했다.

1320㎡(약 400평) 규모의 '옴니스토어'구리역점은 옴니존의 편리함과 함께 일반 가전매장과 사뭇 다른 매장 분위기를 풍긴다. 100㎡ 규모의 북카페, 서점 겸 라이프스타일 매장, 다양한 휴식공간이 들어서 있어 복합문화공간과 유사하다. 이곳을 찾은 고객들은 책을 보다가 매장에 진열된 가전제품 쇼핑도 하고 커피를 마시며 휴식을 취하다 '옴니존'에서 태블릿PC를 통해 매장에 없는 제품을 주문하기도 한다.

롯데하이마트는 2016년부터 옴니존을 본격적으로 선보이기 시작해 규모를 확대하고 있다. 옴니존 매출은 2016년 1,350억 원에서 2017년 6,100억 원으로 대폭 늘었다.

자료원: 이투데이, 2018.01.17. 기사편집

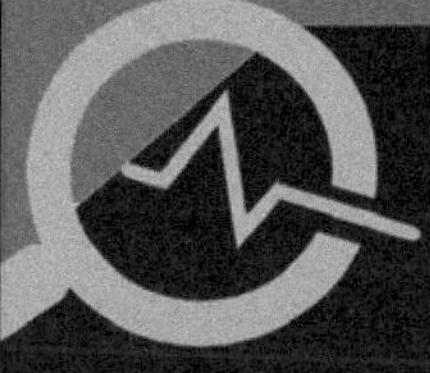

제 6 장

소매점 마케팅전략

유통관리

제6장 소매점 마케팅전략

세계적인 유통업체들의 글로벌한 마케팅 전략은 다양화된 소비자 욕구만족을 추구하는 기업의 마케팅활동을 더욱 어렵게 하고 있다. 컴퓨터와 인터넷 사용의 확산으로 새롭게 나타나고 있는 소매상들은 다양한 방법으로 소비자 욕구를 충족시키면서 기존 소매상의 성장을 어렵게 하고 있다. 그러므로 소매상이 고객을 끌어들이고 유지하기 위해서는 항상 새로운 마케팅전략을 추구해야 한다. 본장에서는 소매점 마케팅전략의 구성요소 [그림 6-1]에 대해 살펴본다. 소비자가 소매상에 기대하는 욕구를 파악하고 경쟁우위를 달성할 수 있는 세분시장을 목표시장으로 선정하고 그 시장에서 어떻게 포지션을 구축할 것인가를 결정하는 과정과 이를 위한 구체적인 소매점포믹스에 대해 살펴보기로 한다.

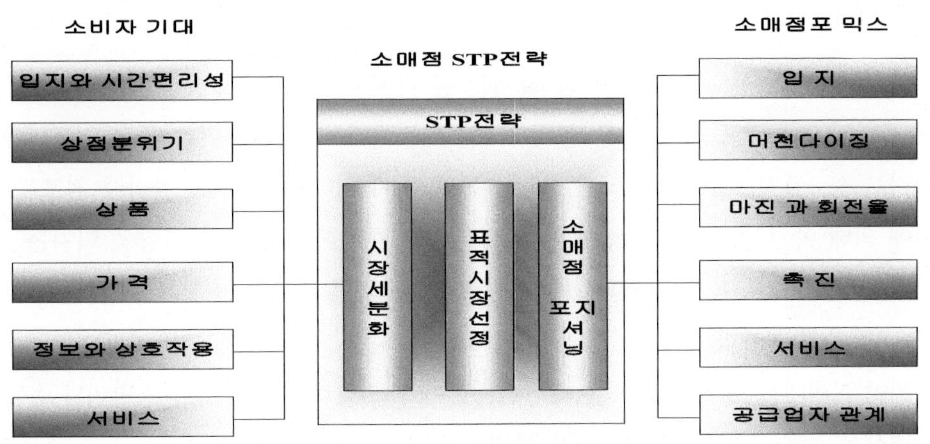

[그림 6-1] 소매점 마케팅전략의 구성요소

제1절 소매점 마케팅전략의 구성요소

1. 소비자기대

1) 입지와 시간 편리성

시간의 압박 속에서 살아가는 소비자들은 시간절약 행동을 추구할 것이다. 시간의 절약이 필요하다.

그러므로 가까운 곳에 위치한 점포, 편리한 시간대에 이용할 수 있는 점포를 원하게 된다. 특히 여성들의 사회활동이 급증하면서 시간절약은 더욱 중요한 요소가 되고 있으며 물리적인 거리보다 실제 구매에 소요되는 시간(travel time)이 더 중요하게 고려되므로 시간적 제약을 많이 받는 직장여성들은 쇼핑시간을 줄일 수 있다면 가격이 비싸더라도 접근하기 편한 소매점을 선호할 것이다.

입지는 소비자들의 특성에 의해서 많은 영향을 받는다. 예를 들어 비교적 시간의 여유가 있는 은퇴자는 쇼핑시간 보다는 저렴한 가격을 선호하며, 주로 자동차를 이용하는 소비자에게는 주차시설의 유무와 편리성이 영향을 준다. 주차시설의 중요성 때문에 대부분의 대형소매점에서는 여성전용 주차장을 설치·운영하고 있다.

2) 상점분위기

어떤 소매상이든 나름대로의 점포분위기를 가지고 있으며, 긍정적인 정서적 반응이 유발되도록 점포구매환경을 설계하려는 노력이다. 점포분위기는 주로 점포의 물리적 특성, 조명, 내부 인테리어, 색깔, 음악 등에 의해 형성된다. 따라서 점포분위기에 의해 야기되는 정서적 상태는 점포 내 쇼핑행동에 긍정적인 영향을 미치는 것이다. 일반적으로 빠른 템포의 음악과 느린 템포의 음악으로 인해 매출액의 차이가 나타난 것이 한계라 할 수 있다.

최근 N세대를 표적으로 하는 패션전문점이나 커피전문점 등에서 조명이나 음악, 실내장식 등을 이용한 점포분위기 차별화로 소비자를 끌고 있다.

3) 상품

소매점이 취급하는 소비재는 소비자의 쇼핑습관에 따라 편의품, 선매품, 전문품으로 구분된다. 이에 따라 소비자는 구매하려는 제품에 따라 소매상 선택을 다르게 하게 되므로 소매상은 취급하는 상품의 적절한 구색을 갖추어야 한다. 상품구색에 초점을 맞춘 소매상은 카테고리킬러나 소형전문점 등이 대표적 사례다.

4) 가격

소비자들은 점포의 포지션에 따라 취급상품에 대한 기대가격을 달리한다. 예를 들어 백화점의 명품관에서 판매하는 고가격 상품은 품질이 좋다는 인식을 가지며, 재래시장에서 판매하는 저가격 상품은 낮은 품질로 인식하고 있다.

점포선택에서 소비자의 기대가격도 중요하지만 기대가치(value expectation)도 중요한 요인으로 작용할 수 있다. 기대가치란 상품구매에 투입된 전체비용 중에서 지각된 제품·서비스의 질이 차지하는 비율이다. 최근의 전통시장의 활성화 정책으로 서비스 질을 높이는 전략에서 적용사례를 볼 수 있다.

5) 정보와 상호작용

많은 소비자들은 즉각적인 구매를 위해 혹은 미래의 구매를 위해 필요한 정보를 소매점에서 수집하기도 한다. 전문적 지식을 갖춘 판매원이 상품이나 서비스에 관한 보다 구체적인 정보를 제공한다면 소비자는 그 점포를 다시 찾게 될 것이다. 일부 소비자들은 다양한 사회적 욕구를 충족시키기 위해 쇼핑을 하는 경우를 볼 수 있는데, 이런 고객 유치를 위해 고급백화점의 VIP를 운영한다.

6) 서비스

소비자는 소매상이 제공하는 서비스의 양과 질에 대한 기대를 가진다. 배달, 설치, 보증, 판매 후 서비스, 수리, 신용거래 등이 소비자의 점포선택을 다르게 한다. 경쟁점포들이 취급하는 상품과 가격에서 차별화가 어려운 경우 이러한 점포서비스에 대한 고객들의 기대는 점포선택에 상당한 영향을 줄 수 있다.

소비자들이 높은 가격을 지불하고 백화점을 이용하는 것이나 용산전자상가에서 조립된 컴퓨터보다 상대적으로 고가인 대기업의 유명상표 컴퓨터를 취급하는 대리점을 선호하는 것은 이들이 보다 높은 서비스를 제공하기 때문이다.

사례 6-1

스타벅스, IT 활용 '디지털 마케팅'

스타벅스는 2018년 1월부터 일부 특수매장을 제외한 전국매장을 대상으로 모바일 앱을 통해 고객 불만을 처리하는 '스토어 케어 서비스'를 선보였다. 이 서비스는 고객이 매장에서 경험한 불편사항을 스타벅스 앱에 등록, 요청사항을 선택하면 매장직원이 이를 확인하고 대응하는 서비스다. 스타벅스는 고주파 장비를 통해 현재 고객이 있는 매장을 자동 인식해 등록하거나, 고객이 매장 내 QR코드를 스마트폰 카메라로 직접 인식시켜 매장을 등록할 수 있도록 개발했다.

아울러 스타벅스는 이르면 상반기에 SK텔레콤의 'T맵X누구'에 모바일 선주문 서비스인 '사이렌오더'를 연동한 음성주문 서비스도 공개할 예정이다. T맵 누구는 SK텔레콤의 모바일 내비게이션 서비스인 'T맵'에 인공지능(AI) 비서인 '누구'를 접목한 서비스다. 이 서비스는 운전자가 차를 타고 가던 중 T맵에 탑재된 사이렌 오더를 통해 가까운 스타벅스 매장을 찾아 음성으로 메뉴를 주문한 뒤, 스타벅스 드라이브 스루 점포에 들러 음료를 찾아가는 방식으로 구축될 전망이다.

한편 스타벅스커피코리아는 디지털마케팅팀, 스마트혁신팀 등 디지털 관련 조직의 인력을 늘리며 IT 기술을 활용한 주문·매장관리 시스템을 강화하고 있다. '스토어 365 시스템'을 통해 QR코드로 매장 제고와 검수품목을 점검하고 있다. 또 디지털 설문조사 프로그램인 '마이 스타벅스 리뷰'를 통해 서비스 개선과 신제품 개발 관련 의견을 접수, 반영하고 있다.

자료원: 디지털타임스, 2018.01.16. 기사편집

2. 소매점 STP전략

소매점은 소비자들의 소매점에 대한 욕구를 파악하여 그 기대 수준에 따라 소비자를 세분화하고 점포 특성에 적절한 세분시장을 목표시장으로 정하고 효율적으로 대응할 수 있는 포지셔닝전략을 추구해야 한다.

1) 시장세분화

시장세분화(Segmentation)란 상품 및 서비스에 대한 욕구가 유사한 소비자들을 몇 개의 소비자집단으로 집단화하여 나누는 것을 말한다.

소매점은 고객들의 기대수준, 인구 통계적 변수, 심리적 변수, 사회경제적 특성 등에 따라 시장을 세분화할 수 있다. 소매점에 유용한 세분화 기준변수는 제조업체가 이용할 수 있는 기준보다 훨씬 광범위하고 다양한 변수들이 시장세분화를 가능하게 한다.

2) 표적시장선정

표적시장 선정(Targeting)은 세분시장가운데 당 소매점이 가장 효율적으로 대응할 수 있는 시장을 선정한다. 즉 소매점은 자신의 능력에 적합한 세분시장을 표적시장으로 선정하는 경우, 사업범위, 자본능력, 경험 등을 고려하여야 한다.

표적시장이 결정되면 소매점은 입지, 머천다이징, 촉진, 서비스, 가격 등의 소매점포 믹스를 조합하여 표적시장에 적합한 포지셔닝을 결정하게 된다.

3) 포지셔닝

포지셔닝(Positioning)은 경쟁점포와 차별화할 수 있는 속성을 발견하고 소비자의 인식(머리)에 자리 잡는 작업을 의미한다. 여기서 소매점 포지션은 표적시장 내 고객들의 마음속에 경쟁점포와 비교하여 자사 점포가 상대적으로 차지하는 위치를 말한다. 고객들의 마음속에 차별화된 특성을 자리 잡게 하는 것이다. 즉, N세대를 표적시장으로 정했다면, 그들이 많이 모여드는 곳에 입지를 선택하고, 취급상품이나 서비스도 차별화해야 한다. 차별화 방법에는 기능, 이미지를 강조하거나 표적고객과 유사한 모델을 내세우는 방법 등이 있다.

3. 소매점포믹스

소매점의 시장세분화 전략이 결정되었다면, 구체적인 소매점포 믹스를 선택해야 한다. 소매점포 믹스 결정은 표적세분시장 내 소비자들의 욕구에 맞추어 소매점이 통제 가능한 소매 믹스 변수들(입지, 상품구색, 마진과 회전율, 촉진, 고객서비스)의 최적조합을 찾아내는 과정이다.

1) 입지

입지(Location)란 소매상이 어디에 위치하고 있느냐에 대한 것으로 소매상 성공의 가장 중요한 요소 중의 하나이다. 입지를 선정하려면 먼저 상권을 측정해야 한다. 상권이란 고객을 점포로 유도할 수 있는 잠재적인 지리적 영역을 뜻한다. 상권의 범위는 소매점이 취급하는 제품이나 서비스의 성격, 상품구색, 가격뿐 아니라 점포 내 특성, 상점의 밀집 정도에 의해서도 영향을 받음으로 장소의 선택은 소매상에게 성패를 좌우하는 것이다. 상권분석에 대한 내용은 제 12장에서 자세히 다루고 있다.

일반적으로 점포 입지 선택에서 고려해야 할 요소는 접근가능성, 교통량, 상권 인구의 규모와 분포, 소득수준, 경제적 안정성, 경쟁상황 등 여러 가지 요소를 고려해야 한다.

2) 머천다이징

머천다이징(Merchandising)이란 상품화 계획으로 상품 및 서비스를 적절한 장소에서 적절한 시기, 수량, 가격에 유통되는 것과 관련된 계획 및 통제를 의미한다.

소매상 머천다이징은 주로 매장에서 상품판매를 촉진하기 위한 모든 계획과 관리 기법을 의미하는데, 소매점이 표적고객의 욕구를 충족시킬 수 있는 상품을 선정하는 것이 중요하다. 그러므로 성공적인 머천다이징은 소매점 성공의 가장 중요한 요소 중의 하나이며, 표적시장의 기호 및 선호도를 빠르게 파악하여 고정관념에서 탈피한 모험정신으로 획기적인 변화에 의해 소매점을 성공으로 이끌 수 있을 것이다.

3) 마진과 회전율

마진(Margin)이란 소매점이 상품을 판매함으로써 얻을 수 있는 이익의 크기를 의미하며, 회전율(Turnover)은 일정기간 동안 평균재고가 판매되는 횟수를 의미하는 것으로 소매점의 두 가지 중요한 재무적 목표이다.

일반적으로 소매점은 고 마진/저 회전율 소매점과 최소한의 서비스만을 제공하는 저 마진/고 회전율 소매점으로 분류되는데, 최근의 지배적 추세는 저 마진, 고 회전율로 최소한의 고객서비스를 토대로 규모의 경제를 실현함으로써 점포효율성을 극대화하는 소매점의 성장이 두드러지고 있다.

4) 촉진

촉진(Promotion)은 표적고객의 구매를 유발하기 위해 소매점은 제조업자와 마찬가지로 광고, 인적 판매, 판매촉진, PR 등의 촉진믹스를 이용한다.

소매점은 촉진목적에 따라 각각의 촉진수단을 이용하는데, 장기적 성과를 개선하기 위해서는 점포이미지와 점포 포지셔닝를 개선하거나 서비스를 확대해야 하므로 광고, 홍보에 주력하며, 단기적인 영업성과 개선을 위해서는 새로운 고객을 끌어들이거나 기존고객의 충성도를 증가시킬 수 있는 판매촉진을 사용해야 한다.

5) 서비스

고객 서비스(Customer Service)란 소매점이 각기 상이한 표적고객들의 기대에 상응한 서비스 수준을 제공하는 것으로 저마진-고회전율을 추구하는 할인업태들의 부상에 따라 전통적 백화점이 수준 높은 고객서비스와 고품질·고가격의 디자이너 브랜드 도입을 통한 차별화를 추구하는 것 등이 그 사례이다.

6) 공급업자 관계

시장의 환경이 급변하는 최근 추세에 따라 유통경로상의 마지막 단계인 소매상은 상품공급을 확보하기 위해 그들의 공급업자인 도매상이나 제조업체와 긴밀한 관계를 유지하여야 한다. 일반적으로 공급업자와의 관계를 결정하는 것은 신제품이 개발되어 독과점 상태인 경우 전속대리점 계약이 제조업자나 소매상에게 유리하다. 제조업자는 신기술의 사후서비스를 안정적으로 제공할 수 있고, 소매상은 독과점 제품의 수요를 지역적으로 독점할 수 있어서 유리하나, 경쟁이 심화되어 공급업체가 늘어나면 오히려 약점이 될 수 있으므로 경쟁상황에 따라 공급업자와의 관계를 관리하는 것이 필요하다.

사례 6-2

상품전략 개편한 롯데마트

롯데마트가 전통적인 대형마트의 대용량, 저가격, 풍부한 상품 구색이라는 판매 공식을 깨고 상품 전략을 다시 쓴다. 이번 상품전략 변화는 고객 소비 패턴과 매출 빅데이터의 분석, 일본과 미국 등 해외 사례 조사를 기반으로 해 대형마트의 가장 큰 장점인 신선식품과 즉석식품의 차별화를 통한 오프라인 유통업체의 생존전략으로도 볼 수 있다.

상품 포장·진열·가격 등 전면 개편

초고령 사회의 도래 및 1인 가구의 증가는 최근 혼자서 밥을 먹는 '혼밥', 혼자서 술을 마시는 '혼술' 등 신조어의 등장이 말해주듯 소용량, 소포장 상품과 HMR(Home Meal Replacement, 가정간편식) 등의 상품이 매출을 이끌고 있다. 이에 롯데마트는 보건복지부 1회 권장 섭취량, 농업진흥청 요리정보, 해외 사례 및 요리 전문가들의 의견 수렴을 통해 기존 애매했던 '1인분'의 기준을 재정립하고, 고객이 1～2회 만에 소비하는 분량을 소용량 상품의 기준 규격으로 새롭게 설정했다. 수박의 경우 기존 8～9kg의 원물의 1/4 수준인 2kg으로 규격을 정했다. 또한 소 등심(구이/불고기)의 경우 보건복지부 1회 권장 섭취량은 60g, 농업진흥청 요리정보는 150g으로 일반적으로 요리전문가가 구이용으로 사용하는 150g으로 규격화 했다. 이러한 상품 규격 설정과 더불어 상품의 포장 방식 역시 개선해 수박은 조각 수박 전용 팩으로, 소 등심은 전용 트레이를 활용한다. 기존에 랩을 활용한 포장 방식이나 상품과 맞지 않는 트레이 등은 취급하지 않을 예정. 더불어 과일의 경우 소포장 컵 RRP(Retail Ready Package) 집기 등도 새롭게 운영할 예정이다.

소용량·소포장 상품 고회전 구조 확립

또한 롯데마트는 필요 용도에 따른 균형적인 구색 압축으로 소용량 상품의 진열을 확대하는 한편 고회전 구조를 확립하기 위해 원물 대비 110~120% 수준의 파격적인 가격 전략도 세웠다. 일반적으로 소용량, 소포장 상품의 경우 원물을 소분하는 인건비와 별도 패키지 비용, 소분 후 선도 관리 등으로 인해 가격이 원물 대비 130~160% 수준으로 높았다. 한 통에 1만원 짜리 수박의 1/4통이 원물 가격(2,500원)의 150% 수준인 3750원 가량인 셈이다. 롯데마트는 유통BU 단위의 원물 공동소싱을 통한 물량 확대, 패키지 공동 구매, APC(Agricultural Processing Center, 농산물 가공 센터) 내 소포장 라인 신설 등의 다양한 시스템 개편을 통해 기존 소용량 상품 대비 20% 이상 가격을 낮춰 통상 비싸다고 인식되는 소용량 상품에 대한 인식변화를 꾀한다.

HMR(Home Meal Replacement, 가정간편식)이 완성품을 의미하는 것과는 달리 밀 솔루션은 완성품 및 반조리 형태의 간편식, 요리재료, 조리 준비 등 식생활과 관련된 모든 문제를 해결한다는 의미의 용어다. 가정간편식보다 보다 넓은 의미로 쓰이며 2015년 말 롯데마트는 밀 솔루션 브랜드 '요리하다(Yorihada)'를 론칭했다.

자료원: 머니S, 2017.8.16. 기사편집

제2절 유통업체 상표전략

1. 유통업체브랜드(PB)의 성장배경

대형마트에서 쇼핑을 하다보면 제조업체 상품보다 PL(Private Label; PB; Private Brand; SB; Store Brand) 제품이 차지하는 비중이 갈수록 많다는 것을 실감하게 할 만큼 거의 모든 상품이 PB 상품으로 보일만큼 많은 것을 볼 수 있다. 특히 대형마트의 다점포화로 어느 지역을 가든지 PB상품을 구매할 수 있으며 품질 면에서도 제조업체브랜드(NB: National Brand)와 대등한 수준으로 소비자 선호도가 증가하고 있다. 성장배경을 구체적으로 살펴보면

첫째, NB에 비해 유통업체에게 더 높은 수익을 보장하고, 특정점포에서만 독점 판매되므로 치열한 가격경쟁을 피할 수 있으며, 품질 좋은 PB의 이미지를 구축하여 점포애호도 (store loyalty)를 높일 수 있다는 점이다.

둘째, 최근 들어 NB와 PB의 품질에 차이가 거의 없다는 점이다.

셋째, 가공식품류, 세제류, 건강보조상품 등, 전국적 점포망을 갖춘 대형마트, 회원제도매클럽 등의 신업태가 성장하면서 PB상품을 개발할 유인이 커지고 있으므로 여러 제품군으로 PB의 영역이 확대되고 있다는 점이다.

2. 유통업체브랜드(PB)의 도입조건

1) 상품의 특성

가격이 저렴하고 위험이 적게 수반되는 저관여제품, 매출규모가 크고 증가세에 있어서 유통업자의 수익이 보장되는 상품, 소수의 제조업체에 의해 지배되는 제품군이어서 유통업체가 이들에 대한 소비자 의존도를 감소시키는 촉진 노력이 쉬운 제품이면 성공가능성이 높다.

2) 신제품 개발요인

제조업체 상표의 다양성이 크지 않아서 유통업체가 좁은 상품구색으로도 쉽게 NB의 대안이 가능하거나, NB의 신제품개발이 빈번하지 않고 NB를 쉽게 모방할 수 있는 경우, 소비자가 NB와 PB를 쉽게 비교할 수 있는 경우에 도입한다.

3) 가격과 판촉요인

소매마진이 크거나 NB와 PB간의 가격차가 큰 경우, 가격판촉이 빈번하여 소비자의 가격민감도가 크고 상표전환을 부추키며 NB의 가격에 대한 신뢰가 낮은 경우, NB의 광고가 활발하지 않은 경우에 PB 도입이 유리하다.

4) 유통업체 특성

유통업체가 과점적 위치에 있어서 NB제품이 높은 가격에 팔릴 수 있거나 유통업체의 규모가 크고 고품질의 PB를 개발할 능력을 가지고 있다면 유통업체 상표가 성공할 가능성이 크다.

3. 유통업체브랜드(PB)의 유형

1) 무상표품

상표명이나 제품에 관한 정보가 없는 상품으로, 초저가, 비차별화를 추구하고 가격은 NB대비 20～50% 저렴함

2) Premium PB

최고의 가치를 추구, 가격은 NB와 같거나 경우에 따라 더 비쌈, 품질도 NB와 같거나 때에 따라 더 양질임

3) 모방PB

저가의 NB제품을 모방한 me-too제품으로, 가격은 NB대비 5～25% 저렴함

4) Value innovator category

가격대비 최고의 품질, 같은 품질의 NB 제품에 비해 20-50% 저렴함, 혁신적 제품 등이 있다. (예 Zara, IKEA 등).

4. 소매업체의 PB성공전략

모방 PB전략을 추구하는 소매업체의 경쟁우위 전략은 자체 R&D 투자를 최소화하고 NB의 R&D에 편승하여 가격비교, 점포내 판촉(point of purchase promotion)을 공격적으로 수행한다. 또한 package, 포장 등을 1위 브랜드와 유사하게 하고, 시장 지배적 NB제조업체와 관계에서 강력한 유통파워를 행사할 수 있어야 한다.

프리미엄PB전략을 추구하는 소매업체의 경쟁우위 전략으로 광고를 통해 호의적 브랜드이미지를 구축하고, 독특한 맛, 차별화된 내용물, 고급 포장 등을 활용한 차별화 전략을 구사할 수 있어야 한다. 또한 비용, 제품개발력에 있어 최고의 제조업체와 파트너십을 형성할 수 있어야 한다.

사례 6-3

대형마트 3사, PB전쟁

대형마트 3사의 PB(Private Brand·자체 제작 브랜드) 경쟁이 뜨겁다. 경기 불황과 소비침체, 각종 규제로 정체기를 겪고 있는 유통사들이 자체 제작 상품을 새로운 성장동력으로 점찍고 경쟁력 강화에 나선 것이다. PB상품이란 유통업체가 제조업체에 의뢰해 생산한 제품에 자체 상표를 붙여 파는 상품을 의미한다.

초기 감자칩 등 과자 및 일부 생활용품을 선보이던 노브랜드는 현재 우유와 라면 등 대표식품부터 욕실·청소용품, 세제, 침구 등 전 카테고리에서 1,000여 종의 제품을 선보이고 있다. 2017년 9월에는 노브랜드 TV를 출시하며 식품군에 주력했던 노브랜드의 상품 영역을 가전으로까지 확대했고, 단독 노브랜드 전문점도 늘려가고 있다. 2016년 8월 첫 선을 보인 오프라인 노브랜드 전문점은 현재 50여 곳에 달한다.

이마트의 간편가정식 PB인 '피코크'는 2013년 340억 원이었던 매출이 2016년 1,900억 원으로 5배 넘게 커졌다. 출시 초반 200여개였던 상품 수는 한식에서 일식·중식·양식·디저트 등으로 다양화되며 1,000여개로 늘어났다.

롯데마트는 자체 브랜드인 '온리프라이스' 제품을 2017년 현재 134개에서 2018년 하반기까지 405개로 늘려 1300억원의 매출을 달성하겠다는 목표를 내놨다. 2003년 PB 브랜드 '와이즐렉'을 선보였으나 흥행에 실패했고 '초이스엘'과 '요리하다' 등의 브랜드가 있지만 큰 인기를 끌지 못했다. 롯데마트는 990원, 9,900원 등 10원, 100원 단위가 아닌 1,000원 단위로 가격을 책정하며, 모든 제품 패키지에 가격을 명기해 소비자가 쉽게 인지할 수 있도록 했다. 품질은 높이되 가격은 일반 제조업체가 생산하는 NB 상품보다 평균 35% 낮은 수준을 유지한다.

PB 브랜드 '싱글즈프라이드'를 운영 중인 홈플러스는 협력사들과 손잡고 단독 상품을 선보이는 데 주력한다. 중소 수제 맥주업체 세븐브로이와 강서맥주, 달서맥주 등 지역 맥주를 선보인 것이 대표적 사례다. 특히 신선식품 분야에 집중하며 지난해부터 품질 관리가 뛰어난 농가 대상의 '신선플러스 농장' 인증제를 도입하는 한편, 국내외 산지부터 식탁에 이르는 유통 전 과정을 개선하는'신선의 정석'캠페인을 펼치고 있다.

대형마트의 PB상품 개발은 유통사 입장에서 자체 브랜드를 개발해 수익성을 높이고 중소 제조업체는 판로를 확대할 수 있다는 면에서 보면 윈·윈이다. 하지만 장기적으로 대형 유통사들의 시장 지배력을 강화시켜 중소 제조업체들의 입지가 좁아질 수 있다는 우려가 따른다. 브랜드 파워가 약한 중소 제조업체들이 안정적인 수익과 판로 확보를 위해 대형마트의 PB상품을 만들고 있지만, 고유 브랜드를 키우지 못하고 자생력을 잃어버릴 수도 있다는 것이다. 유통업계 관계자는 "아직은 대형마트 전체 매출 중 PB상품 매출 비중이 25% 수준이지만 유통사들이 PB 발굴에 적극 나서고 있다는 점에서 향후 확대 가능성이 크다"며 "납품 제조업체와의 이익배분 구조나 불공정 거래행위 여부를 꼼꼼히 살펴봐야 할 것"이라고 말했다.

자료원: 주간경향1254호, 2017.12.05. 기사편집

제7장

도매업과 도매상

유통관리

제7장 도매업과 도매상

도매업(wholesaling)이란 주로 소매상이나 다른 상인 혹은 상업적 목적으로 구매하는 고객에게 상품을 판매하기 위하여 상품을 대량으로 구매하거나 판매하는 사람 또는 조직의 활동을 말한다. 도매업은 생산자와 소매상 사이에서 상품유통의 중간적 역할로 매우 광범위한 활동을 수행하는 것이다. 즉, 상품의 생산시기와 장소, 소비시기와 장소의 불균형을 극복해주는 역할을 하는 것이다. 도매업의 취급상품은 생산재와 소비재의 양쪽 모두이며, 유통단계 중에서 소매업을 제외한 모든 과정은 도매업의 분야라 할 수 있다.

도매상(wholesaler)이란 도매활동을 수행하는 상인을 의미하는데, 유통경로 구성원으로서 중요한 기능을 수행하지만 유통분야 중 가장 낙후된 분야로 유통경로상 도매상은 전문화, 대규모화 및 집적화, 거래방법의 개선, 전문 인력의 양성 등을 통해 활성화할 필요가 있다.

본 장에서 도매상의 정의와 기능, 도매상의 유형에 대해 살펴보기로 한다.

제1절 도매상의 정의와 기능

1. 도매상의 정의

도매상은 재판매 또는 사업을 목적으로 구매하는 개인이나 조직에게 상품을 판매하고 이와 관련된 활동을 수행하는 상인으로 대부분의 도매상들이 최종소비자에게도 판매하는 소매기능을 병행하고 있으며, 일부 대형소매상들이 도매기능을 수행하기도 하기 때문에 도매상을 정확하게 규정하기가 쉽지 않을 정도로 다양한 형태를 갖는다. 도매상은 분류 명칭에 있어서도 중개상, 중간상, 배급업자, 브로커, 대리인 등으로 부르고 있다.

미국의 통계청 분류에 의하면, 도매상을 '소매상이나 다른 도매상, 산업재구매자 등의 조직구매자에게 판매하는 활동을 주로하고, 최종소비자에 대한 판매비중은 낮은 유통기관'으로 분류하였다.

미국의 도매상은 한때 유통분야를 장악할 정도로 발달하였다. 미국은 국토가 넓어 제조업자와 소매상으로는 전국을 커버할 수 없기 때문에 도매상이 발달할 수밖에 없었다. 그러나 최근 들어 소매상의 규모가 커짐에 따라 도매상을 거치지 않고 제조업자와 소매상이 직접 거래하는 비중이 늘어나고 있으며, UPC와 Federal Express 등과 같은 운송업체가 저렴한 비용으로 배달을 해주기 때문에 도매상의 존립에 어려움을 겪고 있다. 일본이나 유럽에서도 한 때 발달하고 성장했던 도매상들이 대규모 소매상의 출점으로 미국과 비슷한 상황이다.

한국의 '도소매진흥법'에서는 "최종소비자에게 판매되는 비중이 50% 미만일 때 도매상으로 간주한다."라고 정의하였다.

한국의 도매상은 소매상에 비해 점포 수나 종업원 수는 적으나 점포당 규모는 커서 매출액면에서는 소매상보다 크나 수익은 훨씬 적으며, 국토가 협소하여 제조업자나 소매상이 최종소비자와 직접 접촉할 수 있고 또 제조업자의 수직적 계열화로 도매상이 발달할 수 있는 기반을 마련하지 못했고, 영세한 소매상을 대상으로 하는 활동이므로 영세할 수밖에 없었다. 또한 유통시장의 개방과 대형 할인점의 성장으로 막강한 구매력을 갖게 된 대형 소매상들이 제조업자와 직접 거래하면서 도매시장을 축소시키고 있다.

사례 7-1

유통환경변화와 농산물도매시장

농수산물 도매시장은 투명하고 원활한 수집과 분산 활동을 통해 소비자와 생산자를 보호하고 국민생활의 안정을 도모하기 위해서 설립된 목적 지향적이고 정책지향적인 시장이다. 해방 이후 우리나라 농수산물도매시장의 변화과정은, 산지와 소비지의 유통환경변화에 따른 도매시장의 기능과 역할 변화라는 측면에서 크게 3개의 시기로 나눠 볼 수 있다.

첫 번째 시기는 해방이후 1985년 가락시장 개전 이전 시기로 유사도매시장이 농산물유통의 다수를 지배하고 있던 시기이다. 유사도매시장 중심의 농산물 유통 체계는 크게 〈영세한 소규모 생산자 → 산지반출상인 → 도매시장(위탁상이 수집과 분산기능을 통합) → 영세한 소규모 소비지시장 → 소규모소비자〉라는 5개의 유통경로와 2개의 도매유통기능 형태가 일반적이었다. 이 시기 농산물 유통의 가장 큰 문제는 생산자에 대한 위탁상의 수요독점, 소비지에 대한 위탁상의 공급독점 즉 위탁상의 쌍방독점에 의한 폐해가 매우 큰 사회적 문제로 등장하고 있던 시기라고 할 수 있다. 해방 이후 우후죽순 확산되기 시작한 유사도매시장의 시장 점유율은 1972년의 65%에서 1977년에는 73.7%로 크게 확대되었다.

두 번째 시기는 가락시장 개장 이후 1996년 유통시장 개방 이전 시기로 공영도매시장이 농산물유통의 중심이 돼 온 시기이다. 공영도매시장 중심의 농산물 유통체계는 크게 〈영세한 소규모 생산자 → 도매시장(수집과 분산기능을 법인과 중도매인으로 분리) → 영세한 소규모 소비지시장 → 소규모 소비자〉라는 4개의 유통경로와 2개의 도매유통기능 형태가 일반적이다. 정부는 1985년 가락동농수산물도매시장을 개장했다. 특징적인 내용으로는 상인의 마케팅파워에 의해 영세한 산지가 피해를 받지 않도록 민간법인은 수탁을 통해 수수료 수입만을 목적으로 하는 수수료상인으로 제한했다. 민간법인에게는 산지의 생산물을 대행 판매하도록 하는 공익적 기능만을 부여해 산지에 대한 수요독점 현상을 폐지시켜 나갔다. 이 시기의 주요 성과로는 유사도매시장(위탁상)의 존치에도 불구하고, 공영도매시장의 시장경유율이 50% 이상을 상회할 정도로 공정하고 투명한 거래관행이 정착돼 왔던 시기라고 할 수 있다.

세 번째 시기는 1996년 유통시장 개방 이후 현재까지 대형유통자본이 먹거리 시장 전체의 중심이 돼 온 시기이다. 대형유통업체 중심의 유통체계는 크게 〈영세한 소규모 생산자 → 도매시장(수집과 분산기능을 분리) → 대규모 유통업체 중심의 소비지시장 → 소규모 소비자〉라는 4개의 유통경로와 2개의 도매유통기능 형태가 지속되고 있다. 새로운 형태의 거래조건(4定 : 定品, 定量, 定價, 定時)이 일반화되고 있고, 산지와 도매시장 모두 생산과 유통에서 대형유통업체의 요구를 무시할 수 없는 상황으로 바뀌어 나갔다. 이러한 현상은 여전히 조직화되지 못한 영세 생산자들의 개별 출하 형태와 이에 따른 도매시장 내 현대적 수집 기능의 미비, 규모화 되지 못한 대부분의 소규모 영세 중도매인의 시장 대응력 상실, 소비지의 니즈에 대응하기 위한 거래시스템 도입여건의 부재 등으로 나타나면서 도매시장의 위기 현상을 부추기는 주요 요인이 되고 있다.

자료원: 농수축산신문, 2017.11.28, 기사편집

2. 도매상의 기능

도매상은 중간 마진만 취하는 불필요한 유통기구로 도매상의 배제를 주장하기도 하지만 도매상이 수행하는 그 기능은 없앨 수 없다. 그러므로 도매상이 기능을 효율적으로 수행함으로써 창출하게 되는 부가가치를 찾아야 한다. 도매상이 부가가치를 창출하기 위해 수행하는 기능은 제조업자를 위한 기능과 소매상을 위한 기능으로 나누어 살펴보기로 한다.

1) 제조업자를 위해 도매상이 수행하는 기능

(1) 시장포괄기능

시장포괄기능(market coverage function)은 도매상이 지리적으로 넓게 분포되어 있는 수많은 소매상들에게 다양한 상품을 공급한다. 즉, 제조업자는 도매상을 이용하여 저렴한 비용으로 보다 넓은 지역에 상품을 공급하는 것이다. 그러므로 소비자들은 전국에 어디를 가든 동일한 상품을 소규모소매상(예를 들면: 동네가게)에서도 구매할 수 있게 되는 것이다.

(2) 판매접촉기능

판매접촉기능(sales contact function)은 도매상이 없다면 제조업자는 전국적으로 판매지점이나 사무소를 개점하거나 직접 소매상에게 제품을 가져다주어야 함으로 부담하게 될 많은 비용을 줄여주는 기능이다. 도매상이 제조업자를 대신해서 소매상과 직접 거래하므로 제조업자는 비용부담과 위험을 감소시키는 효과를 얻을 수 있는 것이다.

(3) 재고보유기능

재고보유기능(holding inventory function)이란 도매상이 제조업자의 상품을 상당부분 재고로 보유함으로 제조업자의 재고보유로 인한 재무적 부담과 위험을 감소시켜주는 역할을 하는 것이다.

(4) 주문처리 기능

주문처리 기능(order processing function)은 여러 회사의 제품을 구비한 도매상들이 다수의 소매상들의 소량 주문을 보다 효율적으로 처리해 준다는 것이다. 즉, 소량구매를 원하는 소매상에게 제조업자가 직접 주문을 받을 때마다 발생할 비용을 감소시켜주는 역할을 한다.

(5) 시장정보제공기능

도매상들은 제조업자들보다 고객들과 가까이 할 수 있으므로 제품이나 서비스에 대한 소매상이나 소비자의 욕구를 쉽게 파악하여 제조업자에게 제공함으로써 제조업자의 마케팅전략 수립에 도움을 주는 시장정보제공기능(gathering market information function)을 수행한다.

(6) 소매상지원기능

소매상지원기능(customer support function)이란 도매상을 통해 제품을 구매한 소매상들이 제품구매 이외에 제품의 교환, 반환, 설치, 보수, 기술적 조언 등을 필요로 한다. 이러한 서비스를 도매상이 제공함으로써 이에 따르는 비용 절감을 통해 생산성 향상에 도움을 준다.

2) 소매상을 위해 도매상이 수행하는 기능

(1) 제품공급가능성기능

제품공급가능성기능(product availability function)은 도매상이 소매상에게 제공하는 가장 기본적인 기능으로 소매상이 제품을 필요로 할 때 공급해 줄 수 있는 역할이다. 제품의 완제품뿐만 아니라 부품, 조립, 설치 등에 필요한 충분한 재고유지 등으로 소매상에게 제품이용 가능성을 높여 준다.

(2) 구색편의기능

구색편의기능(assortment convenience function)이란 다수의 제조회사로부터 제품을 구입하여 소매상이 편리하게 구매할 수 있도록 구색을 맞춰주는 역할을 한다. 따라서 소매상은 여러 번 주문하지 않고 전문화된 도매상으로부터 한 번에 구매할 수 있도록 거래를 단순화할 수 있는 것이다.

(3) 소단위분할기능

단위분할기능(bulk breaking function)이란 제조업자로부터 대량주문을 한 도매상이 제품을 소량으로 분할하여 소매상들의 필요로 한 량만큼 공급하는 기능을 수행하는 것을 의미한다.

(4) 신용 및 금융기능

신용 및 금융기능(credit & financial assistance function)이란 도매상이 제조업자에게서 상품을 구입할 때 대금을 지급하지만 소매상에게는 외상판매를 통해 소매상의 자금 부담을 덜어주며, 소매상이 필요로 하는 상품을 재고로 유지하면서 소매상이 필요할 때 상품을 제공함으로써 소매상의 재고비용을 절감시키는 역할을 해준다.

(5) 소매상서비스기능

소매상서비스기능(customer service function)은 소매상들이 요구하는 배달, 수리, 보증 등에 관한 서비스를 제조업자 대신 제공함으로써 소매상들에게 효율적인 판매활동을 할 수 있도록 지원하여 소매상들의 노력과 비용을 감소시켜준다.

(6) 조언 및 기술지원 기능

도매상은 소매상이 갖추지 못한 부분에 대한 기술제공과 경영 및 상품에 대한 조언 및 기술지원 기능(advice & technical support function)을 통하여 마케팅 전략(상품에 대한 가격결정, 광고 촉진물, 숙련된 판매원의 지원, 점포 레이아웃 등)과 시장변화에 대한 적응방법, 소비자관리 등에 관한 조언 및 자원을 제공한다.

사례 7-2

도매시장 100% 활용법

도매시장은 산지와 소비지를 연결하는 곳이다. 산지별로 다른 가격 등락폭을 최소화 하도록 조율하는 역할을 한다. 그런 도매시장이 변하고 있다. 2015년 말부터 시설 현대화를 통해 청결함과 편리성 등을 내세우고, 전자경매·이미지경매 등 다양한 방법으로 직접 경매에 참여하지 않고도 상품을 구매할 수 있도록 서비스를 개선하고 있다. 최근 대형유통업체를 필두로 유통단계 축소와 생산이력제 등을 이유로 산지직거래 유통방식이 늘고 있다. 그러나 도매시장을 애용하는 업체들도 여전하다. 그들은 도매시장은 전국, 세계의 산지 정보가 모두 모이는 곳이라고 말한다. 원스톱으로 원하는 모든 물건을 빠르게 구매할 수 있는 것도 이용 요인이다. 유통업체가 도매시장을 십분 활용할 수 있는 방법을 취재했다.

- 공급망 정보 활용하면 브랜드 가치 올릴 수 있다

가락동 농수산물 종합도매시장(이하 가락시장)의 부지는 54만 3,451㎡로, 도매시장 중 최대 규모를 자랑한다. 일평균 거래물량은 7,300톤, 하루에 약 13만 명이 가락시장을 오간다. 규모가 큰 만큼 바이어가 가락시장을 이용하는 방법도 채널마다 각양각색이다. 중소형마트 바이어는 경매장을 주로 찾고, 대형유통업체는 가락시장의 도매법인과 정가수의매매방식으로 거래한다.

가락시장 현대화 사업으로 주차난 해소

소분·소포장 상품의 식자재를 도·소매할 요량으로 작년에 문을 연 가락몰은 농산, 수산, 축산 등의 품목뿐만 아니라 장, 젓갈류, 반찬까지 갖춰져 있다. 지난해에는 14만 품목을 갖췄으며 올해는 20만 품목을 갖출 계획이다.

가락몰 지하 3층부터 지상 3층까지 주차장이 마련되며 약 2,000여대의 차량이 주차할 수 있게 됐다. 가락시장 중도매인인 이경우 복일농산 대표는 “식자재를 많이 구매하기 때문에 주차가 가장 중요하다. 고객 전용 주차장이 마련돼 오고 가기가 용이할 뿐만 아니라 식품 또한 많이 실을 수 있어 편해졌다.

대형유통업체 ‘정가수의매매’로 식품 유통

대부분의 대형유통업체는 업체가 직접 산지를 관리하고, 작물의 품질을 신경쓰며 산지 직거래하는 것이 중심이 되는 시스템이다. 그러나 가맹점주가 산지와 거래하지 않는 품목을 발주하는 상황이 생기면 가락시장을 이용한다. 이때 주로 중도매인이나 도매법인을 통해 정가수의매매방식으로 식자재를 유통하고 있다. 이창현 롯데마트 과일팀 MD는 “도매법인과 거래를 하면 중간 유통과정에서 수수료가 발생한다. 산지와 직접 거래하면 농가에 일정한 품질의 작물을 받기가 수월하다. 시장에는 시세의 편차가 존재해 소비자가의 안정성을 위해 산지와의 거래를 중심으로 하고 있다”고 이유를 밝히기도 했다. 반대로 산지와 직접 거래하다 법인의 손을 빌려 유통하는 사례도 점차 늘어나는 중이다. 심석보 서울청과 마케팅팀 대리는 “직거래를 하다 여러 가지 문제가 발생하는 경우가 많았다. 대금 문제나 훼손 상품에 대한 처리 등 문제가 많아서 농가와 업체 양쪽에서 손을 놓아버렸다”며 도매법인의 역할을 강조하기도 했다.

바이어, 세분화된 시세 현황 요청

전자화로 인해 홈페이지에서 실시간으로 경매 현황을 확인할 수 있게 된 것도 최근 개선된 점이다. 그러나 도매법인과 바이어 모두 시세에 대해서는 명확하고 세분화된 분류가 있어야 한다고 입을 모았다. 손민식 GS리테일 농산팀 MD는 "가락시장을 자주 가는 편은 아니지만, 홈페이지에서 시세를 틈틈이 확인하고 있다. 그런데 농산물의 규격이나 품질을 한눈에 확인해볼 수 없어 아쉬웠다"며 불편함을 호소했다.

자료원: 더바이어, 2017.02.28 자료편집

제2절 도매상의 유형

도매상의 유형은 제품에 대한 소유권의 여부, 제공하는 서비스의 유무 및 역할 등에 따라 분류할 수 있다. 일반적으로 분류되는 도매상의 유형은 [그림 7-1]과 같다.

1. 상인 도매상

상인 도매상(merchant wholesaler)은 자신이 취급하는 상품에 대한 소유권을 보유하며 제조업자 또는 소매상과 상관없이 독립된 사업자로서 재판매를 주로 하는 도매상을 말한다. 그 수행하는 기능에 따라 완전기능도매상(소유권이전기능, 물적 유통기능, 조성 기능)과 한정기능도매상으로 분류한다.

1) 완전서비스 도매상

완전서비스 도매상(full service wholesaler)은 도매상으로서 할 수 있는 모든 기능을 수행한다. 즉, 물적 소유권, 재고유지, 촉진, 협상, 위험부담, 주문, 지불, 판매원의 이용, 신용제공, 배달, 등 거의 모든 유통활동을 수행하며 경영지도와 같은 종합적인 서비스를 소매상에게 제공한다. 이는 다시 도매상인(wholesale merchant)과 산업분배업자(industrial distributor)로 나눌 수 있다.

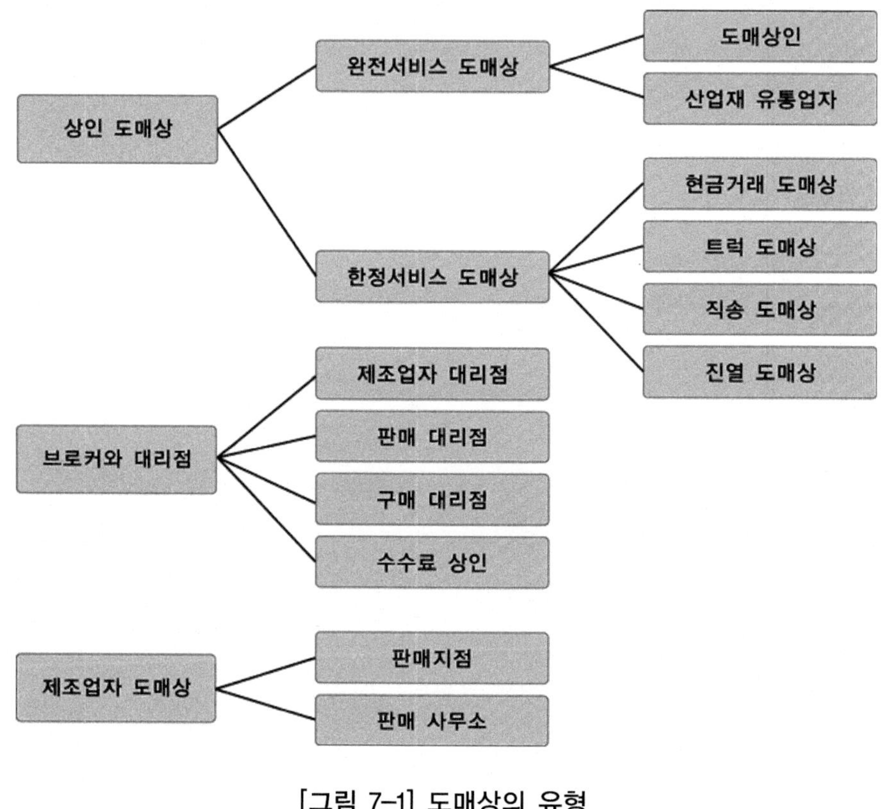

[그림 7-1] 도매상의 유형

(1) 도매상인

도매상인(wholesale merchant)이란 다양한 상품계열을 취급하면서 일반잡화소매상과 단일계열소매상 모두에게 상품을 제공하며 주로 전기·전자제품, 가구용품, 주방용품 등을 취급하는 일반잡화도매상(general merchandise wholesaler)이 있고, 몇 가지 상품계열을 깊게 보유하는 일반계열도매상(general line wholesaler)으로 의약품, 의류 등을 집중적으로 취급한다. 또한 전문도매상(specialty wholesaler)이 있는데, 한 가지 상품계열에서도 일부품목만을 전문적으로 취급하는 도매상으로 건강식품도매상, 자동차 부품도매상 등이 있다.

(2) 산업재 유통업자

산업재 유통업자(industrial distributor)는 일반적으로 산업도매상이라고 불려진다. 이들은 일반 소매상을 대상으로 거래하지 않고 제조업자에게 원료나 부품을 판매하는 도매상으로 주로 제조업자에게 필요한 제조공장의 유지·보수를 위한 제품이나 주문생산(OEM: original equipment manufacturing) 품목 및 장비 등과 같은 제품계열을 취급한다.

2) 한정서비스 도매상

한정서비스 도매상(limited service wholesaler)은 완전서비스도매상과는 다르게 한정적으로 특정서비스만을 제공하는 도매상이다. 한정서비스 도매상에는 현금거래 도매상, 트럭도매상, 직송도매상, 진열도매상 등이 있다.

(1) 현금거래 도매상

현금거래 도매상(cash and carry wholesaler)이란 외상거래 없이 현금만으로 거래하며 배달서비스도 하지 않는다. 주로 소규모소매상들이 재고회전이 빠른 한정된 상품을 보충하려할 때 도매상을 찾아가 현금을 지불하고 상품을 구매하여 직접 가지고 오는 창고 형 도매상을 말한다.

1990년 선경유통이 창동에 개점했던 MSC(membership service center)가 대표적 사례다. 선경유통은 회원으로 가입한 소매상에게 현금으로 거래하며 일반도매상보다 저렴한 가격에 상품을 공급하였으나 거래 자료의 노출을 꺼리는 소매상들의 무자료 거래관행 때문에 결국 1년 만에 문을 닫았다.

(2) 트럭도매상

트럭도매상(truck jobber)은 트럭배달도매상이라고도 부르는데 판매와 배달기능만을 수행한다. 식료품을 중심으로 부패성이 강한 한정된 상품계열을 트럭을 이용하여 병원, 호텔, 음식점이나 소규모 야채가게나 슈퍼마켓 등을 돌아다니며 현금으로 판매한다.

(3) 직송도매상

직송도매상(drop shipper)은 상품을 구매하고자 하는 소매상과 접촉하여 계약을 체결하고 운반은 제조업자가 직접 하도록 하므로 창고시설을 갖추고 있지 않는 도매상이다. 주로 석탄, 석유, 목재, 알루미늄, 건축자재 등과 같이 부피나 무게가 커서 보관·운송에 비용이 많이 드는 제품을 취급하므로 제조업자가 소매상에게 직접 운송하는 비용이 더 저렴하다. 직송도매상은 보관기능을 제외하고 완전서비스 도매상이 수행하는 거의 모든 도매상 기능을 수행한다.

(4) 진열도매상

진열도매상(rack jobber)은 식료잡화 또는 의약품을 주로 취급하는 소매상을 대상으로 비식품 품목(candy, 껌, 건강·미용기구 등)을 공급한다. 이러한 상품들은 회전율은 높으나 매출비중이 낮아 소매상들이 직접 관리하는 것을 귀찮게 여기므로 진열도매상이 상품에 대한 소유권을 가지고 소매상에게 일종의 위탁판매와 같은 방법으로 배달, 선반진열, 재고유지, 금융(판매된 제품에 대해 소매상의 마진을 제하고 대금을 수령하는 방법) 등의 서비스를 제공한다.

사례 7-3

30조 동대문 패션 시장, '링크샵스' 타고 세계로

동대문 도매상가는 여전히 활발히 거래가 일어나는 시장이다. 정부에서는 동대문 도매 시장의 규모에 대해 세금 계산서 기준으로 18조 원 규모라 추정하고 있다. 그러나 링크샵스 측은 시장의 실제 규모가 30조 원에 달할 것으로 예측하고 있다. 링크샵스는 동대문 의류 도매 사입 대행 서비스로, 쇼핑몰, 오프라인샵 등의 업자들이 직접 동대문에 방문하지 않아도 상품 검색부터 구입까지의 모든 고민을 해결해주는 플랫폼이다.

회사는 매장 내에서 말 그대로 '오는 손님'만 받던 동대문 도매 상가가 온라인 플랫폼을 만나면서 급격한 추가 매출을 올리고 있다고 보고 있다. 상가 건물의 혼잡함 정도와 관계없이 여전히 동대문이 패션상품의 1차 생산기지로 활약하고 있다는 뜻이다.

철저히 오프라인 위주로 돌아가던 동대문 시장을 온라인 플랫폼으로 옮겨오기까지의 과정을 오영지 링크샵스 부대표가 밝혔다.

현금 위주 동대문 도매상가 속 불편, 온라인 플랫폼으로 해소

동대문 도매상들 사이에서는 '굳이 온라인 플랫폼까지 만들어 귀찮은 일을 늘려야 하겠냐'는 인식이 깔려 있었다. 그러나 도매상에게 옷을 구입하는 소매사업자들이 점차 오프라인 상점에 온라인몰을 겸하는 비중이 늘어나면서 비효율적인 오프라인 거래 구조에 대한 이들의 불만이 높아져 갔다. 불만을 야기한 요인 중에는 주문한 제품 중 일부가 누락돼도 자정까지 기다렸다가 연락을 해야 하고, 종이 영수증을 들고 한 달마다 직접 매장에 찾아가야 종이 세금 계산서를 발급받고, 이 서류를 또 세무 담당자와 검토해야 하는 불편함 등이 있었다. 이를 당연하게 여겼던 동대문 도매 시장에도 매출 매입이 투명한 온라인 상거래의 비중 상승에 따라 변화의 필요성이 높아진 것이다. 이런 상황에서 링크샵스는 도매상에게 "상품 생산 외 배송·결제·정산 등 부가 행정업무의 부담을 모두 없애주겠다"는 취지로 접근, 마음의 문을 열기위해 노력했다.

그럼에도 불구하고 시장 진입 초반에는 어려움을 겪었다. 오영지 부대표는 "오프라인 외 판매 채널을 전혀 받아들이려 하지 않나 처음에는 '매출이 늘어나는 게 싫은 건가'하고 충격을 받았다"며 "나중에 보니 다들 일 평균 매출 500만 원 정도를 기록하는 매장을 혼자서 운영하고 있더라. 혼자서 제품 디자인·제조·판매를 해야 하는 상황에서 판로 확대가 달갑게 느껴지지 않을 만했다"고 회상했다.

그럼에도 불구하고 플랫폼의 편리함을 직접 경험한 도매상들이 생겨나는 등 점차 입점 매장 수가 늘어났다. 플랫폼 등록만 했는데 800만 원의 추가 매출이 나왔다는 도매상의 연락을 받기도 했다. 링크샵스는 2017년 현재 월 평균 70억 원 이상의 거래액을 기록하고 있다. 입점 매장 수는 현재 5천500 ~ 6천 개 가량이다.

동대문 → 중화권 → 美 → 남대문으로 시장 확대할 것

이 회사는 오는 2018년 대만과 홍콩 시장을 우선 공략해 동대문의 경쟁력을 글로벌 시장에 선보이겠다는 계획이다. 대만의 경우 특히 동대문과 같은 패션 상품 생산 기지가 없어 상품 전량을 해외 수입하고 있어 바잉 파워가 높다는 판단 하에 이 같은 전략을 수립했다는 설명이다. 오영지 링크샵스 부대표는 "동대문 도매상들이 최신 유행에 맞춘 상품 디자인을 내놓는 속도 하나만큼은 전세계에서 뒤지지 않는다"고 강조했다. TV 속 스타가 입고 나온 제품이 3일 내로 깔리는 시장이라고도 덧붙였다. 이어 "이런 속도 경쟁력을 갖춘 동대문 시장이 글로벌 패션 상품 생산 기지로 성장하는 데 링크샵스의 기술력이 지원하게 될 것"이라는 포부를 밝혔다.

자료원: 지디넷코리아, 2017.11.20. 기사편집

2. 브로커와 대리점

취급하는 상품에 대한 소유권을 갖지 않고 제조업자나 구매자로부터 수수료를 받고 거래를 촉진시키는 역할을 수행한다는 점에서 상인도매상과 다르지만, 취급하는 제품계열이나 고객의 유형에 따라 전문화된 분야에서 활동을 한다. 즉, 중개상과 대리상은 구매자와 판매자를 대신해서 고객들을 접촉하고 협상하여 거래를 성사시키는 역할을 수행한다.

브러커(broker)는 구매자와 판매자 사이에서 거래협상을 도와주며 재고를 유지하지 않고 금융에 관여하지도 않는 단기적인 관계로 부동산업자, 보험 및 증권업자 등이 이에 속한다. 반면에 대리점(agent)은 구매자와 판매자 한쪽을 대리하여 장기적인 관계를 유지하며 대리인 역할을 한다. 대리점에는 제조업체대리점, 판매 대리점 구매대리점, 수수료상인으로 구분되며 구체적으로 그 역할을 살펴보기로 한다.

1) 제조업자 대리점

제조업체대리점(manufacturer's agent)은 자체 판매망을 확보하기 어려운 중소기업과 자사 판매원이 접근하기 어려운 지역으로 진출하려는 대기업이 주로 활용한다. 생산되는 제품이 서로 경쟁하지 않고 상호보완 할 수 있는 두 개 이상의 제조업체를 대표하며, 이들로부터 특정지역의 영업권을 보장받아 활동한다. 담당지역, 판매가격, 주문 처리절차, 배달서비스, 품질보증 및 수수료 등에 관하여 거래당사자간의 공식적으로 협의하며, 마케팅조사나 머천다이징 및 촉진지원 등을 한다. 주로 의류, 가구, 전기제품 등과 같은 제품에서 이용된다.

2) 판매 대리점

판매 대리점(selling agent)은 제조업자 대리점과 달리 하나의 제조업자에 대해 마케팅 전 과정에 대한 권한과 책임을 가지며 판매조건에 대한 권한도 자기책임 하에 진행하므로 해당 제조업체의 마케팅부서와 같은 역할을 수행하며 그 결과에 대해서도 책임을 져야한다. 이는 제조업체가 판매에 관심이 없거나 판매 능력이 없는 경우 주로 활용되며 석탄, 화학제품 및 금속분야, 산업용기계설비 등과 같은 분야에서 활동한다.

3) 구매대리점

구매대리점(purchasing agent)이란 통상적으로 구매자와 장기적인 관계를 유지하면서 구매자를 대신하여 상품을 구입, 인수, 검사하여 창고에 보관이나 선적하는 역할을 수행한다. 이들은 제품에 대한 충분한 지식과 시장상황의 정확한 분석으로 가장 좋은 상품을 적절한 시기에 구매하여 소도시 소매상의 영업활동에 도움을 주는데, 주로 소규모 의류소매업자들에게 의류의 탐색과 구입을 대행한다.

4) 수수료상인

수수료상인(commission merchant)은 제조업자와 단기계약을 맺고 제품소유권을 보유하지 않는 상태에서 제조업자와 소매고객간의 판매협상을 대리하는 것으로 수수료와 비용을 제외한 상품판매대금을 생산자에게 지불하는 상인으로 주로 농산물 거래에서 활동한다.

사례 7-4

산지 천원 배추가 소비자에게 4천원 된 이유

배추는 계절별로 가격 등락폭이 심한 작물이다. 해마다 봄배추가 출하되기 직전인 4월 중순과 고랭지 배추가 나오기 전인 9월 중순이 가장 비싼 시기다. 이 시기에 공급할 배추가 산지에 없다보니 소비지에서 배추가 귀해져 가격이 오를 수밖에 없는 구조다. 더구나 우리나라는 배추 생산량의 70% 이상이 포전매매(밭떼기 거래)를 통해 유통돼, 생산원가와 물류비, 이윤 등이 이미 고정비로 정해져 있다. 이렇다 보니, 배추 소매가격의 68%는 운송비와 인건비 등 고정비용이고, 중간 유통 이윤은 32%를 차지하는 것으로 조사됐다.

배추, 시기별로 1년에 4번 출하… 배추 값 4월과 9월 가장 비싸

배추는 재배시기에 따라 일 년에 4차례 출하된다. 가장 먼저, 겨울배추(전년도 9월 정식)가 1월부터 4월까지 시장에 나온다. 이어, 봄배추(2 ~ 4월 정식)가 4월 중순부터 7월 상순까지 출하돼 소비자 식탁에 오르고, 봄배추가 모두 소진되면 고랭지배추(5 ~ 7월 정식)가 7월 중순부터 10월 상순까지 공급된다. 마지막으로 가을배추(8 ~ 9월 정식)가 10월 하순부터 12월까지 시장에 나온다. 시기별 생산 현황을 보면, 국내 연간 배추 생산량 가운데 가을배추가 가장 많은 66%를 차지하고 봄배추가 15%, 겨울배추 11.5%, 고랭지배추가 7.5%를 점유하고 있다. 이처럼 배추 출하시기가 정해져 있다 보니, 전환시점에 가격이 요동치는 특징이 있다.

배추 생산량의 70% 이상 포전매매 유통

배추가 이처럼 출하 시기별로 가격 변동이 심하기 때문에, 배추재배 농민들은 항상 불안한 마음으로 생산량과 작황, 시장가격 등에 신경을 곤두세울 수밖에 없다. 상황이 이렇다 보니, 배추생산 농민들은 씨앗을 심어 어린 싹이 돋아나면 밭에 정식으로 옮겨놓은 뒤, 아예 밭떼기로 중간 유통업자와 농협 등에 넘기게 된다. 이를 포전매매라 한다. 농림축산식품부는 국내 배추 생산량의 70 ~ 80%가 포전매매를 통해 유통되는 것으로 추정하고 있다. 농민이 직접재배하고 판매까지하는 경우는 20 ~ 30%에 불과하다.

배추 소비자 가격의 68%는 고정비, 32%가 중간 유통마진

그런데, 지난달처럼 배추 값이 폭등하면 밭떼기 판매한 농민들이 피해를 보고, 중간 유통업자만 이득을 챙긴다는 비판이 제기된다. 이와 관련해, 한국농수산식품유통공사(aT)가 지난 2014년 조사한 '고랭지배추 유통비용 현황'에 따르면, 포전매매를 통해 생산자 농민에서 소비자까지 5단계를 거치는 동안 생산원가와 물류비, 감모비 등 고정비용이 68% 소요되고, 상장수수료와 이윤이 차지하는 비중은 32%인 것으로 나타났다. 예컨대, 농민이 면적 990㎡(300평)인 밭에 배추를 심은 뒤, 포전매매할 경우 330만 원을 받는 것으로 조사됐다. 이는 3.3㎡당 1만 1천 원에 넘긴 셈이 된다. 보통 3.3㎡당 배추 9포기가 생산되는 것을 감안하면 농민이 산지유통 상인에게 포기당 1,222원에 판매했다는 계산이 나온다. 이후 산지유통 상인은 농약과 비료대금, 수확인건비, 포장비, 5톤 트럭 운송비, 간접비 등 고정비용 722원과 자신의 중간 이윤 109원을 더해, 포기당 2,053원에 도매시장에 넘긴다.

그러면, 도매시장은 경매 상장수수료 155원이 포함된 경락가격 2,208원을 책정해 다시 중도매인에게 판매한다. 여기서 중도매인은 또다시 청소비와 감모비, 점포관리비 등 고정비용 118원과 자신의 중간이윤 254원을 붙여 소매상에게 배추 한 포기당 2650원에 넘긴다. 다시 소매상은 운송비와 감모비, 점포관리비 등 고정비용 603원과 이윤 747원을 더해, 최종적으로 소비자에게 4천원에 판매한다.

이를 종합하면, 배추 소비자 가격 4천원 가운데 생산자 농민이 1,222원(30.6%), 산지유통 상인이 831원(20.8%), 도매시장 155원(3.9%), 중도매인 442원(11%), 소매상인이 1,350원(33.7%)를 수취한다. 유통 항목별 비용은 생산자 원가와 운송비, 인건비, 감모비, 점포관리비 등 고정비용이 2,720원으로 배추값의 68%를 차지하고, 나머지 32%인 1,280원은 이윤과 상장수수료다. 특히, 전체 배추값의 25%가 중도매인과 소매상인이 챙기는 이윤인 것으로 나타났다. 가락동 도매시장 관계자는 "배추의 경우 부피가 크다 보니 물류비용과 인건비가 비싸고 유통, 보관하는 과정에서 버려지는 부분도 많아 다른 농산물에 비해 고정비용이 많이 소요된다."고 전했다.

자료원: 노컷뉴스, 2016.10.07. 기사편집

3. 제조업자 도매상

제조업자 도매상(manufacturer's wholesaler)이라고도 부르는 이들은 제조업자가 직접 판매지점(sales branch)이나 사무소(sales office)를 개설하여 도매기능을 수행하는 것이다. 제조업자가 자금력이 있을 때, 고객서비스와 가격결정 등에 있어 완벽한 통제를 원할 때, 제품이 고도로 전문적일 때, 제품계열이 깊을 때 주로 이용된다.

판매지점과 사무소의 차이를 보면, 판매지점은 재고를 보유하며, 취급이 어렵거나 보증. 수리가 중요한 제품인 목재와 자동차부품산업에서 이용되며, 판매사무소는 재고를 보유하지 않고 제품을 받아 바로 공급하는 것으로 일상생활용품이나 건조 상품산업에서 볼 수 있다.

사례 7-6

삼성전자, 중국 내 영업망 개편

삼성전자는 최근 중국 내 영업망 강화를 위해 기존 '총괄-7개 지사-30여개 지역사무소'로 구성됐던 중국법인 조직을 '총괄-22개 분공사(지역본부)'로 단순화하는 내용의 조직 개편을 단행했다. 기존에는 베이징 총괄법인 아래 중국 화베이, 화둥, 화난 등 7개 지사를 두고, 해당 지사들이 32개 사무소를 관리하는 구조였다. 하지만 이제는 중국 총괄인 권계현 부사장이 22개 지점을 직접 관리하는 중앙집권적 형태로 변모한 것이다. 업계에서는 빠른 의사결정을 통해 판매와 영업을 강화하기 위한 방책이라고 해석했다.

삼성전자의 이 같은 특단의 조치는 최근 중국 실적에 기인한다. 삼성전자는 스마트폰 사업에서 2016년 부진을 털고 2017년 상반기 미국 등 세계 각국에서 선전하고 있다. 그러나 유독 중국에서만 어려움을 겪고 있다. 시장조사업체 스트래티지 애널리틱스(SA)에 따르면 2017년 2분기 삼성전자는 북미 휴대폰 시장에서 1,400만대의 스마트폰을 판매해 33.3%의 점유율로 1위를 기록했다. 애플을 제치고 1위를 차지한 것은 작년 2분기 이후 1년 만이다. 반면에 중국 시장의 경우에는 2013년까지만 10% 후반대의 점유율인 19%로 1위를 지키다가 2017년 1분기 3%(350만 대)대까지 급전직하했다. 업계 관계자는 "화웨이 등 중국업체들의 대대적인 투자와 저가 마케팅 공세에 대비한 현지 맞춤형 특화전략이 필요하다는 지적이 꾸준히 제기된 바 있다"며 "삼성전자는 이번 조직 개편에 맞춰 3일 현지 전용 신형 플립폰 '영세기함8'을 공식 발표하는 등 적극적으로 중국 시장 공략에 나서고 있다"고 말했다.

자료원: 아주경제, 2017.08.04. 기사편집

제8장

유통경로관리

유통관리

제8장 유통경로관리

유통경로를 구성하는 구성원들은 대체적으로 독립된 조직들로서 이들이 효율적인 경로가 되기 위해서는 각각의 구성원들이 서로의 활동에 조화를 이루면서 자신의 책임을 수행해야한다. 제조업자가 제품 및 서비스를 시장에 팔기위하여 어떠한 경로구성원을 선택하느냐가 기업의 성패를 좌우할 수도 있으며, 기존의 유통경로를 변화시키는 것은 새로운 유통경로를 구축하는 것보다 더욱 복잡하고 어려우므로 체계적인 유통경로를 구축하고, 구축된 유통경로를 관리하는 것이 매우 중요하다.

제1절 유통경로의 설계

유통경로 설계(channel design)는 새로운 유통경로를 구축하거나 기존의 유통경로를 수정하고자 할 때에 관련된 의사결정으로 제조업자, 도매상, 소매상 모두에게 필요하지만 각 구성원의 입장에서 서로 다르게 설계되어야 할 것이나 본서에서는 제품 및 서비스의 유통이 시작되는 관점에서 설계되는 유통경로에 대해 기술하기로 한다. 또한 어떤 지역에서는 전속 프랜차이즈 조직을 통해서만 판매하기도 하고, 다른 지역에서는 자사제품을 취급하는 모든 중간상을 통해서 판매하기도 하며, 접근하기 어려운 고객에게는 직접 판매할수 있는 웹 매장을 추가할 수도 있다. 따라서 최대의 매출 및 수익을 창출할 수 있는 유통경로를 설계해야 한다.

설계과정은 기업이나 취급업종에 따라 다를 수 있으나 필수적으로 수행해야 할 과정은, 고객욕구분석으로부터 시작하여, 유통경로목표의 설정, 유통경로 커버리지와 유통경로 길이(구조)를 결정하고, 개별경로구성원을 선택하는 4단계로 나누어볼 수 있다.

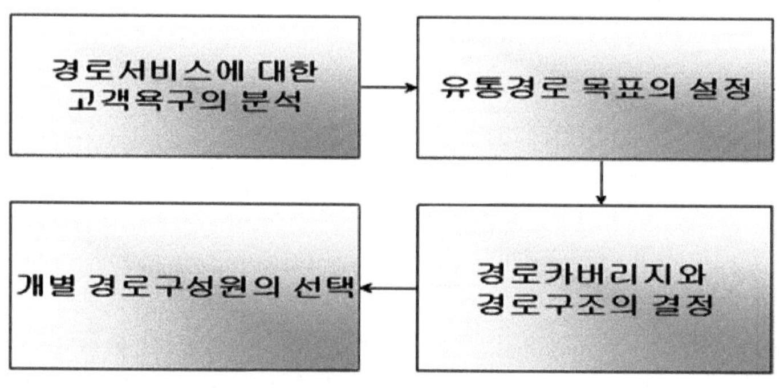

[그림 8-1] 유통경로의 설계과정

1. 고객욕구분석

기업이 유통경로를 설계할 때 첫 번째로 고려할 점은 소비자들이 유통경로로부터 어떤 가치를 원하고 있는가를 파악하는 것이다. 즉, 소비자가 유통경로 구성원에게서 받기를 원하는 서비스가 무엇인가를 조사해야 한다. 입지의 편의성(시간 및 장소의 편의성), 다양한 제품구색, 구매할 양이나 구매빈도의 조정(최소구매단위 lot size), 주문 후 대기시간(제품인도시간), 신용판매, 수리 및 설치 등과 같은 부가서비스까지 다양하다. 그러나 소비자가 바라는 모든 서비스를 제공하려면 많은 비용이 발생하게 된다. 다양한 제품구색을 갖추고, 주문 후 대기시간을 줄이기 위해서는 충분한 재고를 보유해야하고, 신용판매를 위해서는 투자자금이 많아야 하며, 수리 및 설치 서비스를 위해서는 전문 인력이 필요하므로 이에 따른 인건비가 증가하게 되며, 최소단위 구매서비스를 위해서 포장비용 등이 증가하게 된다. 높은 수준의 서비스를 제공하려면 그에 따르는 비용이 발생하므로 서비스 비용은 상품가격에 반영되어 소비자에게 높은 가격을 부과하게 되는 것이다. 예를 들면, 쾌적한 환경,

친절한 서비스 등을 제공하는 백화점이 셀프서비스에 의해 구매하는 대형마트보다 높은 가격을 요구하는 것이다. 따라서 기업은 소비자의 욕구를 충족시키는데 필요한 비용, 실행가능성, 고객의 가격 선호성과 소비자의 욕구 사이의 균형을 이룰 수 있는 가장 적절한 유통경로를 설계할 수 있어야 한다.

사례 8-1

불황 속 백화점 VIP

극심한 경기 침체에도 2017년 국내 백화점 3사의 VIP 매출은 전년 대비 모두 성장한 것으로 나타났다. 백화점업계는 높은 구매력을 갖춘 VIP 고객층을 확대하기 위해 등급제를 개편하는 등 분주히 움직이고 있다.

롯데백화점은 VIP제도인 'MVG'(Most Valuable Guest)를 운영 중이다. MVG의 회원 등급은 4단계로 나뉜다. 연간 구매 금액 기준 1,500만원, 3,500만원, 6,000만원, 1억 원 이상이면 각각 에이스·크라운·프레스티지·레니스 등급을 부여한다. 지난해 최상위 등급인 '레니스'를 추가하면서 'VIP 중의 VIP'를 신설했다. 신규 VIP 수요를 창출하기보다 최우수 고객을 빼앗기지 않겠다는 의지를 드러낸 셈이다. 지난해(1 ~ 12월) MVG 고객 매출은 전년 같은 기간 보다 5% 신장했다.

현대백화점은 현대백화점카드로 약 500만 원 이상 구매하는 고객을 대상으로 'TCP'(Top Class Program) 프로그램을 운영하고 있다. 등급은 △골드 △플래티늄 △클럽쟈스민 △쟈스민 블루 △쟈스민 블랙 등 총 5개 등급으로 나뉜다. 현대백화점에 따르면 지난해 TCP고객 매출은 전년 같은 기간 보다 18.3% 늘었다.

신세계백화점의 경우 연간 구매액 기준 400만원 이상부터 VIP 등급을 부여한다. △레드 △블랙 △골드 △플래티넘 △다이아몬드 △트리니티(상위 999명) 등 6가지다.

지난해 '레드'(연 24회 이상 구매) 등급을 신설하면서, 구매력 있는 20 ~ 30대 젊은 VIP 고객을 끌어들이는 등 지난해 VIP 매출은 전년 대비 27% 성장했다.

VIP에게는 각종 할인(쇼핑, 문화센터)부터 발렛파킹, 라운지 이용, 외부 제휴처 할인 등 다양한 혜택을 부여한다. 전문가들은 VIP 소비 증가에는 부가 혜택보다는 '특정 집단'에 속한다는 의식이 영향을 미친 것이라고 설명했다. 경기 불황이 심화할수록 VIP 칭호를 얻고 싶어 하는 경향도 상승할 것이라는 분석도 나온다. 곽금주 서울대 심리학과 교수는 "아무나 들어갈 수 없는 집단의 경우 소속 자체만으로도 큰 만족도를 느끼게 된다"며 "경기 불황처럼 주변 환경이 불안정한 상황일수록, VIP 같이 주변 환경에 영향을 받지 않는 안정된 집단에 들어가고 싶어 하는 경향은 더 강화된다"고 말했다.

자료원: 이데일리, 2018.01.08. 기사편집

2. 유통경로 목표의 설정

고객욕구를 분석한 후 유통경로설계자는 유통경로 목표를 결정해야 한다. 유통경로는 상품, 가격, 촉진 등과 같은 다른 마케팅 믹스 구성요소에 대한 의사 결정보다 장기적 파급효과를 주게 되므로 무엇보다 먼저 고려해야 할 요소가 기업전체의 장기목표(투자수익률, 시장점유율, 매출액, 성장률 등)이다.

유통경로의 구축에는 많은 경로구성원들이 참여하게 되고 많은 투자비용이 투입되어야 하므로 유통경로 설계와 변경에는 많은 전환비용이 수반되므로 유통경로 설계자는 유통경로 목표를 설정할 때 기업의 장기목표를 반영하여야 하며, 고객이 원하는 서비스 수준을 충족시킬 수 있는 전체 경로비용을 최소화해야 한다. 또한 유통경로목표는 기업, 제품, 중간상, 경쟁사, 환경 등의 성격에 영향을 받는다. 기업의 규모나 재무능력은 자사가 담당할 유통기능과 중간상에게 넘겨야 할 기능을 결정해준다. 예를 들면, 부패 가능성이 있는 제품을 판매하는 기업은 판매가 지연되거나 취급횟수가 지나치게 많아지는 것을 피하기 위해 직접마케팅을 선택하게 된다.

유통경로 목표설정과 경로설계에서 고려해야 할 또 하나의 요소는 경제상황이나 법적규제와 같은 유통환경요인이다. 즉, 경기가 침체기일 때 제조업자는 가장 경제적인 방법으로 제품을 유통시켜야 하기 때문에 좀 더 짧은 유통경로를 사용하고, 제품의 최종가격을 인상시키는 불필요한 서비스를 최소화해야 한다.

사례 8-2

신선식품 새벽 배송

지난달 29일 서울 을지로 본사에서 만난 김슬아(36) 마켓컬리 대표는 "정확한 수요 예측은 신선식품 배송의 필수 조건"이라며 "이를 기반으로 매번 장을 봐야 하는 소비자 불편을 덜어주는 혁신적인 서비스를 제공할 수 있다"고 말했다.

마켓컬리는 소비자가 전날 밤 11시까지 채소나 과일, 정육, 수산물 같은 신선식품을 온라인으로 주문하면 아침 7시까지 집 앞으로 배달한다. '식재료 새벽 배송'은 2015년 마켓컬리가 새로 개척한 분야다. 2년 만에 회원 40만 명을 확보했고, 지난해 매출 530억 원을 올렸다. 최근 CJ·GS·동원 등 식품 대기업이 시장에 뛰어들었지만, 70%대 시장점유율을 기록하고 있다.

김 대표는 "오늘 못 판 공산품은 내일 팔면 되지만, 신선식품은 전량 폐기해야 한다"고 말했다. 재고가 곧 손실을 의미한다는 것. 소비자 수요를 예측하기 위해 그는 빅데이터와 머신 러닝(경험적 데이터를 기반으로 컴퓨터가 스스로의 성능을 향상시키는 것)을 활용한다고 했다. 매일 소비자 수요를 입력하고, 자체적으로 만든 알고리즘과 비교해 가며 향후 주문량을 예측한다는 것이다. 김 대표는 "폐기율을 1%대로 유지하는 게 관건"이라고 했다. "대형 마트는 판매대를 채우기 위해 무조건 상품을 갖춰야 하지만, 마켓컬리는 일정 기준을 넘어선 제품만 판매할 수 있어 유리하다"고 말했다.

오후 11시까지 소비자가 주문한 식품은 서울 송파구 물류센터에서 분류를 마치고 새벽에 배송된다. 배달원은 현관 앞에 식품을 담은 박스를 내려놓고 인증 사진을 찍어 소비자에게 전송한다. 김 대표는 "소비자에게 직접 전달하는 일반 택배와 달리, '새벽 배송'은 신문 배달처럼 대면 접촉을 하지 않기 때문에 배송 시간이 상당히 단축된다"고 했다. 또 새벽 시간에는 교통 체증이 없어 정시 배송에 유리하다고 했다.

마켓컬리는 2017년 12월 물류 대행 서비스 '컬리 프레시 솔루션'을 시작했다. 아직 물류망을 갖추지 못한 신생 벤처기업의 제품을 소비자에게 대신 배송하는 서비스다.

자료원: 조선일보, 2018.01.02. 기사편집

3. 경로 커버리지와 경로구조의 결정

유통경로목표가 설정되면 유통경로 커버리지와 유통경로 길이(구조)에 대한 결정을 해야 한다. 설정된 목표를 달성하기 위해 몇 개의 점포가 필요하며, 각 점포는 어느 정도의 서비스를 제공해야 할 것인지를 결정하는 것이다.

1) 유통경로 커버리지 결정

유통경로 커버리지는 특정지역에서 자사상품을 취급하는 점포의 수를 의미하며 유통집중도(distribution intensity)라고도 하는데 제조업자가 선택할 수 있는 유통커버리지 방법에는 집중적 유통, 전속적 유통, 선택적 유통이 있다.

(1) 집중적 유통

집중적 유통(intensive distribution)은 가능한 많은 점포들이 자사제품을 취급하도록 하는 방법으로 편의품이나 일상적으로 자주 사용되는 원재료 제조업자가 자주 사용한다. 예를 들면, 담배, 비누 치약, 사탕, 세제 등의 제품은 상표노출과 소비자의 구매편의성을 극대화하기 위해 가능한 많은 점포에서 판매되도록 하는 것이다.

(2) 전속적 유통

전속적 유통(exclusive distribution)이란 제조업자가 자사의 제품을 취급하는 중간상의 수를 의도적으로 제한하는 것이다. 즉, 일정한 지역에서 한 점포가 자사제품을 독점적으로 취급하도록 하는 방법으로 주로 자동차, 패션의류, 주요내구재, 가구 등과 같은 상품판매에 이용되는 방법이다. 이를 선택한 이유는 소비자가 기꺼이 상품구매에 많은 노력을 투입하고자 하며, 경로구성원에 대한 통제가 쉬우며, 동일지역 내에서 자사제품을 취급하는 유통업자 간의 경쟁을 없애고, 제조업자와 유통업자 간의 유대를 강화시켜 타사 상표들과 효과적인 경쟁이 이루어질 수 있기 때문이다.

(3) 선택적 유통

선택적 유통(selective distribution)은 특정지역 내에서 자사상품을 적극적으 로 취급하기를 원하는 중간상들이 일정한 자격을 갖춘 소수의 중간상들에게 자사제품을 취급하도록 하는 방법으로 집중적 유통과 전속적 유통의 중간 형태라 할 수 있다. TV, 화장품, 의류, 소형가전제품 기업에서 주로 이용하는 방법으로 선택된 경로구성원과 원만한 동업관계를 형성할 수 있고, 전속적 유통에 비해 더 많은 통제력과 적은 비용으로 적절한 시장범위를 확보할 수 있게 한다.

2) 유통경로구조의 결정

유통경로 커버리지 결정과 함께 가장 적절한 경로구조(경로길이)의 결정해야 한다.

(1) 유통경로구조의 유형

제조업자는 경로목표를 달성하기 위해 어떤 유형의 중간상을 경로구성원으로 포함시킬 것인가를 결정해야 한다. 제조업자가 선택할 수 있는 유통경로 구조 유형은 제품의 분류(소비재, 산업재)에 따라 다르며, 소비재 제조업자가 선택 가능한 유통경로구조는 4가지가로 분류할 수 있으나 일반적으로 기업에서 유통경로를 구축할 때 한 가지 유형만 이용하는 것이 아니라 여러 가지 유형을 이용하기도 한다.

첫 번째 유형은 제조업자가 중간상을 거치지 않고 직접소비자에게 판매하는 형태이다. 예를 들면 가정용 학습교재 판매회사인 웅진이나 가정방문판매를 통해 판매하는 한국 야쿠르트 유업 등의 구조이다. (제조업자 직영판매점, 방문판매, 통신판매)

두 번째 유형은 제조업자와 소비자 사이에 소매상이 개입되는 경로구조로 대부분의 소비재 회사들이 이 구조를 선택하고 있다. (백화점, 대형마트 등의 대량구입 소매상/ 가전제품이나 부패성식료품 등)

세 번째 유형은 제조업자와 최종소비자 사이에 도매상과 소매상이 개입되는 형태로 가장 전형적인 유통경로구조이며, 대표적으로 의약품 유통경로에서 가장 많이 이용되고 있다. (소량구매하는 소매상)

네 번째 유형은 제조업자와 소비자 사이에 여러 유형의 도매상들이 개입되는 형태로 주로 1차 산업 제품(곡물류, 채소, 과일 등)의 유통과정에서 주로 이용되는 유통경로이다. (소량생산으로 직접유통이 어렵거나, 생산이 계절적이어서 판매부서를 둘 필요가 없는 경우 도매상이 분산기능을 담당)

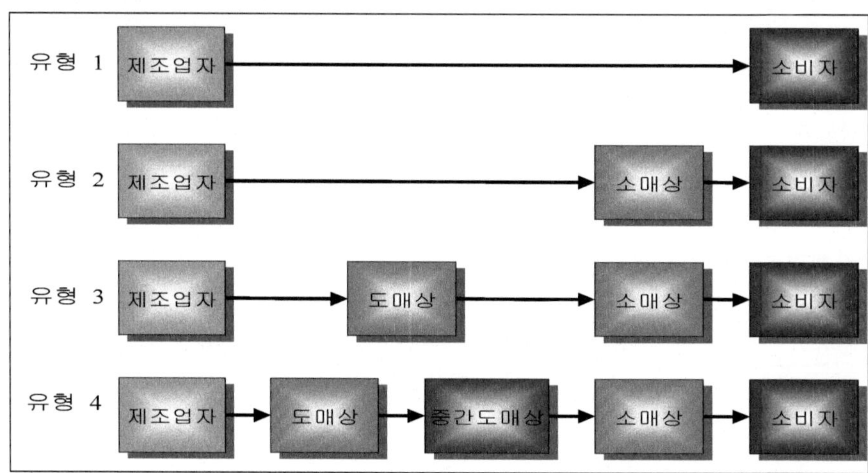

[그림 8-2] 소비재 유통경로 구조의 유형

산업재 유통경로는 주로 기업 간 거래로 이루어진다. 기업들이 완제품을 위한 부분품 구매, 재판매 등을 위한 거래에 의해 이루어지므로 유통경로도 제품의 특성에 따라 소비재와 다른 유형의 유통경로를 갖는다. 일반적으로 4가지 유형으로 나눌 수 있으나, 제조업자가 산업재 고객에게 직접 판매하는 유형1의 경로를 가장 많이 이용하고 있다.

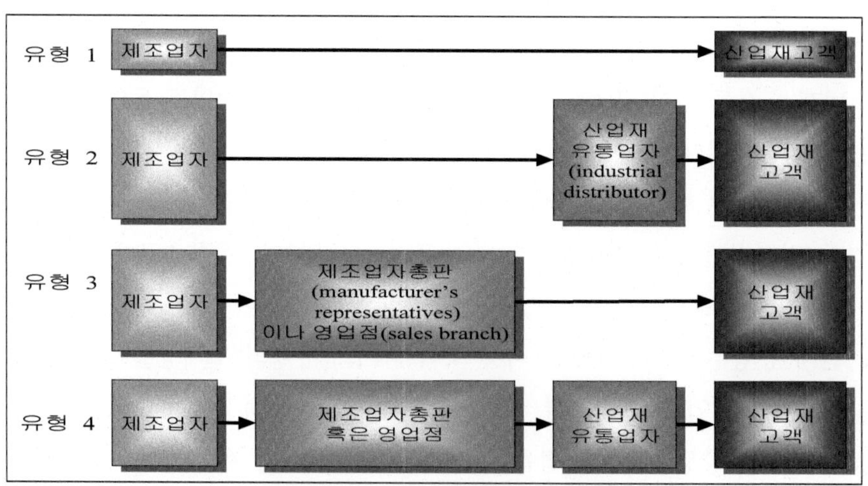

[그림 8-3] 산업재 유통경로 유형

사례 8-3

과한 유통마진이 왜곡시킨 꼭 필요한 유통경로

2017년 7월 편의점에 출시된 삼겹살과 목살은 최근 늘어난 1인 가구의 구매 편의와 시식의 간편함을 위해 소포장(300 ~ 800g) 단위로 판매를 시작했다. 소비자들이 만족하는 가장 큰 이유는 언제든 고기를 먹고 싶을 때 시간제한 없이 이용할 수 있는 편의점에서 한 번에 먹기 좋은 양으로 싱싱한 냉장육을 질소포장까지 해서 깔끔하게 제공하는 편리성 때문이다. 반면 상대적으로 소비자들이 불편해하는 가장 큰 이유는 재래시장과 정육점의 일반적인 소비자 가격보다 40%가량 비싼 가격 때문이다. 편의점의 돼지고기 가격이 비싸진 이유는 상품의 특성에 관계없이 적용되는 유통마진 때문이다.

생산지에서 출하된 제품은 소비자에까지 전달되는 과정에서 필수적으로 유통경로를 활용하게 된다. 이 과정에서 유통주체들은 유통경로 상에 있는 상품의 이동을 주관하며 수수료라고 불리는 비용을 청구하게 되는데 이것이 흔히 말하는 유통마진이다. 유통마진은 상품을 유통시키는데 필요한 경비와 기업의 이윤이 이전 유통업체로부터 전달 받은 상품가격에 더해져서 다음 유통업체로 전달되기 때문에 유통경로가 길면 자연스럽게 유통마진의 합도 올라가게 된다.

편의점 상품은 대부분 소포장 제품이다. 당연히 포장비용과 포장시간이 많이 든다. 중소 편의점까지 더하면 전국에 5만 개가 넘는 점포가 운영 중이기 때문에 상품을 배송하기 위해서 지불되는 물류비와 인건비, 보관비도 상당하다. 더군다나 24시간 운영을 해야 하는 입장에서는 매장 인건비와 점포유지를 위한 경비도 있다. 재래상가와 정육점들은 쉬고 있을 때 편의점은 냉장고와 밝은 조명을 켜두고 판매인원을 배치해야 한다. 편의점 본사의 관리비용도 있어야 하고 각 대리점주에게 보장된 점포의 이익도 있어야 한다. 이렇다 보니 현재 편의점의 유통마진은 65%를 넘는 경우도 흔하다.

자본주의 사회에서 기업이 더 많은 이익을 취하려고 하는 것을 탓할 수는 없다. 이는 기업의 기본적인 사회적 책임이기 때문이다. 하지만 그것이 과하여 사람들로 하여금 유통경로에 대한 이해를 왜곡시키고 유통경로를 오해하게 하거나 혹은 이를 악한 것으로, 혹은 생산자의 가치를 폄하하고 소비자의 가치를 훼손하게 한다면 이는 사회적 가치를 위해 조정되는 것이 마땅하다.

자료원: 푸드경제TV, 2017.08.20. 기사편집

4. 개별 경로구성원의 선택

시장 커버리지와 경로길이에 대한 결정이 이루어지면 개별경로구성원을 선택하게 된다. 개별 경로구성원의 선택과정은 다음과 같다.

① 각 중간상들에게 반드시 요구되어야 할 항목들의 목록 작성
② 중간상이 갖추고 있다면 바람직한 항목들에 대한 목록 작성
③ 표적시장에서 요구되는 유통기능을 수행할 수 있는 경로구성원 후보들의 목록 결정
④ 각 경로구성원들이 갖추어야 할 필수항목을 토대로 한 경로구성원후보의 평가
⑤ 긍정적으로 평가된 경로구성원후보들에 대해서 기타 바람직한 특성의 제공능력 여부에 대해 평가한 후 경로구성원을 선택한다.

사례 8-4

대형마트부터 T커머스까지 유통 채널 다변화

유통시장 전면 개방 후 대형마트 산업은 저렴한 상품을 대량으로 판매하면서 소비자들로부터 호응을 얻었다. 신세계는 1993년 국내 최초로 대형마트 이마트를 선보였다. 이마트는 당시 마케팅과 판촉비용을 없애고 최소한의 판매사원으로 인건비를 줄였다. 이를 통해 소비자에게 값싼 물건을 제공했다. 전체 소매 유통시장 규모 136조 원 가운데 대형 할인 마트가 차지하는 비율은 48%로 약 65조원 이상을 차지하고 있다. 특히 이마트와 롯데마트, 홈플러스 빅3이 전체 할인점 시장의 30%를 차지하고 있는 것으로 알려졌다.

정보통신기술(ICT)의 발달로 유통업계에는 다양한 판매채널이 등장했다. 오픈마켓을 비롯해 온라인몰, 더 나아가 T커머스(t-commerce)까지 등장했다. 2000년대 이후 등장한 오픈마켓은 제품 생산업체와 판매자 간의 중간 유통마진 없이 직접 구매자에게 제품을 판매할 수 있기 때문에 상품 가격이 저렴하다. 현재 국내 오픈마켓 시장에서는 이베이코리아가 운영하는 옥션, G마켓과 11번가, 인터파크가 있다.

2010년부터는 소셜커머스 시대가 열렸다. 당시 소셜커머스 시장 규모는 500억 원이였으나 2014년에는 3조 원을 넘어설 정도로 성장했다. 국내 대표 사업자로는 티켓몬스터, 쿠팡, 위메이크프라이스 등이 있다.

최근에는 정보통신기술의 발달로 T커머스가 새로운 채널로 등장했다. T커머스는 TV를 시청하다가 원하는 제품을 리모컨을 사용해 구매할 수 있는 서비스 및 TV 전자상거래로 제품 검색부터 결제까지 한 번에 할 수 있어 관련 시장이 크게 성장할 것이란 관측이 나오고 있다. T커머스는 홈쇼핑과 인터넷 쇼핑의 중간적 성격을 가지고 있다. 홈쇼핑이 미리 정해진 상품을 방송하고, 그 상품정보를 일방적으로 전달하고 판매한다면 T-커머스는 소비자가 관심 있는 상품을 찾아서 쇼핑할 수 있다는 점에서 차이가 있다. 한국T커머스협회에 따르면 2016년 T커머스 매출은 9,977억 원으로 2015년 대비 294% 성장했다. 업계는 2017년 T커머스 시장의 전체 매출이 1조 2,000억 원까지 증가할 것으로 보고 있다. 이 같은 채널 다변화로 채널 간 경계가 모호해지면서 업계의 고민도 깊어지고 있다. 선택의 폭이 넓어지면서 소비자 유치 경쟁이 더욱 치열해지고 있기 때문이다. 이 때문에 유통업체는 채널 다각화로 활로를 모색하고 있다.

자료원: 폴리뉴스, 2017.10.23. 기사편집

제2절 유통경로구성원의 힘과 갈등

유통경로를 구성하는 구성원들은 조직의 목표달성을 위해 독자적으로 의사결정을 하는 독립적인 조직체이지만 경로목표달성과 경로기능을 수행하기 위해서는 상호의존적이다. 그러나 대체적으로 구성원 자신의 이익을 추구하려고 할 때 다른 경로구성원의 방해를 받게 되면 갈등이 발생할 수 있다. 경로선도자가 힘(power)을 바탕으로 적절한 영향력을 행사하여 경로구성원들의 의사결정과 행동을 통제하고 조정할 필요가 있다. 따라서 유통경로 선도자의 힘은 유통경로관리에서 매우 중요한 역할을 한다.

1. 유통경로에서의 힘

유통경로에 있어서 힘의 원천은 기업규모, 자본력, 특정기술보유 등 경로구성원이 가지고 있는 자원에서 발생된다. 특정경로구성원이 보유하고 있는 힘의 원천이 다양하고 강력할수록, 다른 구성원의 의존성이 높을수록, 특정경로구성원의 힘은 더 커지게 되며, 이 같은 힘이 독립적으로 행사되는 것보다 복합적으로 사용될 때 시너지효과로 나타나게 된다.

유통경로구성원이 행사할 수 있는 힘의 유형을 구체적으로 살펴보기로 한다.

1) 보상적 파워

보상적 힘(reward power)은 유통경로구성원 A가 B라는 구성원에게 보상을 제공할 수 있는 능력이다. 예를 들어 판매지원, 영업활동지원, 관리기법 지원, 시장정보 제공 및 금융지원, 마진폭의 확대, 특별할인, 리베이트, 광고지원, 판촉물 지원, 신속한 배달, 빈번한 배달, 감사패 제공, 지역 독점권 제공 등에서 나타날 수 있다. 일반적으로 중간상이 일정수량을 판매하는 대가로 제조회사가 중간상에 대해 인센티브를 제공할 때 발생하는 힘이다.

2) 강제적 파워

강제적 힘(coercive power)이란 경로구성원 A의 영향력 행사에 경로구성원 B가 따르지 않을 때 A가 처벌을 가할 수 있는 능력으로 상품공급의 지연, 대리점 보증금 인상, 마진폭 인하, 대금결제일 단축, 전속 지역권의 철회, 인접 지역에 새로운 점포의 개설, 끼워 팔기, 밀어내기, 기타 보상적 파워의 철회 등에서 행사할 수 있다.

3) 전문적 파워

전문적 힘(expert power)이란 경로구성원 A가 특별한 지식이나 기술을 보유함으로 인해 다른 구성원에게 미칠 수 있는 영향력으로 경로관리에 관한 상담과 조언, 영업사원의 전문지식, 종업원교육과 훈련, 상품진열 및 전시에 관한 조언, 시장정보, 우수하거나 다양한 상품, 신제품 개발 능력 등에서 발생될 수 있다.

예를 들어 의약품이나 식품관련 도매상이 소매상에게 교육을 할 때 힘이 발생한다.

4) 준거적 파워

준거적 힘(referent power)은 경로구성원 B가 경로구성원 A와 일체감을 갖기 원하는 데에서 A가 B에 대해 갖는 영향력으로 유명상표를 취급한다는 긍지와 보람, 유명업체 또는 관련 산업의 선도자와 거래한다는 긍지, 상호간 목표의 공유, 상대방과의 관계지속 욕구, 상대방의 신뢰 및 결속 등에서 발생될 수 있다.

5) 합법적 파워

합법적 힘(legitimate power)이란 경로구성원 A가 B에게 영향력을 행사할 권리를 가지고 있고, B가 그것을 받아들일 의무가 있을 때에 발생되는 영향력으로 오랜 관습이나 상식에 따라 당연하게 인정되는 권리, 계약, 상표등록, 특허권, 프랜차이즈 협약, 기타 법률적 권리 등을 행사하는 것이다.

프랜차이즈 본부가 갖는 영향력으로 프랜차이즈 계약에 따라 로열티, 제품제조공정, 광고, 판촉행사 등은 이러한 합법성에 바탕을 두고 있으며, 이를 위반하면 법에 호소하여 상대편에게 시정을 요구할 수 있다.

6) 정보적 파워

정보적 힘(information power)이란 경로구성원 B가 가지고 있는 정보를 경로구성원 A에게 제공함으로 인해 B가 A에 대해 갖게 되는 영향력이다. 소매상이 소비자에 관한 정보를 제조업자에게 제공함으로써 정보적 힘이 발생할 수 있다.

사례 8-5

유통채널 수수료율 못 잡는 이유

백화점과 TV홈쇼핑의 실질수수료율이 공개됐다. 계약서에 적힌 것보다 낮은 수수료율을 적용하고 있다지만 수수료를 내는 납품업체 입장에서는 여전히 부담스러운 게 사실이다. 그런데 수년간 제기돼 오고 있는 '높은 판매수수료' 문제는 왜 해결되지 않고 반복되는 걸까. 무엇이 문제일까. 답은 갑을 관계에 있다.

공정거래위원회는 2016년 12월 30일 '2016년 백화점·TV홈쇼핑 분야 판매수수료율 조사 결과'를 발표했다. 그 결과, 백화점 납품업체의 실질수수료율은 평균 22%로 명목수수료율 27.4%보다 5.4%포인트 낮았다. TV홈쇼핑 납품업체의 실질수수료율(27.8%)도 명목수수료율(33.2%)보다 크게 낮은 것으로 나타났다. 수수료율은 국가별, 납품업체 규모별로도 달랐다. 국내브랜드의 수수료율이 해외브랜드보다 높았고, 중소기업(23.3%)은 대기업(22.7%)보다 높은 수수료율을 부담하고 있었다.

수수료율 결정하는 건 '협상력'

공정위는 "국내브랜드나 중소기업의 수수료율이 높은 것은 협상력이 상대적으로 떨어지기 때문"이라고 분석했다. 협상력이 상대적으로 약한 중소기업이나 국내브랜드가 수수료에서도 불이익을 떠안고 있다는 얘기다. 2016년 중소기업중앙회가 백화점에 납품하는 208개 중소기업을 대상으로 실태조사를 실시한 결과, '백화점과 합의해 판매수수료를 결정한다.'는 응답이 40.2%였다. 나머지는 '백화점에서 제시하는 수준을 수용(34.6%)'하거나 전년도 수수료율과 매출 수준에 따라 결정한다고 답했다. 또한 업체들은 수수료를 결정하는 과정에서 자신들의 협상력이 낮다(47.5%)고 느끼는 것으로 나타났다. 홈쇼핑과 백화점 모두 협상력이 수수료율을 결정하는 데 결정적인 역할을 하고 있는 거다.

수수료 키는 여전히 유통사 손에

수수료율이 크게 떨어지지 않은 이유는 또 있다. 수수료율을 제재할 효율적인 수단이 여전히 없기 때문이다. 공정거래위원회 관계자는 "대규모유통업법이 있긴 하지만 수수료율에 대한 항목은 따로 없다"면서 "유통업자와 납품업체에 맡길 뿐"이라고 말했다. 이런 상황에서 할 수 있는 방법은 자발적 수수료 인하를 유도하는 것이라는 게 공정위의 입장이다. "납품업체의 실제 수수료 부담을 나타내는 실질수수료율이 상세하게 공개된 만큼 납품업체의 수수료 부담도 줄어들 수 있을 거라 기대하고 있다. 납품업체가 특정 상품군 협상에 임할 때 미리 평균값을 알면 더욱 합리적인 계약을 할 수 있을 것이다." 하지만 유통사에 자릿세를 낼 수밖에 없는 태생적 약점을 갖고 있는 중소 납품업체가 과연 동등하게 협상의 키를 나눠가질 수 있을지는 의문이다. 법안을 만들기 위한 효율적인 논의를 진행해야 하는 이유다.

자료원: 더 스쿠프, 2017.01.17. 기사편집

2. 유통경로구성원의 갈등

유통경로 갈등(channel conflict)이란 각 구성원들의 목표와 그들이 수행해야할 역할(과업)에 대한 경로구성원들 간의 의견이 일치하지 않을 때 발생한다. 경로구성원들의 의견이 일치하지 않는 상황은 동일한 단계에 있는 구성원들 사이에서 발생하는 수평적 갈등과 유통경로 구성원들 간에 발생하는 수직적 갈등의 두 가지가 있다.

1) 수평적 유통경로갈등

수평적 갈등(horizontal conflict)이란 유통경로 상의 동일한 단계에 있는 경로구성원들 사이에서 발생하는 갈등으로 주로 소매상 간의 갈등, 도매상 간의 갈등이다. 이것은 서비스경쟁, 판촉경쟁, 가격경쟁 등으로 나타난다.

2) 수직적 유통경로갈등

수직적 경로갈등(vertical conflict)은 유통경로 상의 서로 다른 단계에 있는 경로구성원들 간에 발생하는 갈등으로 제조업자와 도매상, 도매상과 소매상 사이에서 발생되는 갈등을 말한다. 또한 수직적 유통경로 갈등은 경로구성원들의 상황인지

차이에서도 발생할 수 있는데, 경로갈등과 경로성과 간의 관계에서 여러 가지 갈등이 발생할 수 있으며, 3가지가 있다.

첫째, 역기능적 갈등(dysfunctional conflict)은 유통경로 성과에 부정적인 영향을 가져다주는 갈등으로 구성원들 간의 협조의 저해, 경로구성원들의 기회주의적 행동 유발, 경로구성원의 자원 낭비 등이 발생한다.

둘째, 순기능적 갈등(functional conflict)은 경로갈등을 통해 유통경로 내 문제를 발견하고 이를 해결함으로써 경로성과의 향상을 가져오는 갈등으로 각 구성원들이 갈등해소를 위해 적극적으로 참여하여 공평한 혜택이 주어질 때 발생한다.

셋째, 중립적 갈등(neutral conflict)은 경로성과에 영향을 미치지 않는 경로갈등으로 경로구성원들 간의 상호의존 정도가 매우 높은 경우에 발생 한다.

3. 유통경로구성원의 갈등 관리

유통경로에서 갈등이 발생하면 이를 회피하기 보다는 갈등을 해결할 수 있는 방법을 모색해야 하는데 이때에 경로구성원의 힘이 필요하다. 즉, 유통경로 상의 갈등을 관리하여 해결하기 위해서는 갈등의 원인을 정확하게 파악하고 이에 적절한 힘을 이용하여 구체적인 전략으로 관리되어야 한다. 전략적 방안을 살펴본다.

1) 경로구성원 전체의 공동목표설정하기 위하여 전문적 지식이나 계약에 의해 합법적으로 발생될 수 있는 힘을 이용하여 전체 구성원들이 동의할 수 있는 공동목표를 설정한다. 이는 경쟁사의 위협이나 다른 외부압력에 대응할 때 효과적일 수 있다.
2) 중재에 의한 해결을 시도할 수 있는데, 경로구성원들은 컨설턴트와 같은 전문가를 개입시키거나 소속협회를 이용하여 상호간의 의견불일치를 조정할 수 있다.

   또한 법적수단에 의존하여 해결할 수 있는데, 공정거래위원회나 중재위원회와 같은 정부기관이나 법원의 판결 등에 의해 갈등을 해소할 수 있으나 이와 같은 방법은 또 다른 갈등을 발생시킬 수 있으므로 자체적 갈등해결이 불가능 할 경우 최종적으로 이용해야 한다.

3) 회원들의 대표기구를 활용하여 갈등을 해결할 수 있다. 즉, 회원들을 위한 대표기구를 의사결정기구로 활용하여 회의 등을 통해 갈등 발생가능성을 줄일 수 있다.
4) 경로구성원들 간의 상호교환 프로그램을 개발한다. 이것은 서로 다른 경로구성원들의 종업원들을 일시적으로 교환하여 근무하게 하여 상대방 역할의 어려움을 이해할 수 있게 함으로써 경로갈등을 줄일 수 있다.
5) 업계의 협회에 공동가입(joint membership)을 유도한다. 즉, 제조업자가 중간상들의 협회에 가입하거나 중간상들로 하여금 제조업자협회에 가입하게 하는 방법으로 회원들 간 모임이나 의견교환을 통해 의견불일치를 해결할 수 있다.
6) 계속적인 교육을 통해 갈등발생을 예방할 수 있다. 즉, 정기적인 교육프로그램을 통해 업무에 관한 정보교환이나 상호 관계를 가짐으로써 갈등발생을 예방하거나 줄일 수 있다.

사례 8-6

골목상권 파고든 대형유통업체

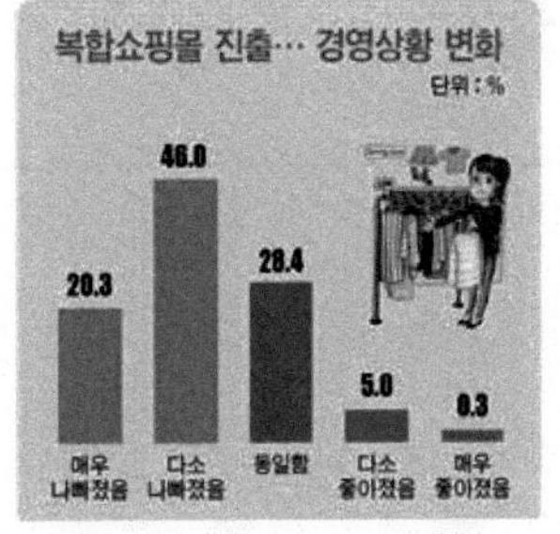

'들어서야 한다', '막아야 한다.' 지역상권을 둘러싸고 대형유통업체와 소상공인 간 갈등이 끝없이 이어지고 있다.

경기지역에 복합쇼핑몰과 가구전문점 등 대형유통업체가 줄줄이 들어서면서 도내 지역상권 곳곳에서 신음이 커지고 있다. 불과 두 달 만에 대형유통업체가 잇따라 문을 연 고양시를 비롯해 시·군을 가리지 않는다. 경기도는 입지가 좋고 인구가 늘어나고 있어 대형유통업체에 진출 1순위 지역으로 꼽힌다. 경기도에 따르면 최근 5년간 도내 대형마트는 17곳, 가구전문점 등 전문점은 4곳, 아웃렛 등을 포함한 쇼핑센터는 11곳, 복합쇼핑몰은 6곳 늘었다. 반면 전통 대규모 상가 등을 뜻하는 그 외 대규모 점포는 오히려 3곳 줄어들었다.

경기도 지자체에서는 골목상권을 놓고 대형유통업체와 소상공인, 지자체 간 갈등이 반복되고 있다. 평택시의회는 오는 2020년 신세계가 안성에 복합쇼핑몰을 입점하려 하자 인근 소상공인의 피해와 교통 체증 등을 우려하며 사업 재검토 촉구 등 제동을 걸고 나섰다. 입점을 바라는 시민들과 상권 붕괴를 우려하는 전통시장 등 상인들의 마찰 역시 이어지고 있다. 양평군에서는 5년째 롯데마트 입점을 둘러싸고 갈등이 진행 중이다. 건물은 지어졌지만 현재 시장 상인회와 상생협의를 진행조차 못하고 있다. 고양시에서는 인근 가구단지 상인들과 이케아간 상생협의를 둘러싼 줄다리기가 이어지고 있다.

중소기업중앙회가 최근 복합쇼핑몰 주변 중소유통업자와 소상공인 400명을 대상으로 '복합쇼핑몰 진출 관련 주변상권 영향 실태'를 조사해 발표한 자료에 따르면, 수원과 하남, 판교 등 경기지역 3곳 등 복합쇼핑몰이 들어선 수도권 4곳의 중소유통업자 및 소상공인의 66.3%가 복합쇼핑몰 진출로 인해 점포경영이 '나빠졌다'고 응답했다.

지난 2014년 롯데몰 수원점 개점과 AK플라자 증축으로 수원지역 소상공인의 월 매출액은 진출 전보다 29.1%, 1일 평균 고객 수는 38.2% 각각 감소했다. 현대백화점이 들어선 판교는 월 매출액이 15.4%, 스타필드가 들어선 하남은 8.1% 하락했다.

자료원: 경기일보, 2017.10.31. 기사편집

제 9 장

유통경로시스템

제9장 유통경로시스템

유통경로시스템이란 유통경로 조직의 유형이라 할 수 있는데, 크게 3가지로 전통적 유통경로, 수평적 유통경로, 수직적 유통경로로 나눌 수 있다.

전통적 유통경로는 각기 다른 기능을 수행하는 경로구성원들이 판매과정에서 자연스럽게 결합된 형태이며, 수평적 유통경로는 동일한 경로단계에 있는 두 개 이상의 기업이 판매기회를 증진시키고 수익창출을 위해 대등한 관계로 통합된 경로조직이며, 수직적 유통경로는 계획된 프로그램에 의해 집중적으로 관리되는 네트워크 형태의 경로조직을 말한다.

제1절 유통경로시스템의 유형

1. 전통적 유통경로

전통적 유통경로(conventional distribution channel)는 독립적인 경로기구들로 구성된 경로조직으로 법적인 결속력 없이 자신의 의사에 따라 자유롭게 경로에 참여하거나 철수할 수 있는 형태이다. 즉, 각 경로구성원은 다른 경로 구성원의 경로성과나 유통기능에 관심을 갖기보다는 자기들에게 주어진 유통기능들만을 수행하기 때문에 시장변화에 탄력적으로 대응하기 쉽고, 유연성이 높아 비 표준화된 상품에 효과적인 시스템이라 할 수 있다.

전통적 유통경로의 특징을 살펴보면,

첫째, 경로구성원들 간의 결속력(commitment)과 충성심이 약해 구성원 간 갈등이 발생했을 때 조정이 어렵다.

둘째, 경로구성원들은 공통의 목표를 거의 가지고 있지 않다.

셋째, 구성원들의 유통경로로의 진입과 철수가 비교적 쉽다.

넷째, 수직적 마케팅시스템에 비해 효율성과 효과성이 낮지만 유연성이 높다.

전통적 유통경로는 기성복, 주방용품, 가공식품, 사무용품, 보험, 건강관련제품, 중고자동차 등 많은 상품에 있어서 아직까지 이용되고 있다.

사례 9-1

주방용품 유통업체 '하울스홈'

주방용품 유통업체 '하울스홈'의 이용명 대표는 일본 주방 소품 가게에서 아르바이트생으로 일하다가, 제품 소싱 과정에 푹 빠졌다. 이후 이 작은 가게를 주방용품 유통업체 '하울스홈'의 전진기지로 삼는 동시에 인터넷에 독립몰을 마련하는 등 본격적인 1인 창업에 돌입했다. 현재 회원 수만 2만6천 명에 달하며, 이 중 단골은 5～10% 수준이다. 주방 용품 중에서도 핸드메이드 식기류를 주로 취급하면서 제품 선정에 '정성'을 최우선 평가 기준으로 잡았다. 작가들의 공방까지 찾아가서 그들의 작업 과정과 가치관을 확인했다. 국내 단독 유통권을 따낸 일본의 유명 도예가 아베 하루야(Abe Haruya)의 도자기 제품 역시 이 같은 경영 철학에서 가능했다. 아베 하루야는 도자기 제작 공정을 촬영한 동영상이 유튜브를 비롯한 각종 인터넷 사이트를 통해 전 세계에 알려지면서 유명세를 탄 작가다. 물레를 돌리고 표면을 일일이 깎아 무늬를 만드는 등의 과정이 마치 '최면'을 걸듯 소비자를 매혹, 그의 제품 역시 명상하는 계기를 준다는 평을 이끌어 낼 만큼 매력적이다.

하울스홈은 현재 해외는 물론 이천과 여주 등의 국내 도예 단지를 찾아가 일일이 작가들과 교류하며 핸드메이드 주방 식기류를 판매하고 있다. 석빈도자기, 무경도자기, 화소반해 등이다. 해외 브랜드와 견줘도 뒤지지 않는 디자인과 내구성, 여기에 희소성까지 갖춘 제품을 확보함으로써 기존 대형 유통업체와는 다른 틈새시장을 공략한 것이다. 해당 제품을 바로 판매품으로 운용할 수 있어서 소상공인의 공통된 재고 부담도 덜었다. 이 대표는 또 취급 제품군을 확장할 때마다 도예와 목공 등 해당 상품의 제조 과정을 직접 배우며 온몸으로 공정 과정과 특성을 인식하며 차별화 지점을 확보했다. 소비자 불만을 접수할 때 제품에 대한 이해도를 바탕으로 좀 더 친절한 대응이 가능했던 것이다. "상품 제조 과정에서 원재료 특성상 발생 가능한 문제점을 파악하니까 이와 관련된 구매자의 지적을 정확하게 이해시킬 수 있더라고요. 또 마케팅을 할 때 어떤 지점을 강점으로 내세울지도 좀 더 명확하게 파악할 수 있고요"

자료원: 경기일보, 2017.11.09. 기사편집

2. 수평적 유통경로

수평적 유통경로시스템(Horizontal distribution channel system)은 동일한 경로단계에 있는 두 개 이상의 기업이 판매기회를 증진시키고 수익창출을 위해 대등한 관계로 통합된 경로조직으로 일명 공생적 마케팅(symbiotic marketing)이라고 한다. 공동생산, 공동연구개발, 생산시설의 공동이용, 공동 상품 및 상표개발, 공동광고, 공동 판매기구 설치, 공동 서비스 등 다양한 방법으로 공생하는데, 두 기업이 경쟁관계에서도 이루어지고 있으며, 특히 계절성 제품을 생산하는 기업에서도 흔히 이용되어 유휴자원의 활용효과를 창출할 수 있다는 점에서 많이 적용되고 있다.

사례 9-2

오픈메디칼-에이스팜플러스, 공동구매 및 공동생산

생활건강 의료 유통기업 오픈메디칼은 온오프라인 유통 전문회사 에이스팜플러스와 전략적 제휴를 맺고, 상호 윈-윈 전략을 추진하기로 합의했다고 2017년 11월 28일 밝혔다. 1993년 창업해 제주지역 오프라인 유통 기반을 다진 에이스팜플러스는 현재 제주 최초의 24시간 365일 프랜차이즈 멀티 드럭스토어 2개점을 운영 중이며, 2개점의 추가 오픈도 진행중이다. 또 대 중국 온라인 판매를 위해 타오바오몰 오픈마켓에 입점했으며, 일본에서도 라쿠텐 및 쿠텐 온라인 시장에 진출했다. 이번 전략적 제휴의 배경에는 에이스팜플러스의 제주지역 6차 산업 제품, 드럭스토어 운영을 통한 의약외품 강점 보유와 온라인에서 오픈B2B를 운영하는 오픈메디칼과 상호 간 시너지를 낼 수 있다는 판단에서 추진됐다.

양사는 상호 장점을 통한 제휴 시너지를 통해 매출을 확대하고, 향후 공동구매 및 공동OEM은 물론 공동관심사인 건강기능식품, 기능성화장품 제조를 위해 공동투자를 통한 공장 설립 등에 나설 계획이다. 오픈메디칼 신재호대표는 "금번 제휴로 에이스팜플러스는 오픈B2B의 6만 개 상품을 통해 다양한 상품을 확보할수 있고, 오픈메디칼은 제주지역에 특화된 6차 산업 컨텐츠를 확보하게 됐다"며, "앞으로 협업을 통해 건강기능식품 자체브랜드 등을 추진하는 등 상호 윈-윈을 추진할 예정이다"고 말했다.

자료원: 아이뉴스24, 2017.11.28. 기사편집

3. 수직적 유통경로

수직적 유통경로 시스템(vertical distribution channel system)은 제조업자에서 소비자까지의 유통경로를 체계적으로 통합하여 계획된 프로그램에 의해 경로구성원들을 전문적이고 집중적으로 관리, 통제하는 네트워크형태의 경로조직으로 경로구성원에 대한 통제력을 강화하여 시장 영향력을 최대화할 수 있다. 즉, 수직적 경로에서는 경로선도자가 유통기능의 일부 또는 전부를 통합하여 유통시스템의 전체적 시각에서 유통기능을 조정·할당하고 경로구성원들을 관리하는 것이다. 수직적 통합을 강화하면 통제력은 높아지나 경로관리를 중앙 집중화하는데서 오는 관리비용과 투자비용은 증가하므로 효율성증가와 비용증가를 검토하여 수직적 통합수준을 결정해야 한다.

수직적 유통경로의 유형은 3가지로 기업형 유통경로(Corporate distribution channel), 계약형 유통경로(Contractual distribution channel), 관리형 유통경로(Administered distribution channel)가 있다.

1) 기업형 유통경로

기업형 유통경로(Corporate distribution channel)은 회사형 수직적 유통경로시스템이라고도 부르며, 한 경로구성원이 막강한 자본력을 가지고 다른 경로구성원들을 법적으로 소유하여 관리하는 조직형태로 전방통합과 후방통합이 있다.

모든 유통기능이 한 회사에 의해 수행되기 때문에 기업형수직적 유통경로시스템은 가장 강력하게 유통경로기능들을 조정·통제할 수 있다.

기업형 전방통합은 제조회사가 도·소매업체를 소유하거나 혹은 도매상이 소매업체를 소유하는 유형으로 주로 자동차 제조회사에서 이용되는 방법이다.

기업형 후방통합은 소매상이나 도매상이 제조업체를 소유하거나 유통경로 전체를 관리하는 형태로 백화점이나 대형마트(할인점 등)가 제조업자를 소유·관리하는데 이용되는 방법이다.

2) 관리형 유통경로

관리형 유통경로(Administered distribution channel)는 경로구성원 중에서 재무적으로 능력 있는 구성원이 소유권이나 계약에 의하지 않으면서 어느 한쪽의 규모, 파워, 또는 경영지원에 의해 통합 관리되는 경로조직이다. 이 조직은 독립된 각 구성원들의 목표가 조직의 목표보다 우선하므로 수직적 유통경로시스템 중에서 가장 결속력이 낮은 시스템이다. 핵심 성공요인은 경로선도자의 효과적 머천다이징 프로그램의 제공여부에 있으며, 대표적으로 대형마트나 백화점이 주문자 상표 부착 방식으로 중소 제조업자의 제품생산 및 품질 등에 관여하고 이를 조달하게 하는 형태이다.

관리형 유통경로는 경로구성원들의 독립경영과 소유라는 면에서 전통적 유통경로시스템과 가장 유사한 형태의 수직적 시스템이지만 경로구성원들이 시스템 지향적 사고에 입각하여 시스템 전체의 목표를 공유하고 주도적 기업이 장기적 공동계획과 프로그램화된 시스템에 의해 경로구성원들의 기능을 통합적으로 조정하는 점이 전통적 유통경로시스템과 차이가 있다.

〈표 9-1〉 전통적 유통경로와 관리형 유통경로에 있어서의 공급자-소매업자(유통업자) 관계의 특성 비교

특 성	전통적 유통경로	관리형 유통경로
거래의 특성	각 주문시점에서의 협상	장기간 지속적인 결합
고려되는 중심정보	공급자의 판매제시자료	소매업자의 상품구색자료
공급업자내 의사결정자	공급자의 지역판매원	지역 혹은 본부 부서장
소매상내 의사결정자	구매부서원	부서장, 또는 최고경영자
소매업자의 목표	판매증대와 마진	계획된 전체 수익성
공급업자의 목표	대량주문	수익성 있는 관계의 지속
성과 평가	주로 판매량과 단기성과 기준	프로그램에 기술된 성과 기준

3) 계약형 유통경로

계약형 유통경로(Contractual distribution channel)은 수직적 유통경로시스템 중에서 가장 많이 이용되는 유형으로 구성원들이 독립성을 유지하면서 계약에 의해 경제적 이익을 추구하려는 조직 형태이다. 경로구성원들이 공식적인 계약에 의해 연결되어 있으나 경제적 독립성을 유지함으로 기업형 유통경로와 구별되며, 공식적인 계약에 의해 경로구성원들을 통제하는 점에서 관리형 수직적 유통경로와도 차이가 있다. 계약형수직적유통경로는 통제력과 자율성에서 기업형수직적유통경로와 관리형수직적유통경로의 중간에 위치하며 세 가지 유형으로 분류된다.

(1) 도매상 후원 자발적 연쇄점

도매상 후원 자발적 연쇄점(wholesaler-sponsored voluntary chain)은 도매상이 중심이 되어 많은 독립소매상들이 자발적인 참여를 통해 체인을 형성하고 있는 유형이다.

도매상을 중심으로 독립적인 소매상들이 계약에 의해 수직 통합된 경로조직이므로 소매상들은 도매상이 개발한 판매 및 구매 프로그램을 이용하여 경제적 이익을 얻을 수 있다.

(2) 소매상 협동조합

소매상 협동조합(retailer cooperation)은 독립된 중소 소매상들이 협동조합 형식으로 대규모 소매상들과 경쟁하기 위하여 도매기능을 가진 공동소유의 조직체를 결성하여 이를 공동으로 운영하는 경로조직으로 소매상들은 구매 및 판매, 촉진, 상품개발, 정보시스템 등을 공동으로 이용한다. 슈퍼마켓 협동조합의 통합조직인 한국슈퍼마켓 협동조합 연합회가 대표적이다.

(3) 프랜차이즈 조직

프랜차이즈 시스템이라 불리는 프랜차이즈 조직(franchise organization)은 프랜차이즈 본부(franchisor)가 계약에 의해 가맹점(franchisee)에게 일정기간 특정지역 내에서 자신들의 상표, 상호, 사업운영방식, 종업원 훈련 및 파견, 자금융자 등을 통하여 제품이나 서비스를 판매할 수 있는 권한을 허가하는 수직적 유통경로의 하나이다. 프랜차이즈 본부는 가맹점으로부터 초기 가입비, 상품대금 및 매출액에 대한 일정 비율의 로얄티(royalty) 등을 받아 운영하는 조직으로 본부와 가맹점은 계약된 범위 내에서 서로 통제하고 상호간의 특정 기능을 수행하면서 사업을 영위해 나가는 형태이다.

최근 다양한 업종에서 가장 많이 이용되고 있는 프랜차이즈 조직에 대해서는 다음 절에서 구체적으로 살펴보도록 한다.

사례 9-3

현대리바트, 현대H&S 흡수합병

현대백화점그룹의 가구 계열사인 현대리바트가 종합인테리어 회사로 도약하기 위해 건축자재 유통회사인 계열사 현대H&S를 흡수합병한다고 18일 공시했다. 이로써 국내 가구 업계는 한샘 독주 체제에서 한샘·현대리바트의 양강 구도로 재편될 전망이다. 합병 후 현대리바트는 매출이 1조 3,000억 원, 영업이익은 530억 원이 된다. 현재 가구업계 1위인 한샘의 작년 매출은 1조 9,345억 원이다.

현대리바트 임완호 지원본부장(전무)은 "현대H&S는 건설업 관련 노하우와 자재 유통 등에 경쟁력이 있기 때문에, 현대리바트는 합병으로 건자재, 인테리어, 해외 부문을 강화할 수 있다"고 말했다. 현대백화점그룹 관계자는 "국민 소득이 증가하고 집안 내부 꾸미기를 중시하는 트렌드가 형성되면서 고객 수요가 늘어나고 있는 추세를 반영한 것"이라고 말했다. 이 같은 행보는 정지선 현대백화점그룹 회장이 '토털 라이프 케어' 기업을 만들겠다는 비전과 일맥 상통한다. 백화점·아웃렛·홈쇼핑 등 유통 부문을 플랫폼으로 삼아 패션·가구·식품·렌털 등의 제조 콘텐츠와 시너지를 도모해 라이프스타일 회사로 변모하겠다는 것이다. 이를 위해 그룹은 2012년 패션업체 한섬과 리바트를 인수했고, 2015년에는 현대렌탈케어를 설립, 렌털사업에도 진출했다. 2017년 초 미국 홈퍼니싱기업 윌리엄스소노마를 국내 유치한 것도 이 같은 움직임이다.

자료원: 조선비즈, 2017.09.19. 기사편집

제2절 프랜차이즈시스템

최근 들어 가장 중요한 유통형태의 하나로 부각되고 있는 프랜차이즈시스템은 거의 모든 산업에 걸쳐 빠르게 확산되고 있으며, 유망한 수출사업으로도 각광을 받고 있다. 한국의 프랜차이즈 기업이 다양한 업종으로 여러 나라에서 성공하는 것이다.

프랜차이즈 시스템의 유형 및 장단점, 체인사업의 특징에 대해 살펴본다.

1. 프랜차이즈시스템의 유형

1) 사업형태에 따른 분류

(1) 제조업자 후원 소매상 프랜차이즈

제조업자가 소매상에게 직접 관리하는 형태로 주로 자동차 판매 딜러시스템 등에서 주로 이용된다.

(2) 제조업자 후원 도매상 프랜차이즈

도매상(보틀러 bottler)이 제조업자로부터 원액을 구매해서 병에 담아 완제품으로 만들어 소매상에게 판매한다.

(3) 도매상 후원 소매상 프랜차이즈

도매상이 체인본부가 되어 소매상을 지원하는 형태로 계약형 수직적 유통경로의 도매상 후원 자발적 연쇄점형태이다.

(4) 서비스회사 후원 소매상 프랜차이즈

가장 다양한 업종으로 자동차대여업(예: Avis), 호텔체인(예: Holiday Inn), 패스트푸드(예: Berber King)체인 등이 여기에 속한다.

2) 운영방법에 따른 분류

(1) 직영점

레귤러 체인이라 불리는 직영점(Regular Chain)은 하나의 기업이 자기자본으로 본부를 설립하고 가맹점 형태의 체인점을 모두 직접 운영하는 것으로, 기업 형 체인이라고 한다. 장점은 체인본부의 전략이 전 가맹점을 통해 일사불란하게 수행되므로 본부와 점포 간 결속력이 높다. 반면에 본부의 안정적인 자본력이 요구되며 개별점포의 자율성이 거의 없다는 것이 단점이다. 대표적 사례로는 피자헛, 버거킹, 코

코스 등 대기업이 운영하는 형태이다.

(2) 자율체인

독립자본으로 운영되는 다수 소매점이 모여서 특정한 기능을 체인본부에 위탁하는 체인 시스템을 만드는 것으로 「임의연쇄점」 또는 볼런터리 체인(Voluntary Chain)이라고 한다. 장점으로는 체인본부에 최소한의 기본적인 기능만 요구되기 때문에 부담이 적으며 결속력과 자본력이 낮은데도 가맹점은 최소요소로 상승효과를 가질 수 있다. 본부가 도매업자라 할지라도 조직의 주체는 어디까지나 소매업이며 체인경영의 의사결정에 참가하는 등 소매업간에 수평적 관계이므로 본부의 방침이 시행되는데 어려움이 있다. 유형으로는 약국체인(온누리 등)을 들 수 있다.

(3) 프랜차이즈 체인

프랜차이즈 체인(Franchise Chain)은 한사람의 사업자가 자기자본으로 체인본부를 설립하고 자기자본을 가진 가맹점을 모집하여 운영하는 체인형태를 말한다. 가맹본부와 가맹점이 모두 독립 자본의 사업자이지만 운영의 주체는 가맹본부에 있다.

체인본부가 우선 개점 및 경영에 관한 노하우를 구축해놓고 계약을 맺은 가맹점주에게 여러 가지 노하우와 상호, 상품공급권, 지역독점권 등을 주고 영업을 지원한다.

장점은 본부에서 이미 개발된 노하우를 쉽게 도입할 수 있어 개별점포를 보다 쉽게 운영할 수 있다는 것이며, 단점은 본부가 충분한 상품력을 가지고 있지 않으면 가맹점 관리가 소홀해지기 쉽다. 거의 모든 프랜차이즈 체인 형태가 여기에 속한다.

사례 9-4

장수프랜차이즈

창업전문가들은 예비창업자들에게 유망아이템도 좋지만 건실한 본사를 선정하는 것이 무엇보다 중요하다고 입을 모은다. 본사의 건실함을 평가하는 기준은 다양하지만 장수 브랜드의 경우 오랜 기간 한 브랜드를 운영해왔다는 점에서 신뢰성이 높다.

브릿지경제신문이 공정거래위원회에 등록된 정보공개서 분석을 통해 상위 50개 장수 브랜드를 조사한 결과 림스치킨의 역사가 40년 2개월로 가장 길었다. 림스치킨은 1977년 설립돼 2위인 롯데리아보다 3년 가량 프랜차이즈사업 전개가 빨랐다.

국내 50大 장수 프랜차이즈 현황

브랜드	상호	가맹사업 년수	가맹수
림스치킨	림스상사	40년 2개월	67
롯데리아	㈜롯데리아	37년 2개월	1167
페리카나	㈜페리카나	36년 6개월	1225
신라명과	㈜신라명과	34년	30
칠리스 그릴 앤 바	브링커 인터내셔널잉크	33년 3개월	0
버거킹	㈜비케이알	32년 8개월	61
신포우리만두	㈲신포우리식품	32년 4개월	123
맥시칸치킨	㈜맥시칸	32년	435
한촌설렁탕	㈜이연에프엔씨	31년 2개월	58
배스킨라빈스	비알코리아㈜	30년 6개월	1118
투다리	㈜이원	29년 5개월	1662
파리바게뜨	㈜파리크라상	29년	3316
놀부보쌈	㈜놀부	28년 5개월	278
기소야	㈜공영식품	27년 9개월	59
장모님치킨	장모육계유통	27년 11개월	139
멕시카나	㈜멕시카나	27년 10개월	713
칸	㈜이원	26년 5개월	3
원할머니	원앤원㈜	26년 1개월	244
도미노피자	청오디피케이㈜	26년 11개월	319
놀부부대찌개	㈜놀부	25년 7개월	507
동원참치	동원산업㈜	25년 7개월	65
송가네왕족발	송가네식품㈜	25년 6개월	20
백종원의 원조쌈밥집	㈜더본코리아	24년 5개월	32
한솥	㈜한솥	24년 2개월	666
교촌치킨	교촌에프앤비㈜	23년 3개월	1006
종로빈대떡	종로빈대떡 분점사업부	23년 11개월	41
쌔페치킨& 꾸버불라	한국식품	23년	19
던킨도너츠	비알코리아㈜	22년 8개월	623
호식이두마리치킨	호식이두마리치킨	22년 8개월	913
파파이스	㈜티에스푸드앤시스템	22년 6개월	98
피자2001	㈜동원로지스피자2001	22년 1개월	29
비비큐치킨	㈜제너시스비비큐	22년	1381
지코바양념치킨	지코바	21년 8개월	370
김가네김밥	㈜김가네	21년 5개월	407
황철수피자	황철수피자	21년 10개월	24
목우촌웰빙마을	㈜농협목우촌	21년 10개월	71
미스터피자	㈜엠피케이그룹	21년	392
하겐다즈	한국하겐다즈㈜	20년 9개월	7
조마루감자탕	㈜조마루	20년 8개월	202
맥도날드	한국맥도날드㈲	20년 7개월	124
춘향골남원추어탕	㈜춘향골	20년 4개월	41
삼화푸드몰	삼화식품	20년 4개월	13
둘둘치킨	㈜일동인터내쇼날	20년 3개월	195
한우동	㈜퍼스트에이엔티	20년 1개월	4
채우락	㈜오래에프씨	20년	8
뚜레쥬르	씨제이푸드빌㈜	19년 9개월	1266
할리스커피	㈜할리스에프앤비	19년 3개월	361
포호아	포호아코리아㈜	19년 2개월	5
피자헛	한국피자헛㈲	19년 10개월	338
나뚜루	㈜롯데리아	18년 2개월	137

치킨의 경우 창업자들이 선호하는 업종답게 상위 50위권에 특히 이름을 많이 올렸다. 치킨프랜차이즈는 50개 장수 브랜드 중 11개를 차지했다. 50개 장수 브랜드 가운데 매장수가 가장 많은 프랜차이즈는 파리바게뜨였다. 29년의 역사를 지닌 파리바게뜨는 3,316개의 매장을 보유 2위인 투다리(1,662개)보다 2배 가량 매장수가 많았다. 조사 대상 중 매장 수 1,000개 이상인 브랜드는 8개였으며

치킨 프랜차이즈의 비중이 높았다. 비비큐(1,381개)는 투다리에 이은 매장 수 3위 브랜드에 이름을 올렸고 페리카나(1,225개), 교촌치킨(1,006개)이 각각 5위, 8위에 올랐다.

브랜드 론칭 30년 이상된 브랜드는 10개에 달했으며 가장 역사가 짧은 브랜드도 18년 2개월간 운영된 것으로 나타났다. 업종별로는 치킨과 한식 브랜드가 각각 11개로 가장 많은 업종 공동 1위였으며 피자가 5개 브랜드로 뒤를 이었다. 투다리는 29년 5개월이라는 긴 역사를 자랑했다. 대부분의 주점이 이른바 A급 상권인 역세권과 중심가에 자리한 것과 달리 투다리는 주택가를 중심으로 가맹점을 확대한 것이 롱런할 수 있던 배경으로 분석된다. 맥주전문점의 경우 2030세대를 겨냥한 브랜드로 트렌드에 민감해 롱런하기 어렵다는 업계의 속설을 대변하듯 상위 50개 브랜드에 단 하나도 이름을 올리지 못했다.

안정훈 진창업컨설턴트 대표는 "오랜 세월 이어온 노하우가 있는 장수 프랜차이즈는 창업들의 시행착오를 줄여줄 수 있고 본사가 재무적으로 안정된 경우가 많다"며 "창업 후 본사의 위기로 가맹점까지 연쇄적인 어려움을 겪지 않기 위해선 장수프랜차이즈를 주목할 필요가 있다"고 말했다.

자료원: 브릿지경제, 2017.09.12. 기사편집

2. 프랜차이즈시스템의 장점과 단점

프랜차이즈시스템은 본부에게는 적은 비용으로 급성장을 가능하게 하는 이점을 제공하는 동시에 가맹점에게는 이미 성공한 경영 노하우를 제공받기 때문에 빠른 성공률을 보장하기도 하는 등 장점이 있으나 단점도 있다. 본부와 가맹점 각각의 입장에서 장·단점을 살펴보기로 한다.

1) 본부의 이점

(1) 자신이 체인점을 설치하는 것이 아니라 많은 사업 의욕이 있는 사람을 가맹점으로 모음으로써 점포투자액을 적게 하고 넓은 지역에 단시간 내에 판매망

을 확보할 수 있다. 또한 프랜차이즈 시스템의 실적이 오르고 지명도가 높아지면 체인 전개를 가속화할 수 있다.

(2) 가입비와 로열티 등을 착실히 확보할 수 있기 때문에 안정된 사업을 수행할 수 있다.

(3) 가맹점의 점포스타일, 판매원의 유니폼 등을 통일할 수 있기 때문에 소비자와 업계에 대하여 통일적인 이미지를 강력히 어필할 수 있다.

(4) 상품의 유통을 목적으로 한 프랜차이즈시스템의 경우 확실한 상품유통의 판매망을 확보할 수 있다.

(5) 가맹점 영업상황, 회사 체계, 환경조건의 변화를 보면서 가맹점 모집을 조절, 유연하게 성장시켜 나갈 수 있다.

2) 본부의 단점

(1) 계속적인 지도 원조를 위해 비용과 노력이 필요하다.

(2) 가맹점이 급증한 경우 회사의 지도력체계가 뒤따라가기 힘들며 통제를 할 수 없게 될 우려가 있다.

(3) 가맹점이 프랜차이즈시스템이라는 권리위에 안이한 생각으로 있게 되어 프랜차이즈시스템 전체에 활력이 없어질 우려가 있다.

(4) 투자 효율이 높다고 해서 자기 스스로 점포전개를 하는 것보다 이익 그 자체를 대폭 증가시키는 것은 곤란하다.

(5) 부실채권의 발생 가능성이 크다.

3) 가맹점의 이점

(1) 본부에 의해 효율성이 입증된 프랜차이즈 패키지를 도입하고 본부의 지도·지원을 받기 때문에 실패의 위험이 적다.

(2) 본부의 높은 지명도를 통해 초기부터 소비자의 신뢰도를 높일 수 있다.

(3) 본부가 공동구매를 통해 원재료를 공급해 주기 때문에 품질과 가격 등에서 안정된 공급을 받을 수 있다.

(4) 외부환경 및 소비자행동 변화 등에 본부를 통해 적절한 대응이 가능하다.

(5) 회계처리, 상품개발 등 일반적 경영사항을 본부에서 집중관리하기 때문에 영업활동에만 전념할 수 있다.

4) 가맹점의 단점

(1) 프랜차이즈계약 조항에 대하여 다른 조건 등을 첨부할 여지가 없다.
(2) 계약 해제 시 그때까지의 실적을 자기점포에서 활용할 수 없다.
(3) 본부에 대한 의존이 강해 스스로의 문제해결이나 경영개선 노력을 게을리 할 수 있다.
(4) 본부와 이익 상충 시 본부의 입장을 그대로 받아들여야 하는 경우가 많다.
(5) 표준화된 프로그램이 특정지역의 실정에 맞지 않는 경우라도 변화시키기 어렵다.

3. 체인사업의 특징

체인사업 전체를 두고 보면 대규모 사업이지만, 구성단위로 보면 다수의 가맹점이 소규모로 사업을 하고 있는 셈이다. 백화점이 도시 대중소비자를 주고객으로 하여 다품종 상품을 취급하고 있다면, 체인점은 전문성이 있는 특정상품이나 서비스를 주로 취급하고 있다. 또한 고객을 끄는 데 있어서도 도시집중 형이 아닌 적극적 분산형식을 취하고 있는 것이 특징이다. 따라서 체인사업이 백화점처럼 대도시에 출점할 경우에는 주로 도심의 외곽이나 중·소규모의 시장을 목표로 하는 것이 특징인데, 이러한 중·소도시는 체인사업을 하는 데 있어서 비교적 경쟁력이 강하므로 효과적인 프랜차이즈 사업의 핵심시장이 되는 것이다.

체인사업 방식은 소매업이 주를 이루고 있다. 따라서 프랜차이즈 사업은 경영효율을 높이기 위해 체인 본사의 관리통제 하에 운영되고 있으며, 상품도 본사에 의해 통일적, 정형적으로 기획되는 등 프랜차이즈 사업 특유의 경영상 특징을 갖고 있다. 이를 좀 더 구체적으로 살펴보면 다음과 같다.

1) 체인 본사의 관리 통제

각 가맹점은 체인 본사의 통일적 경영방침에 따라 관리·운영되므로 경영·관리기능은 체인 본사에 집중되어 있으며, 각 가맹점은 판매기능을 주요기능으로 하고 있다. 이와 같이 통일된 경영방침에 따라 판매기능을 분산하는 것은 체인사업 운영에 있어 매우 중요한 요소이다.

2) 머천다이징의 통일성

가맹점에 제공되고 있는 상품은 정형화, 표준화되어 있는 상품이므로 제공방법도 획일화·표준화되어 있어야 한다. 또한 상품에 있어서 머천다이징의 집중화와 동질화를 전제로 하기 때문에 각 가맹점에서 제공되는 상품은 각 가맹점에서 기획한 것이 아니라 체인 본사에서 통일적, 정형적으로 기획된 것이어야 한다.

3) 최저 점포 수가 11개 이상

프랜차이즈 사업이 시스템화하여 체인사업으로서의 역할을 다하기 위해서는 최소한의 점포 수가 확보되어야 하는데, 국제기준 11개 이상의 점포가 있어야 합당한 프랜차이즈 시스템이 가동될 수 있다. 즉, 11개 이상의 점포를 체인 본사가 통제하는 고도의 획일화, 표준화를 달성한 시스템을 가지고 전체의 판매력과 시장 점유율을 강화해 나가는 '소매조직'이라고 할 수 있다.

체인사업은 체인 본사에 경영관리 기능이 집중되어 있고, 판매기능은 가맹점으로 분산되는 특수한 성격을 가진 조직이라는 점에서 독창적인 특징을 가지고 있다고 할 수 있다.

4) 표준화, 단순화, 규격화가 경영원칙

가맹점이 많이 확보되어 체인사업의 매력을 느꼈다 하더라도 비용절감이 이루어지지 않은 상태에서 무계획적으로 참여한다는 것은 문제가 있다. 계획도 없이, 표준화되지도 않은 상태에서 가맹점만 개설하게 되면 체인 본사로서는 그 기능을 제대로 발휘할 수가 없으며, 오히려 인원과 경비만 늘어 결국 다점포화의 장점은 없어지고, 체인사업 경영자체도 어려워질 수 있다.

사례 9-5

프랜차이즈 본사는 가맹비만… 재료 유통과정은 투명

미국은 세계 프랜차이즈의 원조국으로 꼽힌다. 1870년대 말 각 열차역을 중심으로 운영된 음식점을 최초의 외식 프랜차이즈로 본다. 본격적으로 시장이 형성되기 시작한 것은 1950년 맥도날드가 등장하면서다. 미국 대표 햄버거 레스토랑 프랜차이즈인 '자니로켓' 마이크 놀란 대표(58)가 한국을 찾았다. 그는 국내 프랜차이즈 업계에 대해 "한국 프랜차이즈 시장이 한 단계 진화하기 위한 성장통을 겪고 있다"고 말했다. 또한 "미국 프랜차이즈 시장은 법적으로 가맹비 외에는 본사가 이익을 낼 수 없는 구조다. 재료 공급은 본사가 지정한 식품 업체가 있다. 한 곳이 아니고 여러 곳이다. 가맹점주는 이들 업체 중 원하는 곳에서 필요한 재료를 납품받는다. 이전에는 본사가 재료를 사서 가맹점주에게 납품하는 방식이었다. 이 과정에서 본사가 마진을 챙겼고 마찰이 생겼다. 식품업체 지정과 관련된 공정성에 대한 의심을 없애기 위해 선정 기준은 아주 엄격하다." 즉, "본사는 브랜드를 제공하고, 마케팅하고, 제품 품질이 유지되도록 관리를 한다. 이런 역할을 수행하기 위한 비용이 필요하니 가맹점주는 기꺼이 가맹비를 낸다. 자니로켓이 설립된 지 30년이 됐다. 그간 매출 중 가맹비 비율은 달라졌지만, 방식이 달라진 적은 없었고, 문제도 없었다. 현재는 5 ~ 6%를 받는다."

"신규 매장을 낼 때는 많은 것을 따지고 조사한다. 예컨대 인도 매장에 소고기 패티는 없다. 양고기나 닭고기, 물소고기로 만든 패티를 이용한다. 해당 지역의 종교적, 문화적인 부분까지 고려해서 1년에 평균 두 번은 메뉴 개편을 진행한다. 시간과 정성이 걸리는 일이고, 서둘러서도 안 된다. 대신 입지 선정에 신중을 기한다. 공항이나 테마파크처럼 유동인구가 많은 지역에 매장을 내면 자연스레 홍보 효과가 난다. 한국에도 대부분 백화점, 쇼핑몰 등에 매장을 낸 것도 이런 이유다."

프랜차이즈의 성공 요건을 꼽는다면, "자본이 넉넉해야 하고 원활한 물류 등 시스템을 운영할 관리 능력이 있어야 한다. 고객의 취향이나 특성은 물론 문화

종교적인 상황, 부동산이나 인력 운영 방식까지 해당 지역에 대한 다방면의 지식이 필요하다. 사업을 성공시키겠다는 의지도 강해야 한다. 자니로켓이 새로운 국가에 진출할 때 파트너를 선정하는 기준이기도 하다.

자료원: 중앙일보, 2017.11.15. 기사편집

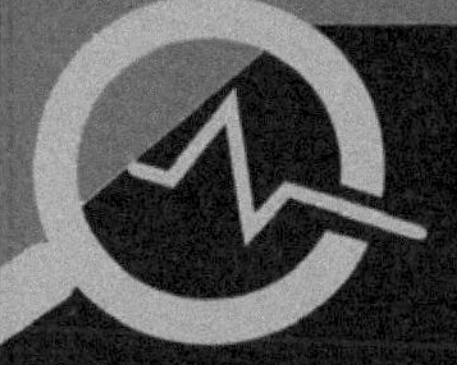

제10장

유통정보시스템

제10장 유통정보시스템

컴퓨터와 통신기술의 발달은 정보통신기술의 발전을 가져왔고, 새로운 유통정보시스템의 구축이 유통업체들의 생존을 위한 경쟁력의 원천이 되고 있다. 최상의 유통정보시스템 구축은 공급업자와 유통업체뿐만 아니라 최종소비자에게도 혜택을 주고 있다.

제1절 유통정보시스템의 의의와 필요성

1. 유통정보시스템의 의의

유통정보시스템(Distribution Information System)은 기업의 유통활동 수행에 필요한 정보의 흐름을 통합하는 기능을 통해 전사적 유통 또는 통합유통을 가능하게 하는 동시에 유통계획, 관리, 거래처리 등에 필요한 데이터를 처리하여 유통관련 의사결정에 필요한 정보를 적시에 제공하는 정보시스템이다. 또한 제조업체의 원료구입과 생산에서 소비자 구매에 이르기까지 상품 흐름을 유기적으로 결합해 모든 유통과정을 파악할 수 있도록 표준화한 정보 공유시스템을 만드는 과정이라고도 할 수 있다.

유통정보시스템은 유통 환경 변화에 의한 소비자 욕구의 다양화와 다품종 소량생산 환경 등에 의한 유통·판매 활동이 복잡하고 다양해짐에 따라 발전을 가속시켜 왔으며, 정보화 추진에 따른 컴퓨터와 정보통신수단의 발달에 따라 변화해 왔다.

유통정보란 포장, 하역, 보관 및 운송, 판매 등 각 유통과정 속에서 발생되는 제반정보를 의미하는데, 이러한 유통정보는 개별적으로 유통기능을 발생시키지는 않지만 유통정보가 생산, 재고, 판매 등 여러 유통과정을 효율적으로 수행될 수 있도록 연결시켜주는 역할을 수행하도록 각 기능 간 상호 연결하여 전체적인 유통관리를 효율적으로 할 수 있는 유통정보시스템이 필요하게 되었다.

유통정보시스템이란 생산에서 시작해서 소비자에게 이르는 모든 유통과정을 시스템적으로 파악하는 것을 의미하며, 다양화·개성화된 소비자 욕구에 부합하는 상품제공을 수행하기 위해서, 정보의 수집·처리, 소비자 특성, 구매경로의 수집, 상품판매정보의 수집 등에 이르는 제반 과정을 시스템화하는 것을 말한다. 이러한 유통정보시스템은 유통활동기능의 고도화와 생산성 향상을 위하여 제품의 특성, 조직의 실태와 목적을 고려한 유통과정 전반에 걸친 의사결정을 지원하기 위한 마케팅 정보시스템의 하부 시스템이라고도 할 수 있다.

2. 유통정보시스템의 필요성

유통정보시스템의 역할은 유통정보시스템을 이용하는 경로구성원들이 여러가지 활동결과인 성과를 개선하고 유통 업무에 관한 모든 의사결정자의 의사결정을 지원함과 동시에 그것을 개선하고, 그 전략적인 활용에 따른 경쟁상의 우위를 획득하며, 유통에 관한 여러 가지 업무를 신속하고 효율적으로 처리하는 것이라고 말할 수 있다.

유통정보시스템은 제조업체의 생산계획과 도매상과 소매상의 구매계획에 도움을 줌으로써 고객들의 대기시간을 단축시켜 재고량의 감소를 가져올 수 있다. 즉, 유통정보시스템은 주문, 재고조사, 재고유지 및 관리 등의 작업시간을 줄여 줄 뿐만 아니라 유통경로의 수송비용과 시간을 감소시킨다. 또한 하역 및 선적에 있어서 선적 일정, 수송 경로, 제품 수송 등의 수송현황이 중앙의 데이터베이스에 기록됨으로써 항상 고객에게 일관된 수송서비스를 제공할 수 있다.

소매상에게는 소비자의 구매성향과 구매습관을 파악할 수 있기에 소비자가 쉽고 편리하게 구매할 수 있도록 최적의 제품구색을 갖출 수 있게 해주며, 여러 판매점에 대한 주문, 취급량, 배분, 판매 및 점포의 재고 파악 등과 같은 업무에도 유용하다.

유통정보시스템은 촉진활동의 성과가 유통의 정보화로 인한 객관적 자료에 의해 과학적으로 평가될 수 있다. 이는 단기적인 유인책으로 인해 유통경로구성원 간 갈등을 초래할 가능성이 있는 판촉활동을 과학적으로 하게 됨으로서 양자에게 있어서 효과적인 촉진을 할 수 있게 한다. 또한 유통정보시스템은 기업 간 서류 및 비용의 절감효과를 가져오며, 업무의 효율을 높임으로 기업의 경쟁력을 강화시킨다. 그러므로 효율적인 유통경로관리와 유통경로성과 향상을 위해 유통정보시스템의 구축이 필요하며, 유통정보시스템은 경영정보시스템과 마케팅정보시스템의 하위시스템으로서 기업전체의 경영정보시스템과 마케팅정보시스템에 연계하여 반드시 구축되어야 한다.

사례 10-1

대형마트, '디지털' 속으로

대형마트 내 시스템이 고객의 얼굴과 동선, 소비 패턴을 파악하고 가장 적절한 상품 정보를 보여준다. 기다림도 계산도 필요 없다. 원하는 상품을 장바구니에 담아 그대로 마트를 나서면 된다. 가까운 미래에 구현될 '미래형 마트'의 한 장면이다. 국내외 대형마트들이 속속 미래형 마트 인프라 구축에 필요한 기술을 도입하고 있다.

이마트는 삼성전자의 '디지털 사이니지(Digital Signage)' 하드웨어 시스템을 도입해 쇼핑패턴 분석 기술 등을 공동 개발, 유통과 정보기술(IT)을 결합한 보다 정교화한 미래형 유통을 선보인다는 계획을 내놨다. 디지털 사이니지란 TV나 LED 등 디지털 디스플레이를 이용한 옥내외 광고로, 관제센터에서 통신망을 통해 광고 내용을 제어하는 새로운 개념의 광고판을 말한다. 디지털 사이니지는 소비자 구매 패턴을 분석한 빅데이터와 결합해 더욱 정교한 쇼핑 서비스를 제공한다. 디지털 광고는 소비자가 찾는 상품을 적시에 보여줘 '타기팅(Targeting)

광고'가 가능하다. 이마트는 현재 개발 중인 고객 '안면인식 프로파일링(Profiling)' 기술을 통해 고객의 성별과 연령대에 따라 가장 적절한 광고를 노출하는 시스템도 선보인다는 중장기 계획도 세웠다.

롯데마트는 지난 4월 서울양평점에 디지털 사이니지를 본격 도입한 후 서초점을 비롯해 신규점 및 리뉴얼 점포에 디지털 사이니지를 확대하고 있다.

이마트가 2017년 10월 도입할 쇼핑 패턴 분석 기술은 '쇼핑의 과학화'에 한발 더 다가간다. '히트맵(Heat Map)'으로 불리는 고객 동선 분석 기술을 통해 누가 어떤 물건을 어디에서 구입하는지, 어느 매대에서 얼마나 오래 머무는지, 어느 경로로 움직이는지 등을 분석하는 것이 가능해진다. 고객 동선 정보는 매장 진열 기법과 상품 배치, 재고 관리 등에 활용된다.

유통과 IT가 결합한 미래형 마트의 또 다른 중요한 축은 '무인화'이다. 미국 최대 온라인 쇼핑몰인 아마존은 지난 1월 세계 최초로 무인 슈퍼마켓 체인 '아마존 고'를 열고 '계산대 없는 미래형 마트'를 예고했다. 고객은 매장에 들어올 때 스마트폰에 등록된 애플리케이션을 실행, 고유 계정을 활성화한 후 원하는 물건을 바로 가방에 담아서 가지고 나갈 수 있다. 바구니 안의 물건을 다시 꺼내 일일이 바코드를 찍는 계산 절차를 생략한 것이다. 고객이 매장을 나서는 순간 자동으로 아마존 계정에 비용이 청구·결제되고 곧바로 영수증이 전송된다. 롯데슈퍼는 2017년 3월 국내 최초로 360도 자동 스캔되는 '셀프 계산서비스' 운영을 시작했고, 롯데마트도 양평점과 서초점에 무인계산대 4대를 도입했다. 세븐일레븐은 롯데카드·롯데정보통신 등과 연계해 국내 최초 무인점포인 '세븐일레븐 시그니처'를 개점했다. 세븐일레븐 시그니처는 세계 최초로 손바닥 정맥을 활용한 결제시스템이 도입된 편의점이다.

자료원: 경향신문, 2017.08.28. 기사편집

제2절 유통정보기술의 유형

1. EDI

EDI(Electronic Data Interchange: 전자문서교환)는 기업 간의 거래내용이나 관련정보를 정형화된 표준양식과 코드체계를 이용하여 컴퓨터와 컴퓨터 사이의 직접통신에 의해 교환하는 기술이다.

EDI를 이용하면 지금까지 종이형태의 문서에 기록하고 서명한 다음, 우편을 통해 전달되던 각종 주문서, 송장, 지불명세서 등이 데이터통신망을 통해 전송되고 처리되는 방법이다.

Web EDI(Electronic Data Interchange, 웹 전자문서교환)는 폐쇄적으로 이용되어 오던 전용선 기반이나 텍스트 기반의 전자문서교환(EDI) 서비스를 웹 기반으로 포팅한 것으로 전자문서교환(EDI) 서비스에 웹을 도입함으로써 세계 어느 지역에서도 EDI 서비스를 이용할 수 있으며, 전용선 서비스에 비해 저렴하고 특별한 접속 프로그램 없이 쉽고 간편하게 사용할 수 있는 장점이 있으나 개방적인 인터넷 환경을 사용하기 때문에 생기는 정보 보안의 단점이 있다.

1) EDI시스템 도입 효과

첫째, 유통경로구성원간의 커뮤니케이션을 빠르고 정확하게 수행할 수 있게 된다.

둘째, 사무 처리 비용, 인건비 등 각종 비용의 절감을 가져올 수 있게 해준다.

셋째, 신속하고도 정확한 주문 및 배달 처리로 적정 재고를 유지할 수 있게 된다.

넷째, 수작업이나 서류 및 자료의 재입력을 하지 않게 되어 실수 및 오류가 발생되지 않도록 예방할 수 있도록 해준다.

다섯째, 분산된 정보를 통합하여 신속하게 전달하고 처리 및 보관된 정보를 다른 정보망과 연결시켜 다각적으로 정보망을 구축함으로서 신속하고 정확한 의사 결정을 할 수 있다.

여섯째, 기존 경쟁자에 대해서 차별화가 가능하고 새로운 경쟁자에 대해서는 진입장벽구축의 효과를 가져 올 수 있도록 한다.

2) EDI시스템 문제점

첫째, 주문이 매우 빠르게 전송, 처리, 선적되기 때문에 주문을 변경하기 어렵다.

둘째, EDI시스템에 연결되어 있지 않은 유통경로구성원에 대해서는 서류를 통한 커뮤니케이션으로 인해 이중 커뮤니케이션 체제가 요구될 수 있다.

셋째, 제 삼자 컴퓨터를 이용하는 경우 전송되는 정보에 관한 보안과 통제가 어려울 수 있다.

넷째, 커뮤니케이션 당사자들인 제조업자와 유통업자의 컴퓨터시스템, 회계, 재무, 구매, 판매, 물류부서 등과의 상호조정이 어려울 수 있다.

다섯째, 메시지와 의사소통의 표준 마련이 어려울 수 있다.

사례 10-2

[미니박스] 월마트와 P&G의 성공 사례

월마트는 헤어, 면도기, 칫솔, 생리대 등 전 세계 어디에서도 잘 판매되고 있는 브랜드를 가진 P&G를 전략적 파트너로 삼았다. 두 회사는 상호 파트너십을 발전시켜 기업 간의 데이터를 효율적으로 교환하기 위한 표준화 시스템인 EDI(Electronic Data Interchange) 등을 이용해 상호간의 정보를 공유함으로써, 고객의 동향을 쉽게 파악하고 물류를 개선함에 따라 신속한 의사 결정으로 능률을 개선할 수 있도록 했다.

이에 월마트는 납품물량을 선점할 수 있는 전략적 제휴를 통해 보다 저렴한 가격으로 제품을 공급받았으며, 지속적인 소비자 마케팅 연구를 통한 P&G의 마케팅 역량을 활용해 더 많은 소비자를 마트로 유입할 수 있게 했다. P&G는 월마트와의 전략적 계약을 통해 글로벌 납품물량 규모를 미리 확정지을 수 있을 뿐 아니라, 월마트 내에서 경쟁사들보다 우위를 점할 수 있었다. 아울러 두 회사의 전략적인 동맹 관계를 통해 월마트는 배송센터를 재고 담당 물류센터에서 수송기지로 변모시켰고, 연간 재고 회전수가 2배 이상 증가하는 효과를 얻었다. P&G는 이를 통해 세일즈맨의 영업 활동을 줄일 수 있었고 모든 매장에서 동일한 가격으로 제품을 판매해 소비자의 신뢰도 역시 높일 수 있었다.

이코노믹리뷰, 2017.06.12. 기사편집

2. 바코드

바코드는 상품을 식별하는데 가장 효과적인 수단으로 특정포장이나 특정상품을 식별할 수 있도록 포장이나 상품에 부착하는 막대표시를 말한다.

1) 바코드의 정의

바코드(Bar Code)란 폭이 다른 검은 바(Bar)와 흰 바(Space)의 조합을 이용하여 데이터를 표시하는 자동인식기술로 스캐너나 판독기는 검은 바 및 흰 바의 폭과 반사도 차이를 구분함으로써 입력된 데이터를 인식하는 방법이다. 검은 바와 흰 바가 단층 1열로 배열되어 있는 바코드를 1차원 또는 선형 바코드라고 하며 다층 또는 방사형으로 배열되어 있는 바코드를 2차원 바코드라고 한다. 바코드에는 숫자나 문자, 기호, 이미지 등을 일부 또는 모두 입력할 수 있다. 기존의 입력수단인 키입력이나 OCR 방식, 자기방식 등에 비해 신속하고 정확하며, 가격이 저렴하기 때문에 상품을 인식하는 가장 적절한 입력수단으로 평가되고 있다.

2) 바코드의 입력 방법

바코드를 입력하는 방법은 그 입력 주체에 따라 소스마킹과 인스토아마킹이 있다.

(1) 소스마킹

소스마킹(Source-Marking)이란 상품제조업체 및 수입업자가 상품의 생산이나 포장단계에서 일괄적으로 코드를 입력하는 방법이다. 즉, 상품의 포장 또는 상품에 일괄적으로 마킹하는 방법으로, 한국 내 유통업계에서는 POS시스템 도입이 급증하면서 대부분의 상품에 소스마킹을 하고 있다.

소스마킹을 하게 되면, 제조업체의 경우 판매정보를 기초로 정확한 생산계획을 수립할 수 있으며, 광고나 판매촉진의 효과를 측정할 수 있다. 또한 재고관리와 출고·배송의 합리화를 도모할 수 있으며, 유통업체의 경우에는 매출액 계산의 간편효과, 신속성을 얻을 수 있으며, 표시비용을 절감할 수 있다는 등의 장점이 있다.

(2) 인스토아마킹

인스토아마킹(In-Store Marking)이란 유통업체에서 청과, 야채, 정육 등을 포장하면서 일정한 기준으로 정해진 코드를 계량 및 탁상프린터 등으로 라벨에 인쇄하여 상품에 붙이는 방법으로 주로 소스마킹에 적합하지 않은 상품의 경우에 해당된다.

소스마킹의 경우 KAN체계를 따르고 있기에 전 세계적으로 활용이 가능하지만, 인스토아마킹의 경우 표준코드체계가 설정되어 있지 않아 인스토아마킹을 실시하는 해당업체에서만 사용이 가능하다는 단점이 있다.

3) 공통상품코드

대한민국에서 이용하고 있는 KAN(Korean Article Number)이라는 코드는 국제코드관리기관인 EAN(European Article Number) International에서 1988년에 부여받은 한국 고유의 국가코드(880)를 말한다. 따라서 한국 내 제조·유통업체에서 이용하는 코드는 기본적으로 EAN 바코드를 이용하고 있으며, 미국이나 캐나다 등의 북미지역과의 거래에서는 UPC체계에 의한 바코드를 이용하고 있다.

EAN 바코드체계는 표준형과 단축형 두 가지로, 표준형은 일반상품에서 사용하는 것으로 국가식별코드 3자리, 제조업체코드 4자리, 상품품목코드 5자리, 체크디지트 1자리의 전체 13자리로 구성되어 있으며, 단축형은 담배나 껌과 같이 표준형 코드를 표시하기에 여백 확보가 어려운 상품에 사용하므로 국가식별코드 3자리, 제조업체코드 3자리, 상품품목코드 1자리, 체크디지트 1자리인 8자리로 구성되어 있다.

[그림 10-1] EAN-13 표준형 바코드

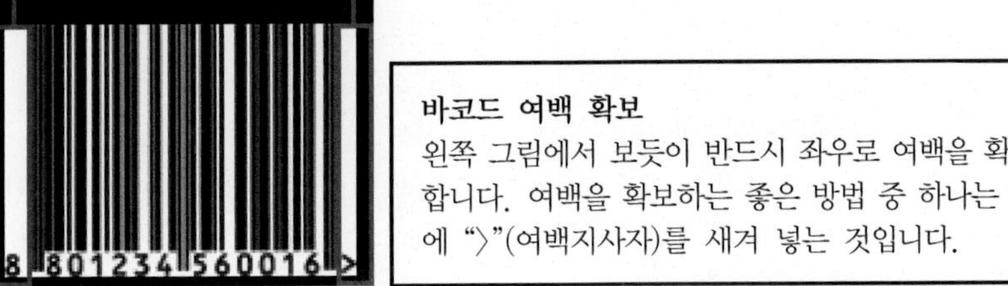

바코드 여백 확보
왼쪽 그림에서 보듯이 반드시 좌우로 여백을 확보해야 합니다. 여백을 확보하는 좋은 방법 중 하나는 바코드에 "〉"(여백지사자)를 새겨 넣는 것입니다.

[그림 10-2] EAN-8 단축형 바코드

국제표준식별코드인 GTIN(Global Trade Item Number, 표준상품식별코드)은 상품식별에 사용되며, 소비자에게 판매되는 모든 낱개 상품 뿐 아니라 다수의 상품이 포장된 박스 상품에 부여되는 식별코드이다. GTIN의 종류에는 GTIN-8, GTIN-12, GTIN-13, GTIN-14(표준물류코드)가 있으며, 바코드에 입력되어 유통업체 POS관리, 입출고, 재고관리, 주문, 판매 분석 등 다양한 분야에 활용되고 있다.[6)]

〈표 10-1〉 국가별 상품코드번호

국가 코드	국 명	국가 코드	국 명
1~09	미국(UPC)	729	이스라엘
20~29	Instorg 번호	73	스웨덴
30~37	프랑스	750	멕시코
40~43	서 독	76	스위스
460~469	소 련	779	아르헨티나
471	대 만	789	브라질
49	일 본	80~83	이탈리아
50	영국·아일랜드	84	스페인
520	그리스	859	체코슬로바키아
529	키프러스	860	유고슬라비아
54	벨기에·룩셈부르크	87	네덜란드
560	포르투갈	880	한 국
569	아이슬란드	888	싱가포르
57	덴마크	90~91	오스트리아
599	헝가리	93	오스트레일리아
600~601	남아프리카 공화국	94	뉴질랜드
611	모로코	977	정기간행물(ISSN)
64	핀란드	978~979	서적(ISBN)
690	중국	980	환불영수증
70	노르웨이	99	쿠폰

6) 유통물류진흥원 GS1식별코드

사례 10-3

바코드 찍어 앱으로 상품정보 확인 '행복드림 앱'

'행복드림 앱'은 스마트폰으로 상품의 바코드만 찍으면 상품별 기본 정보와 위해·인증 정보를 손쉽게 확인할 수 있다. 앱에는 공산품이나 식품 등 제품군의 위해·리콜 정보가 상세하게 들어 있다. 위해·리콜정보란 소비자에게 피해를 줄 수 있는 성분의 함유, 세균감염 등 이유로 해당 제품을 더는 판매하거나 사용해서는 안 된다는 것을 알려주는 정보다. 자주 사는 제품은 행복드림 앱에 '관심정보'로 등록해 놓으면 판매 중지 사실을 모른 채 사용하거나 다시 사는 일을 막을 수 있다.

행복드림 앱은 소비자 피해상담과 피해구제 신청이 한 번에 가능한 '소비자피해구제 통합 창구'의 역할도 한다. 상품 피해를 본 소비자는 행복드림 앱에서 회원가입을 한 후 담당 기관을 쉽게 선택해 신청할 수 있다. 메시지로 자신이 신청한 소비자 민원이 어떻게 진행되고 처리됐는지 편리하게 알려준다.

공정거래위원회는 올해 행복드림 앱 1단계 서비스를 시작했다. 식품·공산품의 리콜·인증(KC, 친환경 표지 등) 정보, 축산물 이력 정보, 병행수입 상품 통관 정보, 상품 바코드 기본 정보(규격·원산지 등) 등 7개 기관의 상품 정보를 구매 전 맞춤형으로 제공받을 수 있다. 화장품·의약품·자동차·금융 상품 정보는 내년 2단계 서비스를 통해 본격 제공될 예정이다.

행복드림 앱은 구글 플레이스토어나 앱스토어에서 '행복드림'으로 검색해 내려 받으면 된다. 행복드림열린소비자포털로 접속해 서비스를 이용할 수 있다. 주부 전나경(33)씨는 "살충제 계란 사태 이후 자주 먹는 식품이나 유아용품은 구매 시 상품 정보를 확인하고 있다"면서 "상품 정보 조회와 피해구제 신청까지 한 번에 가능한 주부들의 필수 앱"이라고 이용 소감을 밝혔다.

자료원: 중앙일보, 2017.09.25. 기사편집

3. POS시스템

POS(Point of Sales)시스템은 상품판매시점에서의 정보를 제공하는 기기로 유통업체 매장에서 판매와 동시에 품목, 가격, 수량 등의 유통정보를 자동으로 컴퓨터에 입력시켜 정보를 분석, 활용하는 관리시스템이다. 판매정보의 자동입력을 위해 상품포장지에 바코드를 인쇄 또는 부착하면 해당 상품이 판독기(스캐너)를 통과할 때 그 상품의 각종 정보가 자동으로 메인 컴퓨터에 입력된다. 유통업체는 POS를 통해 많은 상품의 매출 동향과 재고 수준을 신속 정확하게 파악할 수 있으며 다양한 분석기법을 적용하여 습득된 정보를 토대로 물류전략 수립, 판촉기법 개발, 매대 진열 등을 할 수 있다.

1) POS시스템의 구성기기

POS시스템은 각각의 역할을 수행하는 각종기기들의 결합으로 구성되어 있는데, 주요기기들을 살펴보면 다음 [그림 10-3]과 같다.

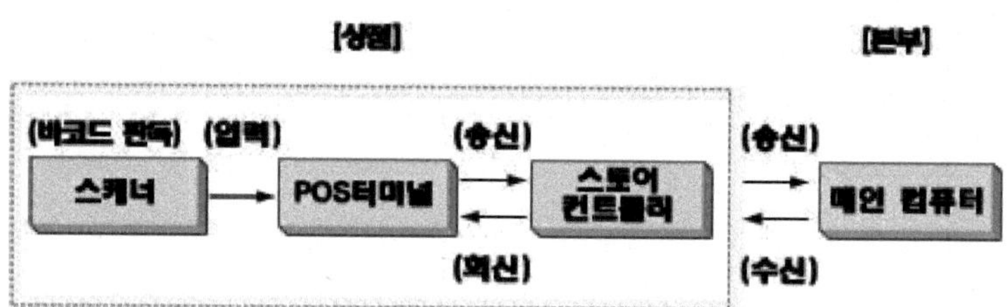

[그림 10-3] POS시스템

(1) POS 터미널

금전등록기 기능과 함께, 스캐너라는 광학식 자동판독장치와 연결해서, 상품 코드로 표시되어 있는 상품정보를 읽어 들이는 기계로서, 바코드, 금전 등록 및 출납, 영수증 발행, 신용카드 정보의 자동판독기능 외에 기록 및 통신기능들을 가지고 있다.

(2) 스캐너(Scanner)

바코드, OCR문자, 자기방식 등으로 코드화된 심볼을 자동 판독하는 장치로서, 고정식과 핸드스캐너, 펜 스캐너 등이 있다. 자동판독된 심볼을 변환장치를 거쳐 전기신호로 전환되어 POS터미널로 보내는 기능을 수행한다.

(3) 스토어 컨트롤러(Store Controller)

POS시스템의 핵심 컴퓨터로서, 상점내의 복수의 POS터미널을 통제하면서 상품정보에 관한 수집과 집계, 각종 보고서의 발행, 본부와의 정보교환 등의 기능을 수행한다.

2) POS시스템의 도입 효과

POS시스템의 도입에 따른 정보의 흐름은 유통업체 뿐 아니라 제조업자와 소비자 모두에게 유용한 효과를 가져 온다.

첫째, 매상등록시간의 단축으로 고객대기시간 및 계산대의 수를 줄일 수 있음으로 시간과 비용 절감 효과를 가져 온다.

둘째, 판매원교육 및 훈련시간이 짧아지고 수작업에 의한 입력오류를 방지할 수 있다.

셋째, 제조회사의 경우 고객의 선호도를 즉시에 파악할 수 있으며, 상품의 점유율과 같은 정보를 손쉽게 획득할 수 있을 뿐 아니라, 판촉효과를 분석함으로써 적절한 상품계획을 수립할 수 있다.

넷째, 자동발주시스템(Electronic Order System: EOS)과 연계하여 주문관리, 재고관리, 판매관리의 과학화를 기할 수 있으며 신속하고 적절한 구매를 할 수 있다.

다섯째, 계산과 관련하여 소비자의 신뢰감을 높여 점포이미지를 개선할 수 있다.

〈표 10-2〉 소매업의 POS 데이터 활용방법

<table>
<tr><th colspan="2">적용범위</th><th>주된 목적</th><th>필요한 가공, 분석</th></tr>
<tr><td rowspan="5">상품정보관리</td><td>매출관리</td><td>• 입금관리
• 부문별판매, 총이익관리
• 시간대별 판매관리</td><td>• 시간대별 매출분석</td></tr>
<tr><td>상품 진열계획</td><td>• 인기/비인기 상품관리
• 신상품도입의 평가
• PB상품 개발 계획</td><td>• ABC 분석
• 신상품 동향 분석
• PB상품 판매동향 분석</td></tr>
<tr><td>진열관리</td><td>• 진열방식 계획
• 레이아웃(점포설계)</td><td>• 진열기법 분석
• 쇼핑형태 분석
• 점내경쟁 분석</td></tr>
<tr><td>판촉계획</td><td>• 적절한 판촉활동(매체, 시기, 기간)
• 적정판매가격결정</td><td>• 판촉효과 분석
• 매가분석
• 판매단가와 판매량분석</td></tr>
<tr><td>발주, 재고관리</td><td>• 발주권고
• 자동보충발주
• 판매량예측(일배품)
• 재고조회
(점포 간, 점포창고, 배송 센터 등)</td><td>• 적정발주량 산출
• 판매요인 분석</td></tr>
<tr><td colspan="2">종업원 정보관리</td><td>• 계산원 관리
• 임금계산의 자동화</td><td>• 계산대별 정산
• 생산성 분석</td></tr>
<tr><td colspan="2">고객 정보관리</td><td>• 적절한 DM(Direct Mail)
• 계산대 서비스
• 지역마케팅
• 사후서비스</td><td>• 구입 빈도 분석
• 지역별 판매 분석
• 연령별 판매 분석</td></tr>
</table>

사례 10-4

POS 시스템의 변신

기존의 전통적인 POS(Point Of Sales) 시스템은 고객보다 높은 자리에 앉아서 자기 할 일만 하는 수동적인 시스템이었다. 현장의 필요한 업무에 따라서는 앉아 있는 POS 시스템도 필요하지만, 최근 데이터 처리 장치의 휴대성과 소형화, 무선처리 기술의 발달에 힘입어 이동하면서 돌아다니고 있는 POS 시스템으로, 움직이는 POS 시스템으로 확장되어 이용성이 크게 높아졌다. 최근 10년 사이 우리나라의 대형 항공사부터 시작한 기내 판매 POS시스템이 대표적인 사례이다. 서버로부터 다양한 POS 정보를 다운받은 휴대형 POS 단말기를 들고 다니면서 상품을 판매하기도 하고 상품 검색 및 조회도 하고, 결제 금액 처리를 카드로 고객이 있는 자리에서 긁고 영수증도 뽑아주는 등 고객 서비스 향상에 크게 이바지하고 있다.

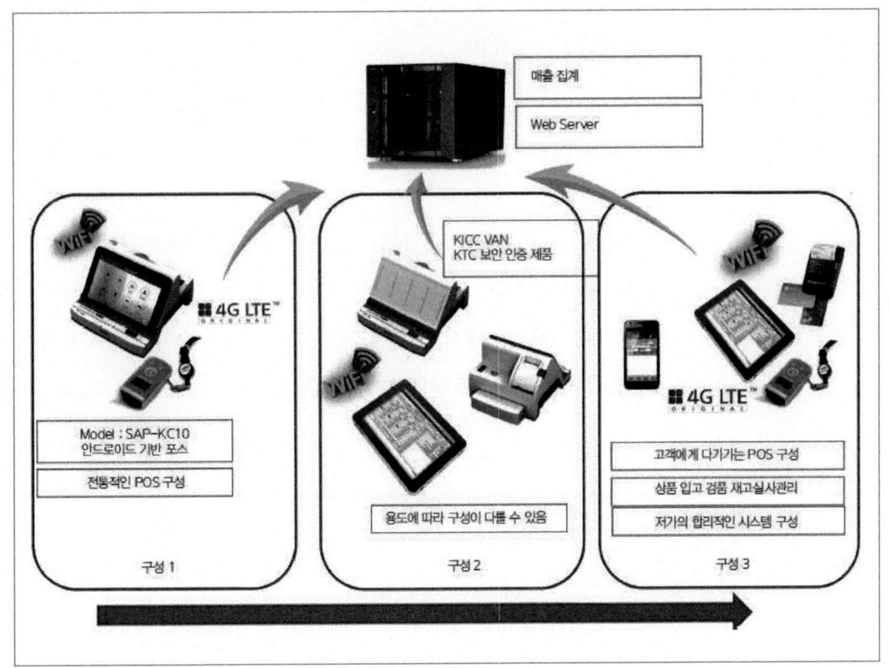

[그림 10-4] 앉아 있는 POS가 고객에게 다가가는 POS로

통상적으로 전통적인 POS 시스템은 앉아 있는 POS 시스템으로 상품 검색이나 조회를 하거나 카드 결제를 하려면 고객이 매장 입구에 있는 카운터의 POS 시스템으로 가야 했다. 하지만 이제는 전국의 어는 매장이나 고객이 움직이는 장소에 POS 시스템이 있는 것이다. 고객의 취향에 따라 관심이 있는 상품 앞에 서면 눈앞에 있는 제품은 바로 만져 보거나 구매를 하면 되는데 또 다른 상품이나 다른 가격대의 상품을 보려면 그 즉시 직원이 휴대하고 있는 태블릿 PC에서 상품 검색을 하고 상품의 구매 결정을 해주면 된다.

매장에서 정기적으로 실시하는 재고 실사는 바코드가 전체 상품에 붙어 있어도 수기 등록에 의존할 때는 4시간 반이 꼬박 걸렸는데 태블릿 PC에 연결된 무선 블루투스 스캐너(PM-3)를 도입한 이후로는 재고 실사 시간이 대폭 줄어 1시간 반 정도면 충분하게 처리된다. 또한 매장으로의 입고처리, 반품처리 등의 업무와 매장 간 이동 시 상품이 움직일 때는 누구나 모두가 휴대하고 있는 스마트폰과 연동하여 바코드 스캔으로 모든 정보 처리를 할 수 있어, 그 큰 매장의 입구에 있는 고정형 POS 시스템으로 왔다 갔다 해야 하는 동선이 대폭 단축이 되어 업무 효율이 극대화되었다고 한다.

SOS정보기술은 또 다시 고객에게 다가가는 POS 시스템 시장을 열고 있다. 평소에는 IC와 MSR 카드 리더가 붙어 있는 도킹 시스템에 앉아 있다가, 고객이 원하면 태블릿 POS를 들고 고객에게 다가가 무선 블루투스 스캐너(PM-3)로 상품을 선택한 후에, 판매도 하고 반품 및 교환 처리도 하며, 카드 결제도 도킹 시스템(SAP-KC10)과 떨어진 곳에서 KTC 보안 인증을 받은 IC카드 일체형 프린터에 의해 카드(KICC VAN) 승인까지 처리한 상태로, 카드 영수증을 발급을 받을 수 있는 시스템을 구현하여 일부 현업에서 성공적으로 적용되고 있다.

자료원: 헬로티, 2016.08.24. 기사편집

4. RFID

RFID(Radio Frequency IDentification : 무선인식)란 제품에 붙이는 태그(Tag)에 생산, 유통, 보관, 소비의 전 과정에 대한 정보를 담고 자체 안테나를 갖추고 있으며, 리더(Reader)로 하여금 이 정보를 읽고, 인공위성이나 이동통신망과 연계하여 정보시스템과 통합하여 사용되는 활동, 또는 칩을 말한다. 기능은 바코드와 비슷하지만 접촉하지 않고도 수십 미터까지 읽을 수 있고, RFID 하나에 제품의 정보를 여러 개 집어넣을 수 있어 바코드보다 훨씬 활용범위가 넓다.

1) RFID의 특징

첫째, RFID는 감시대상 품목이 한 지점으로부터 다른 지점으로 이동할 때 태그 내부에 저장되어 있는 정보를 효과적으로, 실시간 갱신할 수 있다.

둘째, RFID태그는 비금속 물질을 투과해서도 읽을 수 있으며 판독기에 직접 접촉해야 할 필요가 없기 때문에 복잡한 환경에서도 이상적이다.

셋째, RFID는 태그 시설의 제한을 받지 않기 때문에, 태그를 피부 아래, 옷 가장자리 속, 책갈피 속에 심어 놓을 수 있다.

넷째, 안정성과 빠른 판독시간을 들 수 있다.

2) RFID의 구성요소

RFID는 태그에 데이터를 기록하고 그것을 판독하는데 무선전파를 이용한다. 판독기는 전파를 내보내 태그가 반송하는 정보를 수신하는 장치이다. RFID는 [그림 10-5]에서 볼 수 있듯이 안테나가 포함된 판독기(Reader), 무선자원을 송·수신할 수 있는 안테나Antenna), 정보를 저장하고 데이터를 교환하는 태그(Tag : Transponder), 호스트컴퓨터인 서버(Serve) 및 네트워크, 응용프로그램(ERP, SCM) 등의 요소로 구성된다.

안테나는 판독기에 부착되어 태그에 입력된 EPC(Electronic Product Code 전자상품코드를 읽기 위한 신호의 수·발신 기능을 갖고 컴퓨터와 태그 사이의 통신을 가능하게 한다. 또한 태그는 아주 작아서 피부에 삽입할 수 있을 정도의 크기로부터 트럭, 컨테이너 등에 사용할 수 있는 대형크기에 이르기까지 매우 다양하다. 태그의 메모리 용량은 용도에 따라 달라지며 송신의 가능여부 및 데이터의 재입력 여부, 그리고 모양도 나선형에서 신용카드 모양까지 다양하다.

판독기는 안테나와 태그, 컴퓨터, 서버, 네트워크 사이의 통신을 관리한다. 태그에 담긴 EPC로 직접 프로세스를 제어할 수도 있다. 판독기는 태그의 칩에 암호화되어 있는 EPC를 풀어내고 그 데이터를 컴퓨터로 보내 실행하게 한다. RFID 판독기는 한 번에 다량의 태그판독이 가능하고, 판독률이 높으며, 판독률은 환경에 상관없다.

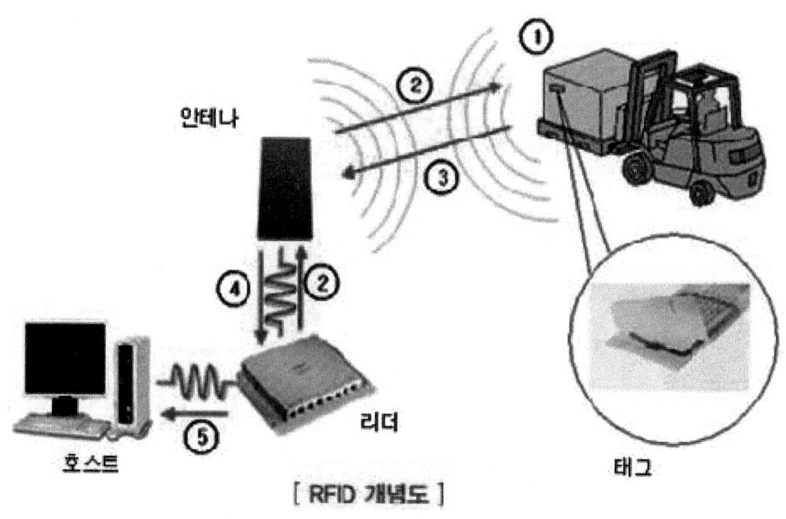

자료원: 대한상공회의소 유통물류진흥원 RFID개념

[그림 10-5] RFID 개념도

3) RFID 응용분야

RFID는 그 특성에 따라 활용범위가 광범위하여 다양한 분야에 응용될 수 있다.

첫째, 유통분야에서 살펴보면 예전에는 일일이 장부와 대조해서 상품의 이동을 확인해야 했지만 컴퓨터 앞에 앉아서 흐름을 한눈에 알 수 있으며, 재고 파악도 쉽다.

상품에 RFID를 부착하고 창고에 수신 장비를 설치하면 현재 각 물품의 수량이 어느 정도인지 실시간으로 집계할 수 있다.

둘째, 소비자 입장에서도 RFID 시스템은 시간을 절약해주고, 보다 많은 정보를 얻게 해 준다. RFID의 확산으로 쇼핑문화는 크게 바뀐다. 기존 바코드 대신 RFID가 부착되면 계산대에 서는 순간 쇼핑카트에 담은 물품의 가격이 자동으로 계산된다. 포장 박스에 칩을 내장하면 개봉하지 않아도 박스 안에 든 물품의 종류, 개수, 가격은 물론 운반할 때 주의사항까지 순식간에 파악할 수 있다. RFID는 무선으로 다량의 정보를 동시에 읽을 수 있기 때문이다. 또한 개별 제품에 대한 정확한 정보를 볼 수 있어 소비자의 선택이 다양해진다. 쇼핑카트를 끌고 쇼핑을 하다가 식료품을 쇼핑카트에 달린 리더기에 대면 원산지, 재료, 유통기간을 정확히 알려준다.

셋째, 이력관리시스템을 도입하여 농산물 원산지 정보들을 제공하기도 한다. RFID의 기술로 전자태그는 [그림 10-6]과 같이 농민들이 직접 생산현장에서 컴퓨터로 정보를 입력할 수 있는데, 바코드보다 더욱 방대한 정보를 입력할 수 있다. 주로 농산물 인증, 안전관리, 신선도 유지, 토양 등의 정보는 물론 원산지, 재배방법, 재배농민의 경력 등이 자세하게 수록된다. 뿐만 아니라, 축산분야에서도 RFID를 이용하여 한우의 탄생부터 소비까지 모든 정보가 소의 귀에 부착된 전자태그에 담아 전달된다. 예를 들어, 농가에서 한우가 태어나면 귀에 RFID를 부착하는데, 9자리 고유번호의 태그에는 생년월일, 사료, 질병경력, 암소의 출산 경력관리 등 성장과정의 모든 정보가 기록된다. 또 도축, 가공, 유통 단계의 18항목 정보가 태그에 입력된다. 쉽게 말해 '진짜 대관령 소인지', '병든 소가 아닌지', '1등급 고기인지', '등심인지 안심인지' 등 소비자가 실질적으로 원하는 정보가 담겨있다. 소비자는 컴퓨터로 홈페이지에 들어가 태그에 적혀있는 제품번호, 대체 식별번호를 입력하여 소에 관한 18개 정보를 확인할 수 있다.

넷째, 이 밖에도 창고관리, 항공물류, 도서관 관리, 수목 및 가축 관리, 주차 관리, 교통요금 결재, 전자화폐, 전자상거래, 환자관리 출입관리, 신원 확인, 생활복지, 입장객 관리 등 다양한 분야에서 응용될 수 있다.

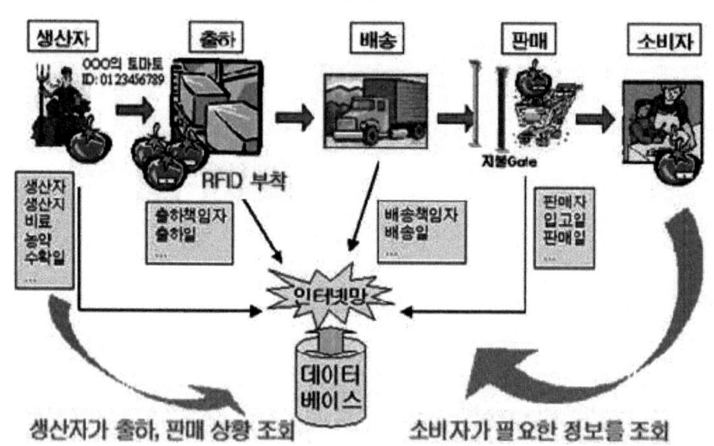

출처 : 일본 MIT Auto-ID Center

[그림 10-6] RFID 시스템

4) RFID 도입의 문제점

전 세계 산업계의 주목을 받게 된 RFID는 생산성 향상과 경쟁력 제고를 위해 기업경영의 필수요소로 자리 잡을 것으로 보인다. 그러나 기업의 인식부족 및 투자대비효과에 대한 불확실성과 높은 공급가격이라는 문제점 등이 존재하고 있다.

첫째, RFID칩의 가격이 기존의 바코드에 비해 상대적으로 높다는데 있다.

둘째, RFID 인식율과 관련하여 안정적이고 균일한 인식률 보장의 문제가 있을 수 있다. 창고관리, 소매 상품관리와 같은 한꺼번에 수백 개의 태그를 읽어내는 경우, 저가 또는 소매제품에 사용될 수동적인 태그(passive tag)의 경우에는 자발적인 발신기능이 없기 때문에 수 미터까지 정보를 전달하는 것은 어려울 것으로 보인다.

또한 RFID가 주파수를 사용하는 특성에 의해 주위에 금속 등의 전파방사물이 존재하는 경우, 형광등이나 네온 등 노이즈 발생원이 있는 경우, 건물 내에서 건물 외부에 있는 태그를 인식하는 경우, 부착물의 재질에 따라, 우리 주위에서 흔히 접할 수 있는 상황에서 인식률의 수준에 많은 차이를 나타낼 수도 있다.

셋째, RFID 도입 시 보안 및 사생활 침해 문제가 대두되고 있다. RFID보안과 관련한 문제는 RFID 태그의 해킹을 통한 정보의 무단 복제 및 유출 가능성과 RFID 자체의 기술정보와 관련된 보안의 문제이다. 사용자 ID의 증가 등으로 생성된 정보가 개인의 정보 유출 및 사생활 침해 등의 부작용을 가져올 수 있게 된다. 태그를 지니고 있으면, 언제, 어디서, 어떻게 자신의 정보가 읽히는지 조차 인지하기 어려우며 먼 거리에서도 읽힐 수 있기 때문에 편리함과 함께 위험이 있는 것이다. 또한 RFID가 수집한 정보들이 하나로 합쳐지고, 이 정보들이 해킹을 당할 위험도 있다.

사례 10-5

RFID칩을 부착한 쇼핑카트, 고객의 쇼핑 경로 추적

미국 슈퍼마켓 하나포드(Hannaford)는 쇼핑카트에 RFID칩을 부착해 고객의 쇼핑 경로를 추적할 수 있는 장치를 마련했다. 매장 내 고객 행동을 연구하는 업체인 비디오마이닝(VideoMiningCorp)의 창립자이자 CEO 라지브 샤르마(Rajeev Sharma)는 "고객들의 쇼핑 경로를 추적하는 기술이 매장 설계, 머천다이징, 마케팅 등 여러 분야의 계획을 세우는 데 도움을 준다."며 "이와 같은 신기술은 전통적인 식료품 유통업체들이 아마존과 같은 온라인 업체들과 경쟁함에 있어 온라인 업체들의 고객 분석 수준에 상응하는 고객 정보를 오프라인에서도 얻을 수 있도록 돕는다."고 말했다.

고객 관심사에 맞는 상품 진열 가능

시카고에 위치한 무역협회 '숍!(Shop!)'의 연구 결과에 따르면, 모든 구매 결정 중 4분의 3이 점포 내에서 이뤄진다. 많은 연구자들은 고객의 동선을 추적하는 것이 매장 레이아웃 구성에서 제품과 진열에 효과적인 방법을 찾을 수 있을 것이라고 분석했다.

고객이 어떤 통로를 이용하는지, 통로에서 얼마만큼 머무는지, 어떤 제품을 유심히 살펴보는지 등 고객이 매장에 머무는 동안의 여러 쇼핑 행동을 이해함으로써, 유통업체들은 제품 시연 방법 및 진열 위치를 고객 동선에 맞춰 준비할 수 있다. 또한 충동구매를 유도하는 상품 배치, 연관구매 확대, 전반적인 동선 파악 등 여러 정보를 파악할 수 있다.

발길 적은 곳까지 동선 유도해 매출 개선

브랜드 컨설팅업체 C스페이스(C Space)의 혁신·디자인부문 부사장 줄리 슐랙(Julie Schlack)은 식료품 업체들이 제품구매단계 이전에 나타나는 모든 구체적 요소를 파악할 수 있도록 도와주는 구매 동선 데이터를 전략적으로 활용하는데 큰 의미를 두고 있다. 고객의 동선 추적을 통해 얻는 이점은 다음과 같다.

① 매장에서 고객들이 자주 찾는 장소와 잘 가지 않는 장소를 파악하는 등 특정 위치의 방문 빈도를 확인할 수 있다.
② 방문 빈도가 낮은 통로로 고객 이동률을 높일 수 있도록 레이아웃을 재구성할 수 있다.
③ 매장 내 어떤 곳에서 오래 머무는지, 어떤 곳을 빠르게 지나치는지 알 수 있기 때문에 유통업체들이 상품 진열계획, 상품구색 갖추기, 매대 구성 및 배치에 대한 결정을 내릴 때 도움이 된다.

예를 들어 영상 추적 및 비콘을 사용하면 통로를 지나가는 고객 수, 고객들이 멈춰서는 위치, 각 제품 카테고리 앞에서 보내는 시간 등을 나타내는 히트맵(heat map)도 만들어낼 수 있다. 이를 활용해 상품 진열 및 시식 통로 배치에 도움을 얻을 수 있다. 고객의 전형적인 동선을 알게 되면, 고객들이 필요로 하는 사항을 더 정확히 짚을 수 있다. 편의성, 웰니스, 고급스러움, 상품 가치 등 고객의 발길을 유도할 수 있는 정보를 확보한다면, 매장 환경 조성에도 큰 도움이 된다. 예를 들어 매장 주변부에서 구매가 많이 일어나 매장의 중앙 부분을 키우고 싶다면, 상품 진열 통로의 양쪽 끝 진열대에 시선을 끌 수 있는 집기를 마련하거나, 중앙 부분 상품을 통로에서도 시연함으로써 고객 동선 변경을 유도해 매출이 정체되거나 하락하는 부분을 개선할 수 있다. 점포가 해당 지역 주민의 니즈와 행동을 얼마나 잘 반영하는지는 매출, 고객 만족 및 충성도와 비례한다.

자료원: 리테일매거진, 2017.11. 기사편집

제11장

물적유통관리

유통관리

제11장 물적유통관리

기업의 경영활동을 조달, 생산 및 판매라는 시스템으로 볼 때, 기업 전체의 입장에서 물적 유통을 원자재의 조달에서부터 생산단계를 거쳐 최종 소비자에게 제품이 전달되는 과정으로 이해할 수 있다. 기업은 고객이 적절한 시간에 적절한 장소에서 제품을 구매할 수 있도록 제품을 저장하고 이동시킬 가장 적절한 방법을 결정하는 것이 중요해지고 있다.

제1절 물적유통의 개념과 중요성

1. 물적유통의 개념

물류란 물적유통(physical distribution)을 줄인 말로 물자(物資: flow of goods)의 흐름을 의미한다. '물류'라는 용어는 한국, 일본, 중국 등에서는 통용되고 있으나, 구미에서는 로지스틱스(logistics)로 사용되고 있다. 구미에서도 물류(physical distribution)는 생산자에서 소비자에 이르기까지 완제품의 유통을 의미하는 판매물류로 사용되었으나 원자재 조달과 총체적인 기업의 물적유통의 중요성이 대두되면서 조달물류에서 회수물류까지를 포함한 로지스틱스로 변용되었다.

미국의 로지스틱스 관리협회의 정의에 의하면, 로지스틱스란 원자재, 재공품, 완제품 및 관련정보를 발생시점에서 소비지점까지 효율적이고 효과적으로 흐르도록 계획·실행·통제하는 과정이라고 정의하였다.

로지스틱스는 제2차 세계 대전 중에 군사목적을 수행하기 위하여 사용된 개념으로 '병참'을 의미하는 단어에서 유래한 말로 원자재 관리 과정과 물적 유통과정이 결합되어 그 기업의 전반적인 로지스틱스 과정이 형성된다. 따라서 로지스틱스 관리(logistics management)는 원자재의 구매로부터 생산된 최종제품을 최종 소비자에게 전달하기까지의 물적 흐름과 이 과정에서 발생되는 정보흐름을 관리하는 포괄적인 개념으로 총체적인 물자흐름의 최적화를 의미한다. 이와 같이 광범위해진 물류의 개념은 로지스틱스라고 정의되면서 생산단계와 유통단계에서의 물류의 중요성이 커지고 있다.

2. 물적유통의 중요성

물적유통은 시간적·공간적 효용창출과 관련되는 수송, 보관, 하역 등과 관련된 활동을 말한다. 그러나 최근에 기업의 경쟁이 격화되고 소비자 욕구가 다양화되면서, 다품종 소량생산체제는 운송·보관효율을 크게 저하시키고, 고객만족을 추구하려는 기업의 물류비용을 증가시키면서, 단순히 상거래 이후의 수송·보관 기능이 아니라 제품생산이전의 원료의 물적 흐름까지를 포함하며 그 중요성과 범위가 로지스틱스로 확대되었고 1980년대 이후 다시 공급체인관리로 더욱 넓어지고 있다. 기업 경쟁력 강화를 위해서는 개별기업의 힘만으로는 부족하다는 인식이 확산되면서 공급경로 상에서 다양한 파트너와의 제휴로 비용절감을 가져올 수 있는 방법으로 물적 유통관리(물류관리)의 중요성이 커지고 있다.

물류에서 가장 중요한 이윤의 원천은 물류비용의 절감이다. 기술의 발전과 경영환경이 세계화하면서 기업의 경쟁이 격화되었고, 과거의 마케팅 활동이나 이윤의 창출 방법으로는 경쟁우위를 달성하기 어렵게 되었다. 따라서 물류비의 절감이 경쟁력의 중요한 요소로 떠오르면서 전문적인 물류 부서나 기업이 생기게 되었으며, 기업 및 국가 차원에서 물류에 대한 관심이 높아지고 있다. 그 중요성은 다음과 같다.

첫째, 고객의 소량구매 및 주문횟수의 증가, 신속배달 등의 요구에 대처하기 위한 기업이 부담해야 하는 물류비가 증가되었다.

둘째, 물류를 지원해 주는 사회간접자본 즉, 철도나 항만 등의 시설이 기업의 물류 경쟁력을 높이는 중요한 요소이다. 그러나 이런 시설은 단기적으로 조성되기 어려우므로 기업 자체의 전략이 필요하게된 것이다.

사례 11-1

AI로봇이 물품관리, 드론이 재고파악… 물류 대혁명

4차 산업혁명의 물결이 전통적 물류산업의 패러다임을 뒤바꾸고 있다.

빅데이터를 활용해 택배 배달상황을 실시간으로 파악하는 관제시스템과 물류창고 내 물품을 직접 운송·관리하는 인공지능(AI)자율주행로봇, 높은 공간의 재고파악을 하는 드론, 물류관리 직원의 동선을 인도하는 내비게이션 등 최첨단 기술이 동원된 스마트물류 대혁명이 급물살을 타고 있다. 글로벌 전자상거래업체들과 대형 물류기업들도 ICT와 빅데이터 그리고 AI 및 로봇을 활용한 스마트물류시스템 체제전환에 한창이다.

미국 아마존은 2015년 로봇제작 벤처업체를 인수해 물류로봇 '키바'를 현장에 배치했다. 인간이 조종하지 않고 프로그램에 의해 자동으로 움직이는 로봇 키바 수만대가 이미 현장에서 작업 중이다. 독일 운송업체 DHL은 머지않아 물류현장에서 로봇이 피킹, 포장은 물론 물류센터 내 운반 등을 담당할 것이라고 예측했다.

알리바바는 물류전담 자회사를 통해 최첨단 물류관리시스템을 구축했다. 이 업체는 자사 소유의 창고나 차량은 한 곳도 없다. 그러나 중국 전역의 물류택배회사들과 계약을 맺고 알리바바를 통해 구매된 택배물량을 적기에 소비자에게 전달되도록 관리하는 데 역량을 집중한다. 그런데 이 자회사는 최근 자사가 관리하는 물류택배 관계사들에 사용될 로봇 1만대를 발주한 것으로 전해졌다. 징둥닷컴 역시 자율주행 무인 물류로봇을 도입해 총알배송서비스 수준을 끌어올리고 있다.

국내 기업 중에선 CJ대한통운이 글로벌 스마트물류시스템 상위권을 목표로 발빠르게 준비 중이다. 아시아 지역별 현지 물류업체 인수라는 양적 팽창에 이어 첨단기술을 접목한 스마트물류를 보강했다.

자료원: 파이낸셜뉴스, 2017.11.19. 기사편집

제2절 물적유통의 영역과 목표

1. 물적유통의 영역

물적 유통의 영역은 조달, 생산, 판매 과정에서의 물적흐름을 관리하는 활동으로 조달물류, 생산물류, 판매물류로 나눌 수 있으며 구체적인 활동은 [그림 11-1]에서 볼 수 있다.

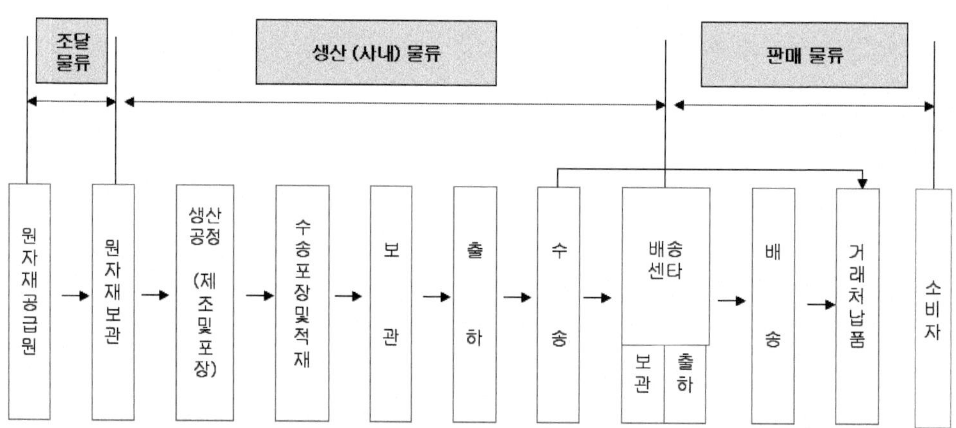

[그림 11-1] 물적 유통의 영역

1) 조달물류

제조업체로부터 공급요청을 받은 기업이 원자재를 포장하여 제조업체의 자기 창고까지 배송하고 창고에 들어온 원자재를 보관하고 관리하는 것으로 물류관리의 시발점이라 할 수 있다.

2) 생산물류

생산물류는 자재창고에서 원자재나 부품을 출고하는 것으로부터 생산 공정으로 운반하여, 하역, 창고에 재 입고에까지 전 과정을 의미한다. 생산물류에서는 운반과 하역자동화 및 창고의 자동화가 관리의 초점이 된다.

3) 판매물류

생산 공장이나 제품창고에서부터 소비자에게 전달되기까지의 수송 및 배송활동으로서, 제품창고로부터 제품의 출고, 배송센터까지의 수송, 배송센터로부터 각 대리점이나 고객에게 배송되는 작업 등이 판매물류의 과정이다.

4) 물류영역별 합리화 방안

〈표 11-1〉 물류영역별 합리화 방안

분 야	조달물류	생산물류	판매물류
단위화	외주 팰릿 풀 결성	유닛 로드 시스템	사내 공동 필릿 풀결성
포장	• 포장의 모듈화 • 포장의 간이화	포장의 모듈화	포장의 모듈화, 간이화 기계화
보관(창고)	오더 피킹	자동반송스시템	• 제품 분류작업 • 물류센터, 공도배송단지
재고관리	MRP제도, 즉석제도 (Just In Time)	공정창고 제로화	적정재고 산출
수.배송	납품공동화	–	공동수·배송제도
유통가공	–	–	콜드 체인화
정보통신	외주업체–모기업–관련	자재창고–생산과정– 제품창고 온라인화	상품코드화(POS 시스템) 판매망 온라인화

2. 물적유통의 목표

최근 들어 물적유통은 원가 우위와 가치차별화에 의한 우위를 달성하는데 유용한 전략적 수단이 되고 있다. 기업은 물적유통의 효율과 생산성을 향상시켜 단위 당 제품비용을 절감시키려는 다양한 시도를 함으로서 자사제품을 경쟁제품과 차별화하기 위해 부가적인 가치를 창출하는 주요수단으로 활용할 수 있다. 원재료의 조달활동, 제조공정, 최종소비자까지의 물류네트워크 등을 연계 시켜서 고객들에게 보다 저렴한 비용으로 더 높은 물류서비스를 제공할 수 있도록 함으로써 지속적 경쟁우위를 달성하려는 것이다. 즉, 기업은 원재료의 관리에서부터 최종제품의 배송에 이르기까지의 물자의 흐름을 하나의 통합된 총체적 시스템으로 계획·조정하여, 각 부서 간 목표에서의 이해상충을 이해하고 제품시장에서의 핵심성공 요인인 원가우위와 차별화우위를 창출하기 위해서 두 부문 간의 협력이 선결되도록 하기 위하여 다음과 같은 노력이 필요하다.

1) 고객서비스의 증가

과거에는 좋은 품질의 제품과 호의적인 브랜드 이미지만으로 경쟁우위의 확보 가능했지만, 오늘날에는 유형적인 제품뿐 아니라 서비스에 대한 고객의 욕구가 점점 증가하고 있다.

따라서, 기업들은 고객서비스라는 부가가치를 추가함으로써 차별적 우위를 창출하려고 한다. 고객서비스는 시간효용과 장소효용을 발생시키는 기업활동으로 정시배송, 애프터서비스 등 수 많은 변수들이 포함됨.

2) 시간 단축

시장에서의 경쟁이 더욱 치열해지고 제품수명주기가 갈수록 짧아짐에 따라 제조업체 및 도·소매상들은 공급자들에게 정시(JIT)배송을 요구하며, 최종소비자가 원하는 시간과 장소에서 원하는 상품을 구매하기를 원한다.

기업은 공급업체로부터 최종고객에 이르는 파이프라인의 길이를 짧게 하고, 파이프라인을 통한 효율적인 재화흐름을 방해하는 요소(과잉재고와 오랜 배송시간)를 제거하기 위해 정시배송 및 제조를 도입함으로써 제품을 신속하게 시장에 공급하고자 해야 한다.

3) 시장의 글로벌화

기업의 시장 및 경쟁범위가 글로벌화됨에 따라 많은 기업들이 전 세계로부터 자재와 부품을 조달하고 세계시장을 상대로 상품을 판매한다.

따라서 기업의 경쟁우위 확보는 글로벌 파이프라인을 최적화할 수 있는 생산 및 물류전략의 개발 여하에 달려 있다.

4) 물류조직의 통합화

기업은 원자재 및 부품의 구매, 최종제품생산 및 재고품 관리, 배송관리업무를 고객서비스를 중심으로 통합하여 하나의 시스템으로 관리하여야 한다.

5) 아웃소싱

아웃소싱(Outsourcing: 외주)은 물류비 절감을 위한 방안으로 물류기능의 일부 또는 전부를 외부의 전문회사에 맡겨 처리하는 방법으로 제3자 물류(third party logistics; 3PL)라고도 하며 최근 들어 많은 기업이 적극적으로 활용하여 물류비 절감을 추구하고 있다.

물류기능의 아웃소싱에서 얻을 수 있는 효과를 보면,

첫째, 물류비용의 획기적 절감이다. 이것은 제조업체가 보유하고 있는 한정된 차량운행에서 오는 불편함을 물류전문업체의 전 차량을 이용하는 정시(JIT; Just in Time)배송으로 개선하여 배송서비스를 대폭 늘릴 수 있어야 한다.

둘째, 물류전문업체의 첨단 정보시스템을 이용하여 시스템 추가개발에 드는 인력과 비용을 절감하고, 구조조정(restructuring)을 통해 경영자원을 효율적으로 배분함으로써 물류 영업망을 대폭 늘릴 수 있으며, 동시에 고정투자비의 회수를 통해 자금흐름을 개선할 수 있어 기업경쟁력을 대폭 향상시킬 수 있다는 것이다.

아웃소싱에서 주의할 점은 사내기밀과 운영 노하우가 기업 밖으로 유출될 수 있는 위험성이 있으므로 기업내부 부서간의 기능이 상충되지 않도록 아웃소싱에 대한 개념을 명확히 이해할 필요가 있다.

사례 11-2

더파머스, 새벽배송 '제3자물류서비스' 운영

마켓컬리를 운영하는 더파머스는 새벽배송 제3자물류대행(Third Party Logistics)서비스 '컬리프레시솔루션'의 시범운영을 마치고 본격적인 운영에 나섰다. 더파머스 관계자에 따르면 이번에 새롭게 선보이는 '컬리프레시솔루션'은 마켓컬리의 샛별배송(새벽배송) 서비스 노하우를 집약한 비즈니스 플랫폼이다. 물류 대행뿐만 아니라 물류 전반에 대한 솔루션을 제공하는 것이 특징이다. 마켓컬리의 물류 전문가는 각 고객사 비즈니스에 최적화된 물류시스템 도입을 위해 주문대행, 주문처리, 포장, 재고관리까지 맞춤형 물류운영을 제안한다. 이 과정에서 물류시스템 도입 제안, 배송앱 개선, 패키지 및 포장재 관리까지 함께 시행하고 있다.

컬리프레시솔루션 서비스는 상품의 신선도 관리를 위해 풀콜드체인시스템으로 최적의 온도를 유지하며, 전날 21시 이전까지 입고되는 물량에 대해 다음날 오전 7시까지 배송을 완료한다. 또 새벽 시간에 일어날 수 있는 배송 이슈를 관리하기 위해 24시간 모니터링망과 해피콜 센터를 운영하며 고객관리를 위해 전문인력으로 구성된 CS팀을 별도 운영하고 있다. 컬리프레시솔루션 서비스는 현재, 서울, 경기, 인천 등 수도권 대부분 지역에서 가능하며, 점차 지역을 확대해 나갈 전망이다.

마켓컬리의 1일 평균 새벽배송 물량은 약 6,000여 건으로 전체 새벽 배송 시장 중 약 70%의 점유율을 차지하고 있다. 이중 약 20%가 넘는 1,500여 건이 컬리프레시솔루션을 통한 새벽배송 제3자 물류 물량으로, 약 1년의 시범 운영기간을 통해 경험을 축적하며 서비스 고도화에 주력했다. 시범 운영기간 동안 함께한 클렌즈 주스 스타트업 '콜린스그린', 샐러드 배송 스타트업 '프레시코드', 모바일 레스토랑 '플레이팅' 등 24개 업체의 경우, 자체 물류 구축비용 발생에 대한 부담을 줄이고, 배송 지역에 대한 한계를 벗어남으로써 서비스에 대한 높은 만족도를 보이며 동반 성장하고 있다.

마켓컬리 김슬아 대표는 "온라인을 통해 식품을 판매하는 O2O 푸드테크 기업이 늘어나면서 상품경쟁력을 갖추고 있지만 자체 물류망의 구축이 여의치 않은 기업들을 위해 이번 서비스를 본격적으로 선보이게 되었다"며 "마켓컬리가 창업 이래 축적해온 신선식품 물류 및 배송 관리 노하우를 바탕으로 신선식품계의 아마존과 같은 물류 풀필먼트 서비스를 구축하는 것을 목표로 삼고 있다"고 설명했다. 그는 "입고부터 주문 처리 및 재고 관리, 배송 CS까지 각 고객사에 맞는 통합 물류솔루션을 제공할 계획이다"고 덧붙였다.

자료원: 코리아쉬핑가제트, 2017.12.15. 기사편집

제3절 물류정보시스템

물류정보시스템은 물류활동들이 충분히 그 기능을 발휘하여 기업의 경영 목표 달성에 기여할 수 있도록 각종 물류경영 자원들을 체계적으로 연계하여 조화시킬 수 있는 시스템으로 기업의 거래 활동을 추진하기 위한 수주에서 출하까지의 모든 기능을 조절하여 효율화한다.

1. 물류정보시스템의 개념과 분류

1) 물류정보시스템의 개념

물류정보시스템은 수송, 운반, 포장, 하역, 보관, 유통가공 등 기업의 물류 활동과 관련하여 발생하는 모든 정보로서, 물류의 모든 기능 영역을 지원하며, 구매, 생산, 판매 등 기업경영의 여러 활동과 광범위한 관련을 가지면서 물류의 여러 시스템을 연결하고 조직화하여, 조정 및 통제 상의 효율성을 강화하는 역할을 한다. 물

류정보시스템은 물류활동의 역할에 의해 수주 정보, 재고정보, 생산지정보, 출하정보로 나눌 수 있으며, 수주 정보는 현재 상품의 재고를 확인한 후 상품 재고가 부족한 경우 제조업자는 생산 지시 정보로 생산 수급을 하고 도매업에서는 구입 지시 정보로 구입한다. 재고의 출하 준비는 출하 정보에 따라서 반출장소로 이동하여 출하한다. 물류관리부서가 물류활동을 관리, 통제할 수 있도록 납품완료의 통지, 물류비용, 창고, 차량 등 물류시설 기기의 가동률을 물류정보로 수집한다.

물류정보시스템은 발주자와 수주간, 발화주와 수화주 간의 정보이동이 자유롭고 대량 정보처리와 계절적 변동정보에 대처하기 쉬우며, 수주 정보, 재고 정보 및 여신 정보의 파악 등 정보처리의 사전관리가 용이하다. 물류정보시스템 적용 시 물류비용과 물류서비스는 트레이드 오프(trade-off) 관계이므로 서로 적절한 합의점을 찾아 운영해야 한다.

2) 물류정보시스템의 기능별 분류

수주시스템	신속. 정확하게 수주 정보를 취합하는 것이 가장 중요하다.
발주시스템	판매에 필요한 물품을 조기에 발주하여 품절을 방지하고 발주처의 서비스 수준 저하를 방지하기 위한 시스템
입고시스템	입하시에 물품 재고의 신속한 반영과 네트워크를 이용하여 사전에 입고 물품의 정보를 재고에 반영한다.
출고시스템	피킹과 집품 및 검품 시스템으로 구분하고 피킹시스템은 창고 내의 작업에 대한 피킹 리스트 출력의 시점을 중시하여야 한다.
재고관리시스템	물류센터 시스템의 핵심으로 단제품별 재고관리를 위치관리와 연계하여 피킹리스트상에 키핑 대상 물품명의 위치를 번호로 지시하여 정보를 표시한다.
배차, 배송시스템	물품의 사이즈와 중량을 사전에 등록시켜서 배차의 할당 품목과 수량 및 배차 계획을 현실적으로 즉시 어떻게 입안하는가가 중요하다.
물류지원시스템	발주, 입하, 수주, 출하, 재고관리 이외에 물류센터 시스템을 여러 각도에서 지원한다.

2. 물류정보시스템의 장점

(1) 물류량의 증대에 따른 신속한 처리가 가능하다.
(2) 적정 재고량에 따라 창고와 배송센터, 물류 센터와 물류시설의 효율적 이용이 가능하다.
(3) 수주처리의 신속화 및 즉각적 대응에 따른 판매 기능이 강화된다.
(4) 판매와 재고에 관한 정보가 신속하게 집약되므로 생산 및 판매에 대한 재고관리가 합리적으로 이루어지게 한다.
(5) 재고 부족이나 과다 재고 보유가 배제되므로 비용의 절감효과를 가져올 수 있다.
(6) 배송관리에 컴퓨터를 적용하므로 효율적인 출하배송이 가능하게 되어 배송비가 절감된다.
(7) 수작업의재고보고와 장부기록이 필요 없이 사무처리 합리화가 가능하다.

3. 물류정보시스템 관련기술

1) 공급사슬관리(SCM)

(1) SCM의 개념

SCM(Supply Chain Management: 공급체인관리)은 원재료 구매에서부터 최종 소비자까지의 전체 물류흐름을 계획하고 통제하는 통합적인 관리방법이다. 이제까지 부문마다의 최적화, 기업마다의 최적화에 머물렀던 정보와 물류에 관련된 업무의 흐름을 공급체인 전체의 관점에서 재검토하여 정보를 공유화하고, 비즈니스 과정의 근본적인 변혁을 꾀하여 공급체인 전체의 효율을 향상시키는 관리 개념이다.

더불어 SCM은 제조, 물류, 유통업체 등 유통 공급망에 참여하는 모든 업체들이 협력을 바탕으로 정보기술을 활용하며, 재고를 최적화하고 리드타임을 대폭적으로 감축함으로써 양질의 상품 및 서비스를 소비자에게 제공하여 소비자 가치를 극대화하기 위한 기업의 생존 및 발전전략이기도 하다. 제조업체, 물류업체, 유통업체들은 이와 같은 목적을 달성하기 위하여 그들의 거래선 들과 협력함으로써 그 이익을 훨씬 더 극대화하고 있다.

그러므로 SCM은 최종 소비자의 욕구 충족을 위해 원료 공급자로부터 최종 소비자에 이르기까지 공급 체인내의 기업들 즉, 원료 공급업체, 제조업체, 물류업체, 유통업체간의 긴밀한 협력을 통해 원재료·반제품·완제품의 물적 흐름 및 정보 흐름 등 전체 유통 공급망의 흐름을 통합적 관점에서 관리하여 효율성을 높이고 기업 경쟁력을 제고시키기 위한 공동 전략인 것이다.

최근 기업들이 도입하고 있는 e-SCM(e-Supply Chain Management)은 웹을 활용하여 공급자, 유통 채널 소매업자, 고객과 관련된 물자, 정보, 자금 등의 흐름을 신속하고 효율적으로 관리하는 전략적 기법으로 기존 공급사슬관리(SCM) 관련 기술들이 웹상에서도 기능을 수행할 수 있도록 하는 것이 바로 e-SCM의 개념이다. 이는 공급자로부터 고객까지의 공급 사슬상의 물자, 정보, 자금 등을 인터넷을 포함한 각종 디지털 기술을 활용하여 총체적인 관점에서 통합 관리함으로써 e-비즈니스 수행과 관련된 공급자, 고객, 기업 내부의 다양한 욕구를 만족시키고 업무의 효율성을 극대화시킨다.

(2) SCM의 필요성

공급체인을 최적화시킴으로서 고객서비스 수준 향상과 비용절감이라는 물류가 추구하는 두 가지 목표를 동시에 실현 할 수 있다. 고객서비스의 증대는 많은 비용의 증대를 가져온다는 것이 일반적인 견해였으나, 공급체인관리의 도입이 공급체인 전체에 대해 비효율적인 각종 거래과정과 불필요한 부분이나 중복된 부분을 제거하여 공급체인 전체의 흐름을 최적화시킴에 따라 서비스수준 향상과 비용절감이라는 두 가지 목표를 동시에 실현할 수 있게 하였다.

선진국의 사례에 의하면 공급체인 전체의 개선이 거래과정에서 공급체인 재고를 50 ~ 80% 감소시키고, 주문충족률과 납기달성을 100% 가까이 도달하게 했다고 한다. 또한 신제품 도입기간의 단축, 운영비용 절감과 운전자금의 감소 등과 같은 긍정적 효과가 발생된 것으로 보고되었다.

최근에는 공급체인관리를 효율성 향상과 원가절감뿐 만 아니라 기업 경쟁에서 최상의 고객서비스와 성장 그리고 수익 증대를 위한 전략적 방법으로 이용하고 있다.

공급체인관리의 기원으로 미국의 의류제품부문에서 1980년대 중반에 일었던 QR(Quick Response : 신속대응전략)에서 찾아 볼 수 있다. QR의 도입으로 인해 미국에서의 유통업체와 의류업체는 놀라운 매출증대와 더불어 재고량의 감소를 가져오게 되었다. 이후로 1993년에는 식품가공산업분야에서도 이전까지 관행처럼 여겨졌던 재고의 과다보유 및 많은 반품 등의 문제들이 공급에 존재하는 비효율을 제거함으로서 재고 및 반품 감소 등을 통한 생산성증대와 유통산업의 경쟁력 향상에 도움이 되었다. 이러한 공급체인관리는 적용되는 산업별로 그 표현을 다르게 하고 있다.

의류부문에서는 QR(Quick Response), 식품잡화부문에서는 ECR(Efficient Consumer Response), 의약품부문에서는 EHCR(Efficient Healthcare Consumer Response), 푸드서비스에서는 EFR(Efficient Foodservice Response) 등으로 표현되고 있다.

2) QR

(1) QR의 의의

QR(Quick Response : 신속대응)시스템은 정보의 네트워크화를 축으로 하여 유통업자와 제조업자가 파트너십을 확립하는데 있다. 원료로부터 최종 제품에 이르는 리드타임 단축과 재고의 감소, 상품기획과 소재기획의 연계 등을 계산하여 가격의 인하와 수익의 향상, 국내생산거점의 유지를 도모하고자 하는 것이다.

1984년 미국 ARC(The Apparel Research Committee)가 수입의류에 대한 방어 목적으로 개발한 QR은 도입초기에 의류 소매업자와 섬유, 패션 부문의 제조업체가 주체가 되어 고객을 만족시키고 그 결과로 인하여 소매업자, 제조업자, 소비자 모두에게 이익을 주기 위한 것이었다. 즉, 미국 섬유산업은 QR시스템의 도입으로 납기기간을 단축시킬 수 있었고, 재고품에 대한 가격 인하와 판매 기회 손실을 줄여 비용을 절감할 수 있었다.

QR시스템은 적시생산(JIT : Just In TIme)과 전사적 품질관리(TQM : Total

Quality Management)의 개념을 모두 포괄함으로써 QR 운영의 혜택을 얻기 위해서는 거래업체들 간의 커뮤니케이션과 파트너십이 주요한 요인이다. 과거 유통업의 물류센터는 공장과 점포시간에 맞추어 상품의 분류와 배송의 역할을 함과 동시에 상품 보관시설을 갖고 있는 것이 보통이었지만 QR에서는 보관기능을 갖지 않는 분류·배송이 가능한 Cross Docking Center로 변한다.

(2) QR의 효과

첫째, 소매업자 측면에서는 매출과 수익증대 및 가격인하의 최소화, 비용절감과 고객서비스의 개선 및 높은 상품의 회전율을 가져올 수 있다.

둘째, 제조업자 측면에서는 주문량에 따른 생산 및 수요예측 용이, 자산 회전율을 높여준다. 또한 품질 개선, 낮은 가격, 상품의 다양화, 상품단절을 방지할 수 있다.

셋째, 전산화 측면에서는 낭비를 제거하고, 신속한 처리가 가능하다.

넷째, QR이 전면적으로 도입되면 원사부터 시작하여 제품이 소매점에 진열되기까지 기간의 단축효과를 볼 수 있으며, 전표서류를 EDI방식으로 처리함으로써 비용감소 효과가 나타난다.

다섯째, 정확한 생산 스케줄에 의한 생산관리가 이루어지면, 그로 인한 원가 절하, 재고율을 줄일 수 있게 되어 경영수지가 개선된다.

여섯째, 제품에 부착된 바코드를 통해, 소매업자와 제조업자가 동시에 소비자 정보와 시장변화를 신속히 읽을 수 있고 재고량도 매 시간마다 추적이 가능하게 된다.

일곱째, QR 시스템 도입은 전반적인 마케팅 전략에 영향을 주게 된다.

3) ECR

ECR은 1990년대 미국 식품유통업체와 제조업체들이 유통경로의 효율성을 제고시키고, 소비자의 가치를 증진하기 위하여 시작되었다.

ECR(Efficient Consumer Resoponse : 효율적 소비자 대응)이란 상품의 제조·생산으로부터 유통, 도소매를 통한 판매에 이르기까지 전 과정을 일관된 흐름으로 보고, 각 단계의 관련기업들이 공동참여를 통해 총체적으로 경영효율을 개선하여 보다 낮은 비용으로, 보다 빠르게, 보다 나은 소비자 만족을 달성하는데 둔 공급체인의 효율을 극대화하는 모델이다.

ECR 체계는 소매점이 POS 정보를 제조업체와 공유하여, 상황에 따라 적절한 시기에 상품을 납품하는 것으로, 소비자의 요구에 신속하고 정확하게 대응하는 것이며, 공급경로에서 발생하는 재고를 최소한으로 유지하여 재고비용과 창고비용 등 각각의 비용을 최소화한다. 이때의 대상은 한 업체만 국한된 것이 아니라, 제조로부터 최종 소비자에게 이르는 전 과정을 대상으로 하는 것이다.

따라서 이 연결고리에 관계된 기업들, 즉 제조, 유통, 도소매 업체들 간의 제휴를 통해 전체적으로 효율을 높여 기업의 이익을 창출하고, 참여한 기업들이 그 성과를 배분하여 갖는다는 것이다. 즉, ECR은 100% 비문서화에 의한 양질의 정보교환과 원활한 제품의 흐름인 것이다.

ECR은 유통체인의 비용감소, 재고의 감소와 생산성의 향상으로 인한 재무 부담의 감소 등 전체 유통망 측면에서 볼 때 상당한 이점이 있다. 상품의 경쟁력이 있을수록 최종소비자에게 돌아가는 이점은 더욱 증가한다. ECR은 단순히 비용감소측면에서가 아니라 공급자와 소매업자 사이의 협력을 통한 거래관행의 개선 측면 즉, 촉진측면에서의 효율성 제고, 소비자와 소비자 니즈에 대한 지식의 확대, 브랜드 혹은 점포에 대한 소비자 충성도 증대 등에서도 그 중요성을 가진다.

4) EHCR

EHCR(Efficient Health Consumer Response)이란 의료공급체인을 효율적이고 효과적인 방법으로 관리함으로써 공급체인 내에서 발생하는 모든 비효율적인 요소들을 제거하여 관련비용을 최소화하려는 업계전체의 노력이라고 할 수 있다. 식품잡화부문의 ECR과 대등한 개념으로 EHCR을 통해 지향하는 것은 의료관련제품 공급체인의 신속화, 비용절감, 대응력강화, 품질향상, 효용증대, 개방화, 중립화, 유연화, 모듈화 등의 달성이 있다.

EHCR의 목표는 최종소비자의 니즈를 효율적으로 만족시키기 위하여 소비자가 원하는 제품을 원하는 장소와 원하는 시기에 가장 저렴한 비용으로 제공하는 것이다. 의료서비스의 품질과 가치에 대한 요구가 국가적인 문제로 부상하고 있는 현시점에서 의료제품 공급체인의 참여자인 제조업체, 유통업체, 도매업체, 대금지불업체 등은 경쟁적 비용절감 환경에서 개선을 위한 노력을 하고 있다.

의료관련 제품의 효율적인 이동과 결제를 목표로 두고 있는 EHCR의 전략은 공급체인에 참여하는 모든 개별업체들의 협력과 기술을 강조하고 있다.

구체적인 전략부문은 효율적 제품이동, 효율적 주문관리, 효율적 정보공유 등으로 구성되며 이 3개의 전략은 참여업체들의 프로세스의 표준화와 환자중심의 운영에서 조직중심의 운영으로 진행된다. 그리고 이를 통해 공급체인 참여업체들은 문서작업의 감소, 데이터의 정확성 향상, 생산성 향상, 회전주기 단축, 재고수준 감소, 반품의 감소, 오류감소, 노동력 감축, 효과적 커뮤니케이션 촉진, 고객만족 증대 등의 효과를 얻을 수 있다.

사례 11-3

아마존의 스마트 SCM전략 성공비결

아마존은 4차 산업혁명 시대를 맞아 디지털 기술을 활용해 공급망관리(SCM)의 혁신을 이룬 대표 사례다. 소위 '스마트 SCM' 전략을 성공적으로 구현해 온 모범 기업이라 할 수 있다. 이는 계산대 없는 식료품 매장 아마존 고(Amazon Go)를 비롯해 인공지능(AI) 음성인식 스피커인 에코(Echo), '원클릭' 배송주문 시스템인 대시(Dash) 버튼 등의 사례를 통해 잘 드러난다. 스마트 SCM 전략을 집중적으로 분석한 DBR(동아비즈니스리뷰) 235호(10월 15일자) 스페셜리포트에 소개된 아마존 사례 연구 내용을 요약한다.

대시 버튼 통해 예측 배송 고도화

아마존은 2015년 와이파이 기능을 탑재한 대시 버튼을 출시했다. 인터넷이나 모바일에 별도로 로그인할 필요 없이 버튼만 누르면 특정 제품의 주문부터 결제, 배송에 이르는 모든 프로세스가 한 번에 자동으로 이뤄진다. 보통 4.99달러에 판매되는 대시 버튼은 주로 세제, 휴지, 기저귀 등 반복구매가 이뤄지는 생활용품 주문에 활용되고 있다. 대시 버튼은 단순히 제품 판매를 공고히 한다는 측면 외에 소비자에 대한 상세한 정보를 얻을 수 있는 수단이라는 측면에서 더 큰 의미를 갖는다. 지금까지 고객 수요 예측에 필요한 데이터는 대개 제품이 매장이나 인터넷을 통해 주문·결제되는 시점을 기준으로 수집돼 왔다. 하지만 엄밀하게 말해 이 시점은 소비자의 실제 소비 패턴과는 괴리가 있다. 가령, 집에서 세제가 떨어진 시점과 매장에서 새 세제를 구입하는 시점 간에는 상당한 시간차가 존재한다. 반면 대시 버튼을 통하면 고객 소비 패턴을 실제 수요 패턴과 동기화할 수 있다. 보다 정교한 수요 예측을 위한 정보를 확보할 수 있다는 뜻이다.

에코를 활용한 수요 조절 및 창출

아마존 에코는 2017년 1분기(1 ~ 3월) 기준 미국에서만 1,100만 대 이상이 팔렸다. 현재 대부분 사용자들은 에코를 알람 설정, 음악 감상, 정보 취득(날씨 등) 등의 목적으로 활용하고 있다. 하지만 점점 쇼핑에 활용하는 사례가 늘어날 것으로 전망되며, 중장기적으로는 대시 버튼을 대체할 것으로 기대된다. 현재 아마존은 에코의 보급률을 높이기 위해 음성을 통한 제품 주문에 대해 다양한 프로모션을 진행하고 있다. 가령, 동일한 규격의 제품이라도 온라인이나 모바일로 주문할 때보다 에코를 통할 때 더 저렴하게 구입할 수 있도록 하고 있다. 실제로 소비자가 에코에 특정 브랜드를 지정하지 않고 배터리 구매를 지시하면, 에코는 아마존에 수많은 브랜드의 배터리가 판매되고 있음에도 불구하고 아마존 자체상표(PB) 제품을 계속 권유한다. 2017년 6월 한 매체에서 분석한 자료에 따르면, 에코에 제품 검색을 요구할 경우 추천 제품의 58.8%가 아마존이 팔고 싶어 하는 판촉 제품이나 PB 제품인 것으로 드러났다.

아마존 고 통해 소비자 행태 빅데이터 분석

아직까지 시범 매장 형태로 운영 중인 아마존 고에 적용된 핵심 기술은 영상처리, 센서융합, 딥러닝(자가학습) 등 첨단 기술이다. 고객이 스마트폰에서 아마존 고 앱을 켜고 QR코드를 스캔해 매장에 들어가면, 카메라가 고객 동선을 따라다니며 구매 목록을 체크한다. 구체적으로, 고객이 특정 매대에서 어떤 제품을 집어 들면 카메라가 촬영된 제품 이미지를 분석해 해당 제품 정보를 1차적으로 판별한다. 곧이어 그 제품을 보관하던 매대의 무게 센서와 압력 센서가 무게와 압력이 변한 지점을 파악해 제품에 대한 추가 정보를 수집한다. 여기에 해당 소비자의 구매 이력 데이터를 통해 산출한 신뢰도 점수를 기반으로 제품의 종류와 가격을 최종적으로 확정해 가상의 쇼핑 카트에 담는다. 고객은 계산을 위해 별도로 줄을 설 필요 없이 사고 싶은 물건을 집어 들고 곧바로 매장을 빠져나오면 된다.

아마존은 지금까지 온라인상에서의 소비자 행동은 어느 정도 추적해 왔다. 하지만 오프라인 매장에서의 소비 행동과 관련한 이력 정보를 수집하는 건 불가능했다. 아마존 고가 RFID로는 절대 확인할 수 없는 고객 데이터를 수집하기 위해 카메라와 센서 기술을 도입한 이유다. RFID 기술은 일종의 '스냅샷' 사진처럼 특정 시점에 국한한 데이터만 보여준다. 반면 카메라나 센서 기술은 '동영상'처럼 고객의 이동 궤적을 추적할 수 있는 역동적인 데이터를 제공해 준다. 소비자가 매장에서 집었다가 다시 내려놓는 제품이 무엇인지에 대한 정보까지도 파악할 수 있다는 뜻이다. 아마존 고는 소비자 행태에 대한 빅데이터 분석의 접점이 될 수 있다. 즉, '100만 명의 고객 데이터보다 고객 한 사람의 100만 가지 데이터를 더 중시'하는 아마존의 빅데이터 분석 전략의 핵심이 될 것이다.

스마트 SCM에서 중요한 건 혁신적 기술의 도입 그 자체가 아니라 고객의 숨은 욕구를 이해하고 분석해 새로운 비즈니스 모델을 만드는 게 핵심이다.

자료원: 동아일보, 2017.10.30. 기사편집

5) JIT(Just In Time) System

재고관리에서 중요하게 다루어지고 있는 즉시조달 기술이다. 이것은 일본의 도요다 자동차 생산방식에서 시작된 것으로 생산된 제품이 수요에 맞추어 즉시 판매된다고 가정하고 매일 또는 시간 단위로 정해진 계획에 따라 주문하고 수납하는 방법이다. 즉, 생산에 필요한 부품을 필요한 시기에 필요한 만큼 생상공정이나 현장에 인도하여 적시에 생산하는 방식을 의미한다.

6) MRP

자재소요량계획(Material Requirement Planing System)은 생산활동에 필요한 기능을 중심으로 복잡한 조직이 언제 어떠한 행동을 취해야 하는가를 정확하게 지시함으로써 원자재에서 완성품에 이르기까지 자재의 흐름을 관리하는 방식으로, 소요 자재품목, 소요시점, 소요수량을 계획하는 기술이다.

7) CIM

CIM(Computer Integrated Manufacturing System; 컴퓨터 통합제조시스템)은 수주에서 설계, 제조 및 출하에 이르기까지 다양한 생산 활동을 컴퓨터에 의해 종합적으로 시스템화하여 전체의 효율화를 지향하는 프로그램이다.

8) DPS

디지털피킹스시템(Digital picking system)은 디지털로 신속하고 정확하게 피킹하는 시스템으로 점포로부터의 발주 데이터를 센터의 상품 rack에 부착한 표시기에 피킹 수량을 디지털로 표시하여 별도의 리스트 없이 누구나 신속하고 정확하게 피킹할 수 있는 시스템이다.

9) EOS

전자 주문시스템(Electronic Ordering System)이란 보충발주시스템이라 하며 POS시스템에 의해 얻어진 정보를 그 발생한 현장에서 자동적으로 입력하고, 그것이 통신회선을 통하여 온라인으로 보분, 도매업체 또는 제조업체로 전송되는 시스템을 말한다.

기대효과를 보면, 첫째, 소매점측면에서
- 진열량의 적정화로 효율적인 공간 활용
- 정확한 발주로 오납과 결품 방지
- 검품에 따른 인력과 시간의 절감
- 발주 작업의 표준화로 신속하고 정확한 발주 가능
- 발주 데이터의 축적과 분석으로 단품 관리 가능

둘째, 도매점측면에서
- 배달시간의 단축
- 오납의 감소와 상품 정보의 제공

• 수주인력 및 경비 절감과 수주 업무의 정확성
• 외상 매출 관리의 용이성
• 납품 데이터 분석을 통한 영업전략 수립 등이 있다.

10) 크로스도킹

크로스도킹(Cross Docking)은 창고나 물류센터에서 수령한 제품을 재고로 보관하지 않고 즉시 배송할 준비를 하는 물류시스템으로 보관 및 피킹 작업을 제거함으로써 물류비용을 절감할 수 있으며, 입고 및 출고를 위한 모든 작업의 긴밀한 동기화를 필요로 한다. 판매시점장소와 포장형태를 고려하여 최대한 짧은 시간 내에 최종 납품처 또는 소매점포로 재 배송하는 방법이다.

사례 11-4

블록체인이 만드는 '물류판 4차 산업혁명'

블록체인은 일명 '공공 거래 장부'. 비트코인을 비롯한 가상화폐로 거래할 때 해킹을 막는 기술이다. 블록체인은 가상 화폐로 거래하는 모든 사용자에게 거래 내역을 보내주며 거래가 이뤄질 때마다 이를 대조해 데이터를 위조하는 것을 막는 역할을 한다. 최근에는 금융업뿐만이 아니라 물류·제조·유통 등 다양한 산업군에서 도입을 검토하고 있다.

전통적 산업인 '물류'와 최첨단 기술인 '블록체인'이 만났다. 유럽연합(EU)은 지난해 발표한 '미래 보고서 2050'을 통해 미래를 바꿀 기술로 '블록체인'을 꼽았다. 블록체인이 사회 전반에 도입된다면 우리는 그동안 겪어보지 못한 새로운 시대에 살게 될 것이다. 물류 산업도 마찬가지다. 2017년 3월, 선복량 기준으로 세계 선사 1위인 덴마크의 머스크라인은 미국의 IBM과 함께 블록체인 기술을 활용한 공동 프로젝트에 들어갔다. 국내 해운 및 물류 업계 또한 블록체인 도입의 필요성을 인지하고 있다. SK의 정보기술(IT) 계열사인 SK C&C는 서비스 모델을 빠르게 검증할 수 있는 블록체인 플랫폼을 마련했다. 삼성SDS는 향후 물류 분야에서 적극적으로 블록체인 기술을 도입한다는 계획을 세우고 있다.

블록체인의 도입으로 해운 물류업계가 얻을 수 있는 효과는 크게 두 가지가 있다. 첫째는 물류의 '가시성(visibility)'을 강화할 수 있다는 점이다.

블록체인과 물류가 만나면

❶ 화물 위치 수집 시 블록 생성
❷ 화주에게 신뢰성 있는 정보 공유
❸ 선사에서 선하증권 'BL' 문서 발행
❹ BL 문서 등록에 대한 블록이 쌓이면 알림을 받은 화주는 해당 정보 검색 가능
❺ 세관에서 문서 확인
❻ 세관 확인에 대한 정보도 블록으로 생성돼 저장
❼ 수입지 은행에서 신용장 발행
❽ 송하인과 수출지 은행에서 결제 요청

자료 : SK C&C

가시성은 화주에게 수송을 맡긴 화물이 어떠한 경로를 거쳐 어디로 수송되고 있는지에 대한 정보를 제공하는 것이다. 삼성SDS는 자사의 통합 물류 솔루션 첼로(Cello)를 통해 선박의 이동 경로를 실시간으로 파악하고 있다. LG그룹의 물류 계열사인 판토스는 선행관리센터를 통해 전 세계로 수송된 화물을 관리하고 있다. 물류 가시성을 더 원활하게 이룰 수 있는 '마지막 퍼즐'이 바로 블록체인의 도입이다. 거래 문서가 디지털화되면 좀 더 손쉽게 화물을 추적하고 이를 모든 이해관계인과 공유할 수 있기 때문이다.

둘째는 '비용 절감'이다. 블록체인이 도입되면 물류업계는 좀 더 효율적으로 화물을 운송할 수 있는 방안을 세울 수 있고 그에 따라 물류에 드는 비용을 줄일 수 있다. 결제나 서류의 증빙에 걸리는 시간을 단축함으로써 전반적인 물류의 효율성을 강화할 수 있다. 또 서류의 위조를 가려냄으로써 좀 더 신뢰할 수 있는 프로세스를 구축할 수 있다는 장점도 있다. 현재 물류 프로세스는 종이 문서를 통해 이뤄지고 일일이 사람이 확인해야 하는 번거로움이 있다. 실제로 물류 비용에서 문서 및 행정 관련비용이 5분의 1을 차지하는 것으로 알려졌다. 만약 블록체인이 도입된다면 물류상의 모든 문서를 디지털화하고 구성원이 서로 합의한 프로세스는 자동으로 처리되는 스마트 컨트랙트(smart contract)를 지원한다. 이에 따라 물류상 모든 정보가 디지털화되고 확인 과정이 자동화됨으로써 시간과 비용을 절약할 수 있다. 중요한 것은 블록체인을 활용한 물류 '전 과정'의 프로세스 구축이다. 화물이 운송되려면 화주·선사·포워딩(수출입물류 업무 대행업체)·육상운송·항만·은행 등 모든 관계자가 블록체인을 도입해야만 원활한 물류가 이뤄질 수 있다.

자료원: 한국경제, 2017.7.12. 기사편집

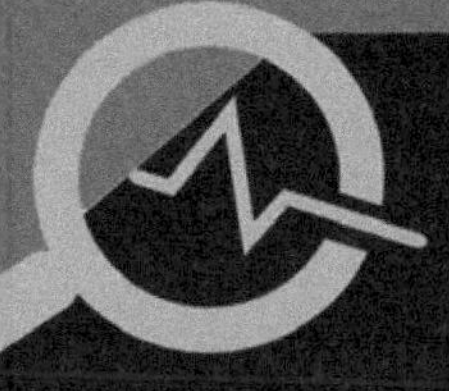

제12장

상권분석

유통관리

제12장 상권분석

최종소비자를 대상으로 유통활동을 수행하는 소매상에게 있어 점포위치의 선정은 성공을 위한 가장 필수적인 요소이다. 그러므로 점포를 개설하기 전 반드시 우선해야 할 것이 상권을 분석하는 일이다. 상권분석은 상권 내 소비자의 인구통계적 특성, 사회문화적 특성 등의 환경요소 및 경쟁정보 등에 관해 정확하게 파악하여 가장 적절한 점포를 선정해야 한다. 본장에서 상권의 정의 및 분류, 상권분석기법, 소매입지 특성 등에 대해 살펴보기로 한다.

제1절 상권의 정의와 분류

1. 상권의 정의

상권(trade area)이란 한 점포가 고객을 유인할 수 있는 지역범위(geographic area)를 의미하는데, 소매상은 자사점포를 이용할 수 있는 소비자의 활동범위를 분석하고 판매하고자 하는 지역범위를 먼저 결정해야 한다. 즉, 소매상에게 상권은 적정한 가격에 상품이나 서비스를 판매 및 배달할 수 있는 범위를 말하며, 이러한 상권의 분류는 계층적 구조에 따른 분류와 고객포함정도에 따른 분류방법이 있다.

2. 상권의 분류

1) 계층적 구조에 따른 상권분류

(1) 지역상권

지역상권(general trading area)이란 가장 포괄적인 상권범위로서 '시' 또는 '군' 등 도시의 행정구역이라 할 수 있으며, 한 도시 내에 형성된 모든 유통기관들의 총체적 경쟁구조로 신규점포 선정 시 지역상권의 특성파악을 파악해야 한다. 하나의 지역상권은 여러 지구상권을 포함한다.

(2) 지구상권

지구상권(district trading area)이란 '구'를 포함한 상권으로 한 상권내의 대형 백화점이나 유명전문점 등의 존재 여부, 관련점포들 간의 집적 여부에 따라 상권의 크기를 구분(예: 서울상권은 도심, 강남, 신촌 등으로 나뉨)한다.

(3) 개별상권

개별상권(individual trading area)이란 지점상권, 점포상권이라고도 하며, 지구상권 내의 개별점포가 커버하게 되는 상권을 말한다. 각 점포의 규모에 따라 다를 수 있으며, 대형점포나 전문점의 경우 상대적으로 커질 수 있다.

2) 고객포함정도(설정거리 및 흡인율)에 따른 상권분류

(1) 1차 상권

1차 상권(primary trading area)이란 전체 점포이용고객의 50 ~ 70%를 흡인하는 지역범위점포에서 가장 가까운 지역들을 포함하며, 고객 1인당 구매액이 가장 높은 지역 범위이다. 주로 생필품을 중심으로 한 식품류, 편의품류로 구성하는 것이 좋다.

(2) 2차 상권

2차 상권(secondary trading area)이란 1차 상권 외곽에 위치, 전체 점포이용고객의 20 ~ 30% 를 흡인하는 지역범위이다. 2차상권내의 고객은 1차 상권의 고객들에 비해 지역적으로 넓게 분산되어 있다.

(3) 한계상권

한계상권(fringe trading area)은 3차 상권이라고도 하며, 2차 상권 외곽을 둘러싼 지역범위로 1차 상권과 2차 상권에 포함되지 않은 나머지 지역의 고객들을 흡인하는 지역으로 한계상권내의 고객은 매우 광범위하게 분산되며, 고객 1인당 구매액이 가장 낮다. 한계상권의 고객은 특정점포를 애고하여 멀리까지 이동하는 것을 마다않는 원거리 고객일 가능성이 많다.

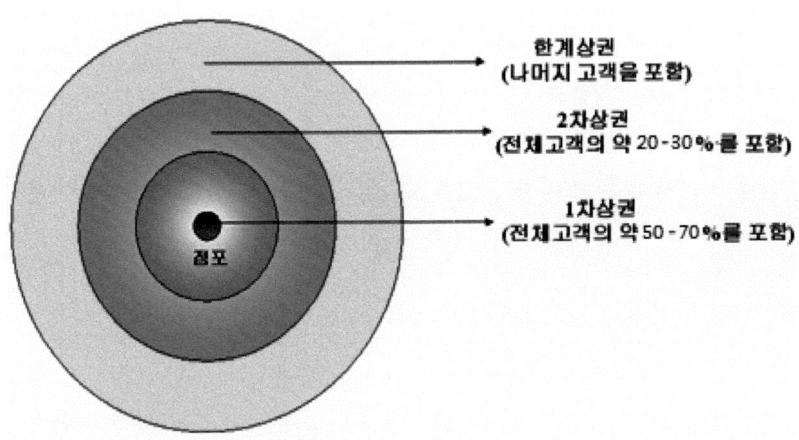

[그림 12-1] 상권의 구성

사례 12-1

상권 특성 따라 상품구색

GS25 유어스점의 강미정·박상일 경영주는 GS25만 3개점을 운영하고 있는 다점포 경영주다. 그들은 "잘나가는 매장의 비법은 상권, 상품구색, 사람이 중요하다"고 강조했다.

식품 or 생필품, 상권 따라 달라

박상일 경영주는 "먼저 상권별로 달라지는 상품의 구색을 알아야 한다."라고 말한다. 경영주는 자신의 점포가 위치한 상권의 주 연령대가 어떻게 되는지, 생필품 위주로 찾는지, 혼밥족이 많은지를 빠르게 파악해야 한다는 것이다.

GS25 유어스점은 '오피스' 상권이다. "오피스 상권은 식품 구성이 중요하다"고 말했다. 출근 시간과 점심시간, 밤늦은 시간에 찾아오는 직장인이 많기 때문이다. 이에 도시락의 품목 수와 양을 타 운영점포보다 더욱 늘려 발주한다. 타 운영점포가 평균 15～20가지의 종류를 갖췄다면, 유어스점은 도시락 종류를 25가지로 늘려 구비했다. 도시락뿐만 아니라 모든 식품의 종류와 양을 신경 쓰고 있다. 또한 겨울에는 고구마를 두는 등 시즌성 상품에 신경 쓰고, 매장에서 조리가 가능한 다양한 간편조리식도 구성해 놓는다.

GS25 숭인본점은 식품보다는 생필품에 더욱 주력한다. 또 계산대에 전자레인지를 마련했다. 숭인본점·숭인행운점이 위치한 상권은 연령대가 다양해서 편의점 음식에 익숙지 않은 소비자가 있을 수 있다. 이 때문에 어떻게 데워야 음식이 맛있는지 잘 아는 근무자가 직접 하는 것이 낫다고 판단했다.

선호 상권 뚜렷해야 전략 세울 수 있어

상품의 구색을 맞췄어도 접근성이 뛰어나지 않다면 매출을 올리기가 힘들다. 결국 가장 중요한 것은 점포의 위치다. 편의점 업계는 경영주가 점포 위치 선정에 어려움이 없도록 본사 측에서 장소를 추천해준다. 상권을 계속 둘러보면 경영주마다 선호하는 상권이 생기기 마련이다. 강미정·박상일 경영주에 따르면 그들은 오피스 상권과 주택단지가 많은 쪽이 잘 맞았다. 매장의 청결도를 계속 확인하고, 근무자와의 관계를 더욱 신경 쓰는 편이어서 그렇다. 선호하는 상권이 있으니 상품의 구성을 어떻게 해야 하는지 파악하는 것도 빨라졌다고 덧붙였다.

자료원: 더바이어, 2017.03.19, 기사편집

3. 점포 입지선정과 매력도분석

1) 입지선정과정

신규점포의 상권은 지역, 지구, 개별점포상권을 포함하는 포괄적인 개념이므로 대형점이 어떤 지역에 신규출점을 할 경우 점포입지의 매력도에 대한 평가는 단계별로 이루어져야 한다.

① 광역시장후보지의 시장잠재력을 조사하기 위하여 후보지에 대한 고객수요, 업체 간 경쟁정도를 분석한다.
② 그 후보지내에서의 최적지구선정을 위한 분석을 한다.(특정지구후보지선택)
③ 특정 지구 내에서 구입가능한 부지(site)를 선정한다.

이와 같은 과정을 통해 최종 예상후보지에 대한 매력도 분석을 상권분석에 앞서 행한다.

2) 매력도 분석

시장매력도(소매잠재력)를 추정하는데 있어 수요요인과 공급요인을 함께 고려해야한다. 최적의 광역시장후보지가 되기 위해서는 먼저 충분한 수요가 존재해야 한다. 가구 수가 많고 소득수준이 높아야 하며, 인구통계적· 사회경제적 특성이 점포의 표적고객과 부합되어야 한다.

수요측면에서 이러한 조건이 충족되더라도 너무 많은 기존점포들이 있다면 신규점포로서 매력도는 낮아진다. 그러므로 수요요인 및 공급요인과 함께 그 지역의 경제적 기반에 대해서도 평가가 이루어져야 한다.

(1) 수요의 측정

지역시장의 수요 잠재력을 총체적으로 측정할 수 있는 지표로 이용되는 것이 소매포화지수(Index of Retail Saturation; IRS)이다.

소매포화지수는 한 시장지역 내에서 특정 소매업태의 단위 매장면적당 잠재수요를 나타내는 것으로 다음과 같은 식으로 측정된다.

$$\text{IRS} = \frac{\text{수 요}}{\text{특정업태의 총 매장면적}}$$

$$= \frac{\text{지역시장의 총가구수} \times \text{가구당 특정업태에 대한 지출비}}{\text{특정업태의 총 매장면적}}$$

(2) 공급수준의 측정

시장성장 잠재력지수(Market Expansion Potential: MEP)는 지역시장이 미래에 신규 수요를 창출할 수 있는 잠재력 측정 지표로서 지역시장매력도 평가에서 소매포화지수의 문제점을 보완하는 지표이다. 거주자들의 지역시장 이외의 다른 지역에서의 쇼핑지출액을 추정하여 계산할 수 있다. 즉 MEP값이 크다는 것은 거주자들이 다른 지역에서 쇼핑을 많이 한다는 것을 의미한다.

(3) 경제적 기반 측정요소

특정지역에서 매력도는 IRS(Index of Retail Saturation)와 MEP(Market Expansion Potential)에 의해 평가되지만 마케터는 그 지역의 경제적 기반도 평가해 보아야 한다. 경제적 기반의 평가에 이용되는 주요 요인들은 다음과 같다.

① 앞으로의 경제활성화 정도(future economic viability)
② 광고매체의 이용가능성과 비용
③ 근로자의 이용가능성과 비용
④ 지역정부기관의 지역경제 활성화 노력
⑤ 지역시장에 대한 정부의 법적 규제

(4) 넬슨(R.L.Nelson)의 소매입지이론

넬슨은 최대의 이익을 얻을 수 있는 매출고를 확보하기 위해 점포의 입지선정에 필요한 평가원칙을 제시하였다.

① **상권의 잠재력** : 진입한 상권에서 취급을 요하는 상품이 수익성 확보가 가능한가에 대한 검토가 이루어져야 한다.

② **접근가능성** : 고객들이 접근할 수 있는지 살펴보는 것이다.

③ **성장가능성** : 선택한 상권이 어느 정도로 성장 할 수 있는지를 평가한다.

④ 중간 저지성 : 기존 점포나 상권지역이 고객과 중간에 위치하여 경쟁점포나 기존의 상권으로 접근하려는 고객을 중간에서 저지할 수 있는 가를 평가한다.

⑤ 누적적 흡인력 : 동종의 업종끼리 모여 있을수록 고객을 끌어들이는 힘이 커진다. 고객의 흡수가 유리한 지를 평가한다.

⑥ 양립성 : 상품들이 상호보완관계에 있는 경우 점포들이 모여 있을수록 고객흡인력이 커진다. 고객 흡인력의 가능성을 검토한다.

⑦ 경쟁 회피 : 경쟁점포의 입지, 성격, 규모, 형태를 감안한 입지를 선택하여 매출액을 예측한다. 또한 장래 경쟁점이 들어설 여지도 검토한다.

⑧ 입지의 경제성 : 입지 비용으로 인한 수익성과 생산성의 정도를 분석한다.

사례 12-2

한국감정원, 상가 등 상업용 부동산 임대료 정보 개방 부동산 통계정보시스템 통해 신청

한국감정원은 상업용 부동산 임대차 시장에 대한 정보제공 및 정책자료 활용을 위해 상업용 부동산 임대 동향조사 기초자료를 26일부터 개방한다고 25일 밝혔다. 지역별, 상권별 임대료, 임대가격지수, 공실률, 투자 수익률 등 주요 지표들은 부동산 통계정보시스템(www.r-one.co.kr)을 통해 공표하고 있다. 2017년 기준 전국 232개 상권에 대해 일반 건축물(사무용 건물·중대형 상가·소규모 상가) 5,655동, 집합상가 내 2만 3,000호를 대상으로 방문 면담조사를 진행 중이다.

상업용 부동산 임대 동향조사 기초자료는 기존 부동산 통계정보시스템 내 별도의 정보제공 항목을 마련해 신청자가 정보공개를 신청할 경우 승인 절차를 거쳐 내려 받기 하는 형태로 제공된다. 이용자는 부동산 종류별(사무용 건물·상가), 연도별로 선택해 정보를 취득할 수 있다. 제공 범위는 총 160여개 조사항목 중 건물명, 상호 등 식별 정보와 영업경비 등 민감 정보를 제외한 모든 정보다. 다른 정보와 연계해 식별이 가능한 정보(면적, 층수, 사용승인일 등)는 구간 값으로 제공해 영업 비밀은 최대한 보호될 수 있도록 했다. 이를테면 서울시 종로구 소재 모 중대형 상가의 경우 건축 연면적은 330 ~ 1,000㎡ 범위 내, 층수 지하 1 ~ 5층 범위 등의 정보가 공개된다.

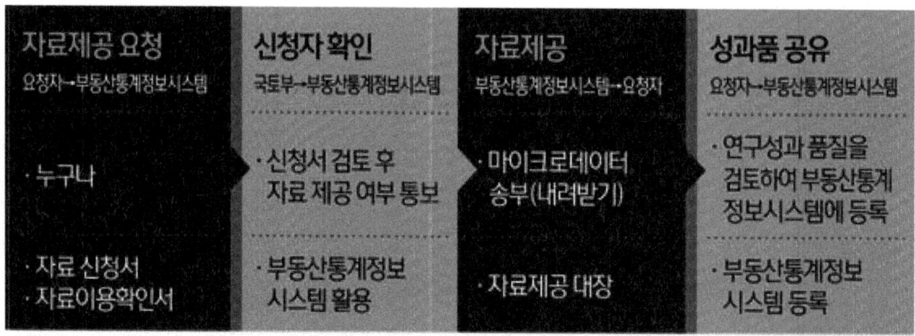

변성렬 감정원 원장 직무대행은 “민간이 사무용 건물, 상가 등의 임대차 시장에 대해 상세하고 유용한 정보를 얻을 수 있게 됨에 따라 상업용 부동산 분야 연구가 더욱 활성화될 것”이라며 “데이터를 활용한 창업도 활발해질 것으로 보인다.”고 말했다.

자료원: 뉴스1, 2017.12.25. 기사편집

제2절 상권분석 기법

1. 상권분석의 필요성과 고려사항

1) 상권분석의 필요성

① 상권분석을 통해 기업은 자사점포의 예상매출액에 대한 추정이 가능할 뿐 아

니라 상권내의 소비자의 인구통계적 및 사회경제적 특성을 파악함으로써 이에 맞는 촉진전략을 수립할 수 있게 한다.

② 최적의 점포입지를 확보하는 문제는 경로구성원(즉 제조업체와 유통업체)들의 장기적 시장성공의 핵심요인으로 대두된다.

③ 상권분석은 자사점포의 수요예측과 마케팅전략의 수립을 위한 필수적인 단계이다.

2) 상권분석 시 고려사항

상권분석을 통한 입지선정의 의사결정 작업은 기업의 성패를 좌우하는 매우 중요한 사항이므로 신중하여야 한다. 상권분석에 따른 입지선정을 위해 고려해야 할 사항은 다음과 같다.

① **인구규모와 특징**: 총인구수 및 인구밀도, 연령분포, 주택소유자비율, 총가처분소득의 크기, 일인당 가처분소득, 직업분포, 변화추세

② **경제적 기반**: 우월한 산업, 다양화정도, 성장 예측치, 경기변동/계절적 변동과의 관련성, 신용/금융기관 획득 가능성

③ **노동력 획득가능성**: 고졸 및 대졸자 분석, 전국 평균 임금 대비한 지역임금 분석, 경영자, 예비경영자, 종업원

④ **경쟁상황**: 기존 경쟁자의 수와 규모, 모든 경쟁자의 장단점 평가, 단기 및 장기예측, 포화수준

⑤ **공급원천과의 근접성**: 수송비용, 적시성, 제조업자와 도매상의 수, 제품라인의 획득 가능성과 신뢰성

⑥ **점포입지획득가능성**: 예정지의 수와 유형, 수송활용가능성, 소유 대 임대 기회, 입점제한규정, 비용

⑦ **촉진**: 매체획득가능성과 노출빈도, 비용, 유실된 촉진

⑧ **규제**: 세금, 면허, 생산, 최소임금, 입점

2. 상권분석기법

상권분석에는 기존 점포에 대한 상권분석과 신규점포에 대한 상권분석이 있다.

기존 점포에 대한 상권분석은 점포 내부 자료와 다른 목적으로 수행된 조사자료 등의 기업 내 2차 자료를 이용하여 분석할 수 있으며, 인구통계자료, 세무자료, 여러 유통기관 및 연구소에서 발표된 자료들을 각 점포의 필요에 맞게 이용할 수도 있다. 또한 신용카드이용고객과 현금이용고객들의 정보를 수집하여 고객들의 구매빈도, 구매량 등을 측정할 수 있다. 필요에 따라 1차 자료수집으로 더욱 정확하게 분석할 수 있겠으나, 특정지역은 시간대에 따라 달라 질 수 있음을 인지해야 한다.

신규점포에 대한 상권분석기법에는 기술적 방법, 규범적 모형, 확률적 모형의 3가지가 있다.

1) 기술적 방법

신규점포의 상권범위를 분석하기 위한 기술적 방법(descriptive method)에는 체크리스트 방법과 유추법이 있다.

(1) Checklist방법

상권의 규모에 영향을 미치는 요인들을 수집하여 이들에 대한 평가를 통해 시장잠재력을 측정하는 방법으로 상권내의 제반 입지 특성, 상권고객 특성, 상권경쟁구조로 크게 3가지로 나누어 분석해야 한다.

① **제반입지특성**: 상권내의 행정구역 상황 및 행정구역별 인구통계특성, 자연경계 특성(강, 하천, 산, 구릉 등), 도로 및 교통특성(도로, 대중교통노선, 통행량, 주차시설, 상권으로의 접근의 용이성 등), 도시계획 및 법·행정적 특기사항, 산업구조와 소매시설 현황 및 변화패턴, 대형건축물, 인구 및 교통유발시설 등에 관해 기회요인과 위협요인으로 구분하여 분석하여야 한다.

② **상권 내 고객특성**: 배후상권고객(목표상권의 지역 경계 내에 주거하는 가구), 직장(학교)고객(점포주변에 근무하는 직장인(학생)고객), 유동고객(기타 점포

주변을 왕래하는 유동인구에서 흡인되는 고객)

③ **상권경쟁구조**: 위계 별 경쟁구조 분석, 업태별/업태내 경쟁구조 분석, 잠재 경쟁구조 분석, 경쟁/보완관계 분석

(2) 유추법

Applebaum의 유추법(Analog Method)은 자사의 신규점포와 특성이 비슷한 유사점포를 선정하여 그 점포의 상권범위를 추정한 결과를 신규점포의 상권규모를 측정하는 방법으로, 신규점포뿐만 아니라 기존 점포의 상권분석에도 적용될 수 있다는 점에서 상권분석에 자주 활용되는 분석기법으로 상권규모의 측정은 CST(customer spotting)map의 기법을 이용한다. CST기법은 자사점포를 이용하는 고객들의 거주지를 지도상에 표시한 후 자사점포를 중심으로 서로 다른 거리의 동심원을 그림으로써 자사점포의 상권규모를 시각적으로 파악할 수 있는 방법이다.

유추법에 의한 상권분석절차는 다음과 같다.

① 자사의 설립 예정 점포와 점포특성, 고객의 쇼핑패턴, 고객의 사회경제적 및 인구통계적 특성에서 유사한 점포를 선정한다.

② 유사점포의 상권범위를 결정한다. 상권범위는 점포가 유인할 수 있는 전체 고객의 75% 내지 80%를 포함하는 구역을 말하며, 유사점포의 상권규모는 유사점포를 이용하는 소비자와의 면접이나 실사(survey)를 통해 수집된 자료(거주지주소, 인구 통계적 특성, 소비관습 등)를 토대로 작성된 CST(customer spotting) map을 통하여 추정된다.

③ 전체 상권을 단위거리(예를 들어, 반경 2㎞내, 4㎞내 등)에 따라 소규모 zone들로 나누고, 각 zone 내에서 유사점포가 벌어들이는 매출액을 그 zone 내의 인구수로 나누어 각 zone에서의 1인당 매출액을 구한다.

④ 자사점포가 입지하려는 지역의 상권크기 및 특성이 유사점포의 상권과 동일하다고 가정. 예정 상권 입지 내 각 zone의 인구수에다 ③에서 계산된 그 zone에서의 유사점포의 1인당 매출액을 곱하여 각 zone에서의 신규점포의 예상매출액을 구한다.

⑤ 신규점포의 예상 총 매출액은 각 zone에서의 예상매출액을 합하여 얻어진다. 구해진 예측치는 신규점포가 위치할 상권의 입지특성 및 경쟁수준을 고려하여 조정된다.

2) 규범적 모형

신규점포의 상권규모를 분석하기 위한 규범적 모형(Normative Model)에는 중심지이론과 Reilly의 소매중력법칙이 있다

(1) 중심지이론

1930년대 독일의 Christaller에 의해 제시된 중심지이론(Central Place Theory)에 의하면 한 지역(도시) 내의 상업중심지가 포괄하는 상권의 규모는 그 도시의 인구규모에 비례하고, 상업중심지로부터 중심기능(또는 상업서비스기능)을 제공 받을 수 있는 가장 이상적인 배후상권의 모양은 정육각형이며, 정육각형의 형상을 가진 상권은 중심지기능의 최대도달거리(range)와 최소수요 충족거리(threshold size)가 일치하는 공간구조라고 하였다.

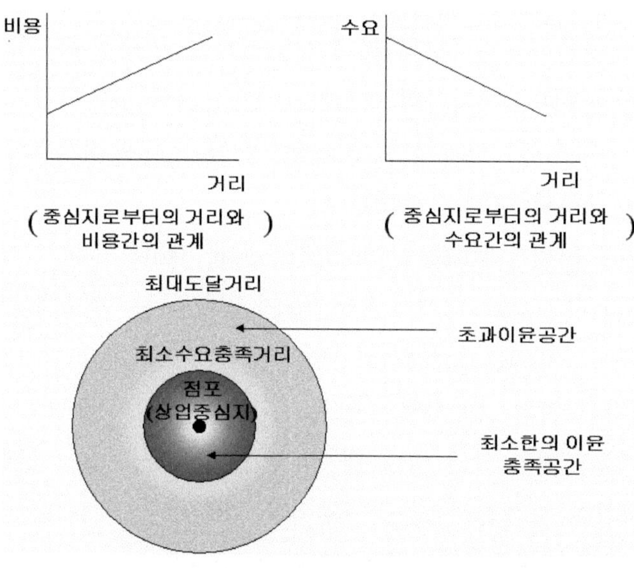

[그림 12-2] 중심지 이론의 기본개념

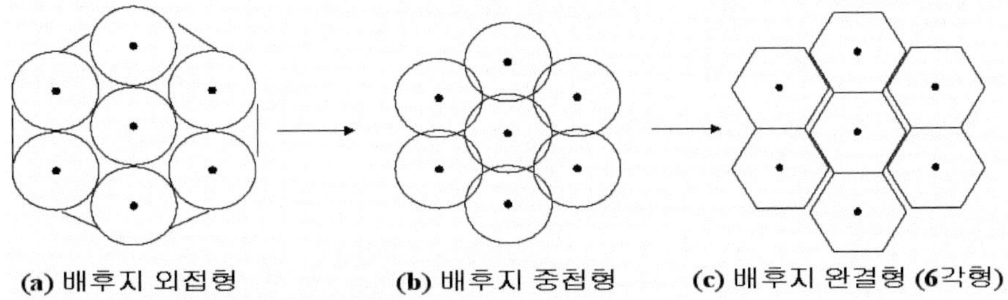

[그림 12-3] 중심지의 이상적인 배후상권의 모양 : 정육면체

(2) Reilly의 소매중력법칙

Reilly의 소매중력법칙(Law of Retail Gravitation)은 두 경쟁도시가 그 중간에 위치한 소도시의 거주자들로부터 끌어들일 수 있는 상권규모는 그들의 인구에 비례하고, 각 도시와 중간도시간의 거리자승에 반비례한다.

$$\frac{R(A)}{R(B)} = \frac{P(A)}{P(B)}\left[\frac{D(B)}{D(A)}\right]^2$$

여기서 R(A): 도시 A의 상권규모
R(B): 도시 B의 상권규모
P(A): 도시 A의 인구
P(B): 도시 B의 인구
D(A): 도시 A로부터 중간도시까지의 거리
D(B): 도시 B로부터 중간도시까지의 거리

Reilly는 소비자가 항상 가장 가까운 점포를 찾는다는 중심지이론이 적용되기 어려운 상황들이 있을 수 있다고 보고, 보다 많은 인구를 가진 도시가 더 많은 쇼핑기회를 제공할 가능성이 많으므로, 원거리에 위치한 고객들도 기꺼이 그곳으로 쇼핑여행을 갈 수 있음을 주장하였다. 즉 원거리에 위치한 점포의 상품가격과 교통비를 합한 총 가격이 다른 점포를 이용할 경우의 구입비용보다 싸다면, 소비자는 보다 싼 가격의 상품을 구매하기 위해 기꺼이 먼 거리까지 갈 수 있다는 것이다.

Reilly의 법칙은 Converse가 개발한 breaking-point(분기점, 무차별점) 공식으

로 나타낼 수 있으며, 이는 두 도시간의 상권경계를 계산하는데 이용되며, 분기점(breaking-point)은 두 도시의 상대적인 상업매력도가 같은 지점을 나타내며, 아래의 공식에 의해 계산된다.

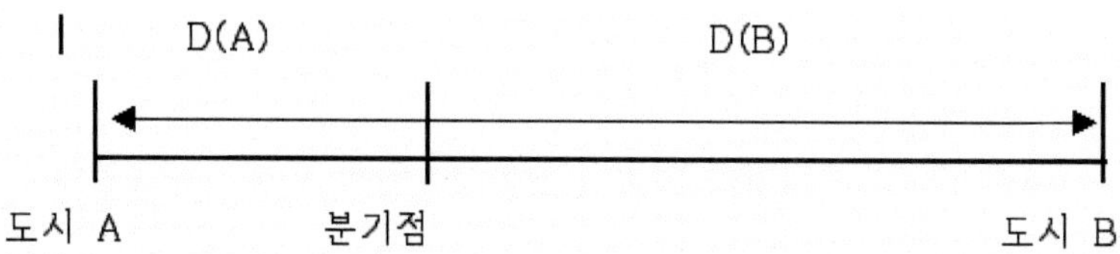

* Converse의 breaking point

→ 분기점 : 두 도시간의 상대적인 상업매력도가 같은 지역

$$D(B) = \frac{d}{1 + \sqrt{\frac{P(A)}{P(B)}}}$$

D(B) : 도시 B의 상권의 한계

d : 도시 A와 B간의 거리(=D(A)+(D(B))

P(A) : 도시 A의 인구수

P(B) : 도시 B의 인구수

소매중력의 원칙은 계산이 용이하고 실증연구결과가 이를 지지하고 있다는 점에서 유용하나 Reilly의 법칙은 다음과 같은 한계점이 있다.

① Reilly의 법칙에서는 특정 상업지구까지의 거리를 주요도로를 사용하여 측정하지만, 소비자들이 샛길이나 간선도로를 이용할 경우 상업지구까지의 거리는 보다 길고 여행 시간이 더 짧을 수 있으므로, 상업지구까지의 거리보다 여행시간이 더 나은 척도가 될 수 있다.

② 실제 거리는 소비자가 지각하는 거리와 일치되지 않을 수도 있는데, 소비자에게 편의성 및 서비스가 낮고 혼잡한 점포는 쾌적한 환경의 점포보다 고객에게 지각되는 거리는 더 클 수 있다.

3) 확률적 모형

확률적 모형은 한 상권 내에서 특정점포가 끌어들일 수 있는 소비자 점유율은 점포까지의 방문거리에 반비례하고 해당점포의 매력도에 비례한다는 가정에서 출발한다. 즉 한 상권 내에서 특정점포가 끌어들일 수 있는 소비자 점유율(상권규모)은 해당점포의 상대적 매력도에 의해 결정된다는 것이다.

확률적 모형은 목표상권 내에서 구매를 하는 소비자의 공간이용패턴을 실증분석하는데 이용되며, 해당상권내의 경쟁점포들에 대한 소비자의 지출패턴이나 소비자의 쇼핑패턴을 반영함으로써 특정점포의 매출액과 상권규모의 보다 정확한 예측을 가능하게 한다.

(1) Luce모델

확률적 모형은 수리심리학에서 널리 알려진 Luce의 선택공리(Luce choice axiom)에 이론적 근거를 두고 개발되었다. Luce모델은 특정 소비자가 동일 지역내의 여러 개 중 어디를 선택하여 쇼핑할 것인가를 보여주기 위해 다음과 같은 기본적 구조를 가지고 있다.

$$P_{ij} = \frac{U_{ij}}{\sum_{j=1}^{J} U_{ij}}$$

P_{ij} :소비자 i가 점포 j를 선택할 확률
U_{ij} :소비자 i에게 있어서 점포 j의 효용(또는 매력도)
J : 소비자가 고려하는 총 점포의 수

위의 식에 의하면, 어떤 소비자가 점포 J를 선택할 확률은 고려하는 점포대안들의 개별효용의 총합에 대한 점포 J의 효용의 비율에 의해 결정된다.

예를 들어 어떤 소비자가 A, B, C라는 세 개의 점포를 고려하고 있으며, 그 점포에 대한 효용이 각각 9, 7, 5라고 가정할 때 점포 A를 선택할 확률은 9/(9+7+5)=0.42가 된다.

(2) Huff모형

소비자들의 점포선택과 소매상권의 크기를 예측하는데 가장 널리 이용되어 온 공간적 상호작용모델 중 대표적 모형으로 Huff모형은 다음과 같은 두 가지 가정에 기초하고 있다.

첫째, 소비자의 특정점포에 대한 매력도(효용)는 점포의 크기와 점포까지의 거리(시간)에 좌우된다. 즉, 소비자의 점포에 대한 효용은 점포의 매장면적이 클수록 증가하고, 점포까지의 거리가 멀수록 감소한다.

둘째, Luce의 모형에 따라 특정점포에 대한 선택확률은 상권 내에서 소비자가 방문을 고려하는 점포 대안들의 효용(매력도)의 총합에 대한 해당점포의 효용(매력도)의 비율로 표시된다.

$$P_{ij} = \frac{S_j^a D_{ij}^b}{\sum_{k=1}^{J} S_k^a D_{ijk}^b}$$

P_{ij} : 소비자 i가 점포 j를 선택할 확률

S_j : 점포 j의 매장크기

D_{ij} : 소비자 i가 점포 j까지 가는데 걸리는 시간 또는 거리

a: 소비자의 점포크기에 대한 민감도를 반영하는 모수

b: 소비자의 점포까지의 거리에 대한 민감도를 반영하는 모수

J: 소비자가 고려하는 총 점포의 수

사례 12-3

BC카드, 소비트렌드와 상권분석서비스 고도화 추진

BC카드는 자체 빅데이터 보유 기술을 활용해 4차 산업혁명시대 금융트렌드를 선도하고 있다. 연 30억 건에 달하는 자체 거래데이터를 바탕으로 소비트렌드와 상권분석은 물론 로봇기술과 인공지능(AI)을 활용한 서비스를 고도화한다는 포부다.

BC카드가 지난 2013년부터 매년 발표한 '소비트렌드'는 카드사용 데이터와 사회통계를 분석하는 등 빅데이터를 활용한 대표적인 결과물이다. 자체 소비트

렌드 분석 플랫폼으로 기존 카드 소비데이터에 소셜데이터를 결합해 사회 전반의 트렌드를 분석하고 예측해 온 BC카드는 작년 하반기 '2017 5대 소비트렌드'로 △얼리 힐링족 △뉴노멀 중년 △위너 소비자 △스트리밍 쇼퍼 △내비게이션 소비를 선정해 발표하기도 했다.

'프리즘 3.0'은 이용자의 특성과 니즈를 26개 라이프스타일로 정의한 고객분석틀로 BC카드가 자체 보유한 빅데이터 시스템이다. 기존 이용자의 기본 정보와 소비데이터, 지리정보, 소득추정정보를 결합한 이 틀은 FLC(가구생애주기)에 기반을 뒀다. BC카드 측은 "소비트렌드 분석을 통해 BC카드와 회원사가 시장 변화에 잘 대처하고 효율적인 마케팅 활동을 할 수 있도록 지원하고 있다"고 밝혔다.

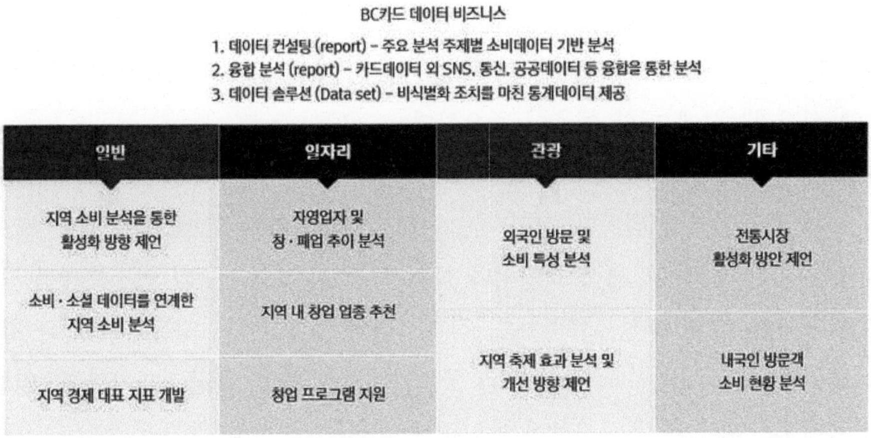

BC카드 데이터 비즈니스

1. 데이터 컨설팅 (report) – 주요 분석 주제별 소비데이터 기반 분석
2. 융합 분석 (report) – 카드데이터 외 SNS, 통신, 공공데이터 등 융합을 통한 분석
3. 데이터 솔루션 (Data set) – 비식별화 조치를 마친 통계데이터 제공

일반	일자리	관광	기타
지역 소비 분석을 통한 활성화 방향 제언	자영업자 및 창·폐업 추이 분석	외국인 방문 및 소비 특성 분석	전통시장 활성화 방안 제언
소비·소셜 데이터를 연계한 지역 소비 분석	지역 내 창업 업종 추천	지역 축제 효과 분석 및 개선 방향 제언	내국인 방문객 소비 현황 분석
지역 경제 대표 지표 개발	창업 프로그램 지원		

올 상반기 출시한 '신규 상권분석 서비스'를 통해서는 AI를 활용해 보고서 작성 시간과 비용을 기존의 10분의 1로 줄였다. 데이터 해석과 그래프 및 차트 삽입 등의 작업을 AI가 수행하는 이 서비스는 몇 번의 마우스 클릭만으로 만들어진 보고서에 AI가 내놓은 해석과 전문 연구원의 검증 작업이 더해져 최종 완성된다. BC카드에 따르면 이 서비스로 기존 상권 분석 보고서 작성에 필요했던 자원을 대폭 절약해 보다 저렴한 가격에 많은 기업과 가맹점에 제공할 수 있다는 설명이다.

자료원: CEO스코어데일리, 2017.10.25. 기사편집

제3절 소매입지의 중요성과 입지유형

1. 소매입지의 중요성

소매점은 그 위치에 따라 매출이나 이익이 좌우되기 때문에 점포의 위치는 사업의 성공여부에 결정적 역할을 하게 되므로, 소매점은 입지산업이라고 할 만큼 입지조건이 전략적 결정요인이 된다.

입지(Location)란 소매점포가 있는 지리적 조건으로 일반적으로 상권의 크기, 교통망, 고객층, 점포의 지세 및 지형과 밀접한 관련을 가지고 있다.

소매입지는 한번 결정 되면 쉽게 변경하기가 어렵기 때문에 신중하게 결정하여야 한다. 입지선정에 있어서 접근성, 현재 및 미래의 수익성, 시장규모의 확장가능성, 매출액 성장가능성에 대한 예측이 중요하다.

점포를 어느 도시 또는 어느 상업 지구에 자리 잡을 것인가, 선정된 도시나 지구 내의 어느 특정지역에 위치할 것인가는 여러 가지 요인이 영향을 미친다. 도시나 상업지역 선정 시 사회경제적 요인이나 물리적 요인, 상업지구의 인구통계적 사항, 주민의 구매력, 부의 분산, 소득수준, 잠재고객의 구매 관습, 경쟁의 본질과 강도, 제반 법령과 제도, 지반, 노면, 가로의 구조, 부지의 형상, 소음, 대기환경, 인접건물의 형태 등 여러 가지 입지조건을 고려해야 한다.

2. 소매입지별 유형

1) 산업별입지

(1) 상업입지

상업 활동이 이루어지는 장소 또는 그 범위를 말하며, 상업입지의 대상은 도매업에서 소매업까지, 즉 백화점, 대형 슈퍼마켓에서 동네가게까지 다양하다.

상업의 입지조건은 그 땅의 사회·경제적 성격, 상업 집적상태, 배후지의 인구와 경제력, 소비자의 생활상태, 교통편의, 자연적·기후적 조건, 장래의 개발계획 등이다. 상업입지의 소매점입지별 유형은 도심번화가, 도심터미널, 도심주택지, 교외터미널, 간선도로변, 대규모 유통단지 등으로 분류하기도 한다.)

(2) 산업입지

각종산업이 영위되고 있는 장소와 위치로 각종 기업이 제조공장 및 관련시설 등을 입지시킬 경우 건설과 조업에 유리한 조건을 갖추고 있는 지역을 말한다.

개별공장의 입지조건은 제조품목에 따라 달라질 뿐 아니라 같은 업종일지라도 제조방법의 차이 및 기업의 사정에 따라 선정기준이 달라진다.

(3) 공장입지

공장을 설립하기에 적당한 지역으로 용지의 면적, 가격, 조달의 용이성과 광역적 환경으로서 기후, 풍토, 교통기관, 소비지 등 입지조건의 구성요소는 다양하다. 또한 원재료나 동력원천, 국가의 산업정책 및 지역개발 정책의 동향, 나아가서는 국제정세의 변동 등도 입지에 영향을 미친다.

(4) 농업입지

농업생산물에 직접·간접적으로 관련되는 모든 자연적·사회적·경제적 요인이다. 작물·가축 등의 재배나 사육에 의거한 유기적 생산과 기상·토양·지형·해발고도 등의 자연적 조건에 큰 영향을 받는다.

2) 노면 독립입지

노면독립입지란 여러 업종의 점포가 한곳에 모여 있는 군집입지와 달리, 전혀 점포가 없는 곳에 독립하여 점포를 운영하는 형태를 말한다.

독립입지는 다른 소매업체들과 지리적으로 떨어진 지역에 위치함으로써, 경쟁이 없고 토지 및 건물의 가격이 싸고, 대형점포를 개설할 경우 소비자의 일괄구매를 가능하게 하며, 경영상의 신축성도 있고, 주차도 용이하며 영업비가 저렴하여 저가판매가 가능하다는 이점이 있다.

반면에 초기에는 고객을 유인하기가 어렵고, 쇼핑의 다양성을 원하거나 비교구매를 원하는 고객을 흡인하기 어려우며, 고객을 지속적으로 유인하기 위해서는 가격, 홍보, 상품, 서비스 등을 차별화해야 하기 때문에 비용이 증가할 수 있다.

독립입지선택의 장점은 가시성이 크고, 낮은 임대료, 경쟁업체의 부재, 고객에게 편의성 제공, 영업시간, 간판 등에 대한 규제완화 등이며, 단점은 다른 점포와의 시너지가 없다는 점과 고객유인이 어렵다는 점이다.

3) 복합용도개발지역

복합용도개발은 하나의 복합건물에 다양한 용도 즉, 쇼핑센터, 오피스타워, 호텔, 주상복합건물, 컨벤션센터 등을 복합적으로 결합시킨 것을 의미한다.

이는 주거와 상업, 업무, 문화 등 3가지 이상의 기능들을 상호 밀접하게 연관시켜 편리성과 쾌적성을 제고시킨 건물 또는 건물군의 개발을 말한다.

소매점들이 복합용도개발입지를 선호하는 이유는 통상적인 고객 외에 추가적인 구매고객의 유인에 있으며, 각 구성요소들 간의 견고한 물리적 기능의 통합에 의한 고도의 토지 이용을 창출하기 위해 수직적·수평적 동선 체계의 집중적인 연결로서 긴밀하게 통합되어야 한다.

복합용도 개발은 도시 내에서 살고자 하는 사람이나 살 필요가 있는 사람들에게 양질의 주택을 공급할 수 있으며, 도심공동화 현상을 방지할 수 있다. 또한 기존시가지내 공공시설을 활용함으로써 신시가지 또는 신도시의 시기반시설과 공공서비스시설 등에 소요되는 공공재정 등의 절약이 가능하며, 직장과 주거지의 거리가 단축되어 출퇴근 시 교통 혼잡이 완화될 수 있고, 이에 따르는 차량통행량의 감소로 대기오염요인 감소와 에너지 절감의 효과를 얻을 수 있다.

4) 쇼핑센터

쇼핑센터는 도심지역의 소비자들이 교외로 이전하면서 전문적인 개발업자에 의한 지역 상황과 수요 분석을 통해 규모·레이아웃·점포구성·만족 등이 계획적으로 개발·관리·운영되는 집합형 소매점을 말한다.

쇼핑센터는 동일한 개발업자가 계획한 소매업, 음식업, 서비스업 등의 대규모 집단 판매시설로 제2차 세계대전 후 미국에서 발전한 집합형 소매상점가를 말한다.

또한 쇼핑센터는 도심 밖의 커뮤니티 시설로 계획되는 것이 일반적이며, 우리나라에서는 번화한 상점가를 의미하며, 대자본의 공세에 대항하기 위해 일반 독립소매상이 모여서 역 근처나 빌딩 및 지하도에 근대적인 거리를 만들거나 공동점포를 건설하는 것이다.

쇼핑센터의 분류는 입지에 따른 분류와 규모에 따른 분류가 있다.

(1) 입지에 따른 분류

도심형쇼핑센터는 불특정다수의 사람들을 구매층으로 하며, 지가가 높은 지역에 입지하기 때문에 면적효율 상 고층이 되는 경우가 많고 주차공간도 집약된다.

반면에 교외형 쇼핑센터는 특정상권의 사람들을 구매층으로 한다. 비교적 저층이고 대규모 주차장을 갖고 있으며, 백화점, 대형슈퍼마켓 등을 중심으로 하는 경우가 많다.

(2) 규모에 따른 분류

첫째, 근린형 쇼핑센터는 도보권이 중심으로 슈퍼마켓, 드러그스토어가 중심이다. 일용품 위주의 소규모 쇼핑센터이다.

둘째, 지역형 쇼핑센터는 백화점, 종합슈퍼, 대형버라이어티 스토어 등의 대형상점 중심으로 여러 가지 서비스 기능이나 레저·스포츠 시설 등을 갖춘 대규모 쇼핑센터이다. 대표적 유형으로는 교외터미널로 외곽도시의 관문으로까지 발전한 상업 집적지로서 양판점이나 백화점의 지점, 대규모 전문점 체인 등이 입지한다.

셋째, 커뮤니티형 쇼핑센터는 가장 다양한 유형의 소매점포 들로 구성되는 쇼핑센터로서 슈퍼마켓, 버라이어티 스토어(일용잡화점), 소형 백화점 등이 중심으로 실용품 위주의 중규모 쇼핑센터이다.

사례 12-4

소상공인시장진흥공단 '상권정보시스템' 활용

'커피동행'을 운영하는 홍흥식 대표는 첫 번째 창업이 실패하고 나서야 상권의 중요성을 알았다. 2007년 100평 규모의 대형커피숍을 4년 만에 폐업한 뒤 재창업한 커피동행은 현재 월평균 800만원의 매출을 기록하고 있다. 재창업 전 실시한 면밀한 상권분석이 큰 힘을 발휘한 덕분이다. 홍 대표는 "사전에 상권분석을 하지 않았던 것이 실패의 원인이었다."며 "상권정보시스템을 통해 상권의 변화 추이, 업종 적합성, 경쟁업체 현황 등을 꼼꼼히 따졌던 것이 두 번째 창업이 안착한 배경"이라고 말했다. 홍 대표가 활용한 시스템은 중소기업벤처부와 소상공인시장진흥공단이 운영하는 '상권정보시스템'.지난 2006년 지도기반 통계자료로 시작된 이 서비스는 현재는 예비 창업자들의 창업 전 필수방문 코스로 성장했다.

예비창업자들은 실제 창업에 앞서 △특정지역·업종현황과 추이 △창·폐업률 △매출 추이와 특성 △유동·거주 인구 △직업·직종과 주거형태 △인구변화 △주요 집객시설 및 학교와 교통 △임대시세 등의 정보를 확인할 수 있다. 그는 "상권정보시스템을 통해 창업예정지별 위험도를 미리 파악할 수 있어 성공가능성이 높아졌고, 창업 이후에도 인근 경쟁업체의 매출과 유동·거주인구 변화 등을 수시로 파악해 경영전략을 바꾸고 있다"며 "마치 나만의 컨설턴트가 함께 하는 것 같이 든든하다"고 설명했다.

경기도 고양시에서 치킨전문점 '교촌치킨'을 운영하는 김반희 대표 역시 지난해 상권정보시스템의 경쟁업체의 매출정보와 과밀정보를 이용해 성공창업의 토대를 닦은 케이스다. 특히 상권분석을 통해 확인한 유동·거주·상주인구 특성을 마케팅전략에 적극 반영해 큰 효과를 거뒀다. "창업을 위한 만반의 준비를 끝내고도 치킨점이 워낙 경쟁이 심해 걱정이었는데 상권정보시스템의 성장성 예측정보를 통해 2014년부터 2016년까지 지역 치킨업의 매출이 계속 상승하고 있는 것을 알고 안심했다"고 밝혔다.

소진공에 따르면 2017년 현재 상가업소 데이터베이스(DB)의 정확도는 약 91% 수준이다. 연간 이용실적은 90만 건이며 만족도는 89%로 높다. 김흥빈 소진공 이사장은 "상권정보시스템이 예비창업자들의 성공적인 창업과 소상공인들의 경쟁력 강화, 매출 증대에 도움이 되고 있다"며 "내년에는 빅데이터, 인공지능 등을 활용한 상권의 이상예보, AI(인공지능) 경영컨설팅 등을 통해 시스템 활용도를 높이겠다"고 강조했다.

자료원: 서울경제, 2017.12.07. 기사편집

제13장

유통업체의 세계화

유통관리

제 13 장 유통업체의 세계화

제1절 한국 유통업체의 세계화

1996년 대한민국은 유통시장을 전면적으로 개방하면서 세계적인 유통업체들의 한국시장 진입이 시작되었다. 이에 대응하여 한국 유통업체는 한국형 매장과 서비스를 구현하면서 급속히 성장하였고, 1997년 이마트의 중국진출을 시작으로 러시아, 베트남, 인도네시아 등 여러 국가에 진출하고 있다.

해외진출은 롯데마트, 메가마트 등과 같은 대형마트와, CJ홈쇼핑, GS홈쇼핑, 롯데홈쇼핑, 농수산홈쇼핑 등의 홈쇼핑업체, 롯데백화점 등이 진출하고 있는데, 이는 중국과 베트남의 유통시장 전면개방으로 인해 유통업체들이 보다 적극적으로 해외진출에 나서게 되었다.

한국유통업체들의 해외진출요인으로는 국내시장의 포화, 엄격한 규제, 극심한 경쟁구조, 해외시장의 성장 잠재력을 들 수 있다.

유통업체의 해외진출은 유통산업 자체의 외형 성장을 가져오게 하며, 글로벌 소싱을 통해 국내시장에서의 경쟁력 강화와 한국 제조업체들의 해외 판로를 제공하기도 한다. 이런 면에서 유통업체의 해외진출은 유통산업의 새로운 도약을 위한 중요한 성장전략이 되고 있는 것이다.

한국의 여러 유통업체들이 세계의 여러 나라에 진출하고 있는 상황을 업태별 사례를 통해 살펴보기로 한다.

사례 13-1

유통업계, 해외진출 본격 나서

롯데는 동남아시아, BGF리테일은 이란, GS리테일은 베트남·인도네시아, 이마트는 베트남·몽골·홍콩·중동시장에 나서며 각기 다른 방법으로 해외 진출 본격화에 나선다.

롯데는 해외 매출의 15%를 차지하는 인도네시아 공략을 위해 다양한 사업 분야에서 활발하게 사업을 진행하고 있다. 2008년 롯데마트를 시작으로 오프라인 유통 부문과 화학 부문 등에 투자를 진행해왔다. 2017년에는 현지 최대 그룹인 살림그룹과 합작으로 인도네시아 전자상거래 시장에도 진출했다.

베트남의 경우 1990년대에 식품·외식사업부문이 진출해 현지에서 롯데의 이름을 널리 알린 데 이어, 유통, 관광 등 그룹의 핵심 사업부문이 잇달아 진출하며 활발하게 사업을 진행 중이다. 롯데그룹이 베트남을 주요 투자 시장으로 결정한 이유는 핵심생산인구(29세 ~ 45세)의 급격한 증가가 기대될 뿐 아니라, 경제 규모 및 소비 여력 역시 확대될 수 있다는 점, 하노이 및 호치민시 등의 대도시 GDP 성장율이 10%를 상회하고 수출도 급격히 증가돼 지속적인 무역 흑자 기조를 보이고 있기 때문이다.

편의점 업계도 해외 진출에 나서고 있다.

BGF리테일이 운영하는 편의점 CU(씨유)는 이란 테헤란에 해외 1호 매장인 써데기예 (Sadeghiye)점을 열어 국내 편의점 업계의 해외 진출 신호탄을 쏴 올렸다. BGF리테일은 사업다각화와 시장을 넓혀가기 위해 해외진출을 하고 있다. 그 중에 이란을 선택한 이유는 아시아 – 중동 – 유럽 대륙을 잇는 전략적 거점이자, 인구 8,000만 명의 중동 최대 시장이며, 특히 테헤란은 인구 1,500만 명에 이르는 거대 도시로 치안 및 도시 제반 여건이 우수하기 때문이다. 이번 써데기예점의 오픈은 이란 내 첫 편의점 업태 진출이라는 점에서 의미가 있다. 그동안 이란에는 편의점이라는 유통망 자체가 존재하지 않았기 때문이다.

GS리테일이 운영하는 편의점 GS25도 베트남에 등 해외 진출에 나선다. GS리테일은 지난 7월 국내 편의점 중 최초로 베트남의 손킴그룹과 합자법인회사 설립 계약을 체결했다. 올해 안에 호치민시에 GS25 1호점을 오픈할 예정이다. GS리테일은 인도네시아 시장에도 뛰어들었다. 2016년 인도네시아 자카르타 외곽 고급 주택단지 내에 1호점을 시작으로 3월 Jakarta 외곽의 서민 주거지역에 2호점, 10월에 Jakarta 인근 위성도시에 3호점을 운영하고 있다. 출점 가능한 입지 검토를 통해 지속 출점할 예정이다.

이마트는 대형마트 해외출점과 함께 차세대 성장 동력인 '전문점'의 해외진출로 해외 사업 포트폴리오 다각화에 나선다. 지난 2015년 베트남 첫 점포인 호찌민 고밥점을 오픈했으며 이어 2016년 7월 몽골 수도 울란바토르에 이마트 몽골 1호점, 9월 몽골 울란바토르 서부 호룰루 지역에 이마트 몽골 2호점을 열었다. 2018년 3월에는 사우디아라비아 수도 '리야드'와 '제다' 대도시 두 곳에 첫 매장을 열며 전문점 진출에 나선다. 이마트는 23일 사우디 아라비아 최대 유통 그룹인 '파와츠 알호카이르'社와 프랜차이즈 계약을 체결하고, 이마트의 화장품 전문점인 '센텐스'를 파트너사가 운영하는 주요 쇼핑몰에 입점시키기로 합의했다. 중동 시장 선택에 대해 중동 화장품 시장의 성장세가 높다는 점을 장점으로 꼽았다.

또한 이마트는 홍콩 슈퍼마켓 체인인 웰컴社와 정식 수출 계약을 체결하고 지난 22일부터 웰컴사의 슈퍼마켓에서 가정간편식 브랜드인 피코크 판매를 시작했으며 미국에서는 주문자 생산 방식으로 현지에서 생산한 'Emart PK' 5종을 공급하는 것을 시작으로 본격 미국 유통업체에 진출한다.

자료원: 아시아타임즈, 2017.11.29. 기사편집

1. 백화점

사례 13-2

국경 없는 한국백화점

인도네시아는 '포스트 차이나'의 대표 시장으로 손꼽힌다. 인도네시아는 중국, 인도, 미국 다음가는 세계 4위 인구대국(2억 6,000만 명)이다. 특히 25세 미만이 인구의 절반 정도를 차지하고 있어 K-컬처(한류 문화)를 향유할 수 있는 잠재력이 뛰어난 곳이다. 아시아경제는 'K-컬처의 전초기지'로 떠오른 인도네시아의 '생생한 탐방기'를 통해 국내 유통기업들에게 글로벌 사업 확대 전략을 제시한다.

롯데쇼핑 에비뉴는 쇼핑 특화거리로 조성되고 있는 '치푸트라 월드 자카르타' 내에 위치, 총 7개층을 사용한다. 치푸트라 월드 자카르타는 연면적 53만 7,800㎡ 규모로 지하 3층부터 지상 50층까지 구성돼 있는 고층 빌딩이다. 국경 없는 한국백화점의 DNA와 현지화를 결합한 이곳은 롯데백화점의 인도네시아 1호점이자 해외 다섯번째 점포다. "자카르타 롯데쇼핑 에비뉴점은 '국경없는 백화점'을 지향합니다. 새로운 쇼핑 패러다임과 경험을 제공하는 인도네시아 유일의 한국 쇼핑몰인 이곳에서는 원스톱 쇼핑이 가능합니다." 남승우 롯데백화점 인도네시아 법인장은 자카르타 롯데쇼핑 에비뉴의 특징을 한마디로 '국경없는 백화점'이라고 표현했다. 이는 한국형 백화점만의 특징이다. 우선 백화점과 쇼핑몰의 경계가 명확하면 백화점을 찾지 않는 소비자의 특성을 감안해 두 공간을 복합적으로 구성해 매장을 꾸몄다. 또한 비슷한 상품군의 브랜드들이 다른 층에 위치해 고객 불편을 야기했던 기존 인도네시아 쇼핑몰의 매장구성 방식을 개선했다. 소비자가 상품을 비교 구매할 때 불편을 최소화하도록 같은 층에 모은 것. 남 법인장은 "인도네시아 사람들은 먹는 것을 가장 중요하게 생각한다"며 "500여개 브랜드 중에서 25%가 F&B로 채워져 있다"고 설명했다. 그는 "F&B는 한국 음식뿐만 아니라 현지인들이 좋아하는 단맛, 매운맛, 짠맛 등을 충족시킬 수 있는 다양한 나라의 요리를 맛볼 수 있는 것이 특징"이라고 덧붙였다.

이 곳을 찾는 하루 평균 방문객은 2만 5,000명. 주말에는 4만여 명이 찾는다. 방문객의 90%가량은 현지인들이다. 롯데쇼핑 애비뉴는 해마다 평균 15%의 성장률을 달성하고 있다. 앞으로 사업 확대에도 적극 나설 계획이다. 남 법인장은 “자카르타 또는 다른 도시에 사업을 확장할 계획을 갖고 있다”며 “2020년에는 2호점을 오픈할 것”이라고 말했다.

자료원: 아시아경제, 2017.11.07. 기사편집

2. 대형마트

사례 13-3

한국형 vs 현지화…대형마트

해외에 진출한 업체들에게 현지화는 가장 큰 숙제다. 문화와 인종이 다른 해외시장에 전략도 없이 나갔다간 망하기 쉽상이다. 해외에 진출한 대형마트 이마트와 롯데마트는 각자 다른 방식으로 해외시장을 두드리고 있다.

이마트는 ‘한국식 상품’의 판매를, 롯데마트는 ‘현지화’카드를 꺼내들었다. 우선 이마트는 한국 상품 선호도가 높은 시장에 진출하고, 국내에서 잘 팔리는 한국 제품을 매장에서 선보였다. 최근 국내에서 인기를 끄는 ‘노브랜드’나 피코크 상품들이 해외 매장에 선보이면서 각광받았다. 반면 롯데마트는 ‘현지화’ 전략으로 공략하고 있다. 해외 시장을 분석하고, ‘시장에 부족한 아이템이 무엇일까’ 고민한다. 이후 국내에 있는 롯데마트 지점들의 색깔을 쏙 빼고, 현지화에 돌입한다. 그리고 시장 안에서 특색을 갖출 수 있는 방법을 고민한다. 두 대형마트의 마케팅 전략 모두 현지 시장에서 적중했다. 이마트는 지난 7월 오픈한 몽골점에서 성공을 거두고 있다. 롯데마트는 인도네시아에만 43개 지점을 냈다. 매출액도 해마다 증가하는 추세다.

이마트 몽골 울란바토르점

이마트 몽골1호점 울란바토르점에 가면 한국 이마트와 같은 착각에 빠진다. 상품진열부터, 계산대, 마트 직원들의 복장까지 국내 이마트와 똑같다. 매장에 들어간 상품들도 30% 이상이 한국제품이다. 김밥과 같은 한국 음식 신선식품이 매장에서 판매되고 있고, 한국 매장에서 볼 수 있는 노브랜드 제품들도 인기다. 한국 제품의 인기에 이마트는 향후 피코크나 데이즈 등 다른 독자브랜드도 현지 매장에 선보일 계획이다. 한국에 있는 이마트 매장처럼 쇼핑공간 외에도 미용실과 은행, 키즈카페가 입점해 있다. 이마트 관계자는 "항상 가득 찬 몽골 사람들로 인해 발 디딜 틈 조차 없다"고 말했다. 당초 연매출 300억 원을 목표로 했으나 지난 26~27일 프리오픈 기간에만 4억원의 매출을 달성했다. 한류문화의 영향력이 큰 현지에서는 한국식 마트에 대한 현지인들의 선호도가 높은 편이다. 뜨거운 반응 속에 이마트는 향후 점포 확장도 고려하고 있다.

인도네시아에만 43개 매장, 롯데마트

인도네시아는 1만 7,000여개의 섬으로 구성돼 인구구성과 문화적 특성이 다양하다. 각 섬마다 유통 채널이 구성된 방식도 상이하다. 인도네시아의 수도 자카르타 등의 대도시에서는 일반 소매 고객을 대상으로 하는 소규모 유통채널이 주로 구성돼 있지만, 일반 도서지역은 도매형태의 매장이 많다. 롯데마트도 현지에 구성한 43개 매장에서 각자 다른 컨셉트를 선보였다. 도매형 매장과 한국식 소매형 매장을 병행해서 운영하고 있다. 해당 지역에 도매매장이 많으면 소매형 매장, 소매형 매장이 많으면 도매형으로 매장을 꾸민다. 롯데마트는 베트남과 중국에서도 현지 맞춤형 매장을 선보였다. 베트남 남사이공점은 현지 유통업체에서는 볼 수 없는 '쇼핑센터'로 매장을 꾸몄다. 영화관, 문화센터, 볼링장이 입점해 있고, 면적은 6,200여평에 달한다.

자료원: 헤럴드경제, 2016.08.24. 기사편집

3. 편의점

사례 13-4

이란 수도 테헤란에 CU 편의점

국내 편의점 수는 약 4만 개다. CU, GS25, 이마트24, 미니스톱 등은 요즘도 하루 평균 15개의 점포를 새로 연다. 편의점은 1인 가구 확산과 동네 구멍가게 전환 등의 요인으로 성장세를 이어가고 있다. '한국 편의점'은 상품 기획력과 물류 등 질적인 측면에서도 세계로 뻗어갈 경쟁력을 갖췄다는 평가를 받는다. 그런데도 그동안 해외에는 점포가 없었다. 이마트 롯데마트 등 대형마트가 베트남 인도네시아 몽골 등 동남아시아에 적극 진출한 것과 대비된다. 편의점 업체들이 그동안 내수시장에서의 경쟁에만 몰두해왔기 때문이다. BGF리테일이 운영하는 편의점 CU가 21일 해외 진출의 첫발을 내디뎠다. 그것도 한국 기업이 앞다퉈 나가는 동남아가 아니라 중동의 강국 이란이다.

해외로 진출하는 국내 편의점

CU	편의점	GS25
BGF리테일	운영기업	GS리테일
이란(테헤란)	국가	베트남(호찌민)
마스터 프랜차이즈	형태	합작법인 설립
11월21일	개점일	12월

- 이란 수도 테헤란에 해외 1호점

CU가 이날 이란 수도 테헤란에 문을 연 써데기예(Sadeghiye)점은 한국 편의점 업계의 해외 1호 점포다. 이란의 첫 번째 편의점이기도 하다. 이란은 인구 8000만 명에 천연가스 매장량 세계 1위, 원유 매장량 세계 4위의 잠재력을 지닌 국가다. 그러나 수십 년간 계속된 미국의 경제제재로 해외기업 투자가 이뤄지지 않아 소매 유통업도 다른 분야와 마찬가지로 낙후돼 있다. "1980년대 한국

수준의 구멍가게와 슈퍼마켓이 대부분"이라는 게 현지 파견된 BGF리테일 직원들의 얘기다.

BGF리테일과 파트너사인 엔텍합그룹은 현지 편의점 브랜드명을 '나의 선택 CU'란 의미인 '엔텍합애만CU'로 정했다. 써데기예점의 매장면적은 250㎡(약 75평)로 국내 CU 점포 평균 면적 73㎡(약 22평)보다 약 3.5배 크다. 편의점에 패스트푸드 카페를 결합한 게 특징이다. 스낵 유제품 등 주요 상품과 함께 커피 베이커리 생과일주스 등 점포 안에서 직접 조리하는 식품을 대폭 늘렸다. 대신 현지에서 판매가 금지된 주류와 돼지고기를 원재료로 한 제품은 취급하지 않는다.

독자 브랜드 5년 만에 해외 진출

편의점은 이란에선 생소한 유통채널이다. 그러나 쾌적한 매장과 자유로운 이용시간이 장점인 데다 현지인이 늦은 저녁부터 심야 시간에 주로 활동하는 만큼 단기간에 영향력 있는 유통채널로 자리 잡을 것으로 두 회사는 기대하고 있다. 2020년까지 300개 출점을 예상하고 있다. 엔텍합그룹 관계자는 "한류 영향으로 한국 기업 호감도가 높다"며 "테헤란 중심으로 매장을 운영한 뒤 시장 반응을 고려해 인근 도시로 확장할 계획"이라고 말했다.

이란 진출로 CU는 27년 만에 로열티를 내는 처지에서 로열티를 벌어들이는 편의점이 됐다. CU는 1990년부터 일본 패밀리마트에 로열티를 지급하고 브랜드를 사용하다 2012년 프랜차이즈 계약을 정리했다. 이후 CU라는 독자 브랜드로 바꿨고 5년 만에 해외 진출이란 성과를 거뒀다. 지난 7월 이란 최대 가전제조·유통회사 엔텍합그룹과 프랜차이즈 계약을 맺으며 가맹비로 이미 40억 원을 벌어들였다. 앞으로는 현지 점포 매출의 일정액을 로열티로 받게 된다. 홍 부사장은 "테헤란은 인구 1,500만 명에 이르는 거대 도시로 치안이나 도시 제반 여건이 우수하다"며 "성공적으로 이란 시장에 안착한 뒤 해외시장 진출을 본격화할 것"이라고 말했다.

GS리테일이 운영하는 편의점 GS25도 해외 진출을 눈앞에 두고 있다. GS리테일은 지난 7월 베트남 호찌민시에서 베트남의 손킴그룹과 합자법인 설립 계약을 맺었다. 계약에 따라 GS리테일은 합작회사 지분 30%를 보유하게 된다. GS리테일 관계자는 "연내에 호찌민에 베트남 1호 점포를 열 계획"이라고 말했다.

자료원: 한국경제, 2017.11.22. 기사편집

4. 슈퍼마켓

사례 13-5

GS리테일, 인도네시아 사업

2016년 말 인도네시아 법인 설립 이후 2년 4개월 만에 현지에 첫번째 GS수퍼마켓을 출점한데 이어 최근 추가 출자와 자체브랜드(PB) 상품 공급 등을 결정하며 현지 사업에 힘을 싣고 있다. 인도네시아 시장에 PB상품 공급을 진행하기 위해 오는 17일 정기주주총회를 열고 사업목적에 '생식품, 가공식품, 냉장·냉동식품, 생활용품, 패션·잡화, 서비스상품 등의 수출입업 및 동 대행업'을 추가하기로 했다. "인도네시아 슈퍼에 PB브랜드인 '유어스'를 판매할 수도 있어 정관에 반영한 것"이라며 "수출을 위해서는 상표 등록 등의 절차를 거쳐야해 실제 판매까지는 시간이 좀 더 필요할 것"이라고 말했다.

2014년 6월 인도네시아 법인을 설립한 GS리테일은 2016년 10월 자카르타 남부 치부부르에 GS수퍼마켓 1호점인 르겐다 위사따점을 열며 인도네시아 공략을 본격화했다. 치부부르는 한국 교민들을 비롯해 인도네시아 중상류층이 많이 사는 곳이다. 약 300평 규모의 매장에서는 고품질의 과일과 채소, 육류 등 신선식품과 수입공산품 등을 취급하며 현지화를 추진하고 있다.

자료원: 뉴스토마토, 2017.03.07. 기사편집

5. 홈쇼핑

사례 13-6

'기회의 땅' 찾아 떠난 TV홈쇼핑, 선택과 집중

'기회의 땅'을 찾아 해외시장으로 눈 돌렸던 국내 TV홈쇼핑사가 해외사업을 잇따라 철수 중이다. 26일 업계에 따르면 국내 TV홈쇼핑업계 1·2위인 GS홈쇼핑과 CJ오쇼핑이 해외사업 구조조정에 돌입했다.

특히 업계 최초로 중국 상해에 '동방CJ' 홈쇼핑 사업을 론칭하며 해외사업에 나섰던 CJ오쇼핑의 행보가 가장 두드러진다. CJ오쇼핑은 인도법인을 철수한 데 이어 ▲중국 광동성(남방CJ) ▲일본(CJ프라임쇼핑) ▲터키(MCJ)법인에 대한 구조조정을 진행하고 있다. 인도를 포함해 총 9개국 11개 지역에서 진행했던 해외사업 중 36%를 정리하게 된 셈이다.

GS홈쇼핑 역시 터키사업 청산에 들어갔다. GS홈쇼핑은 아시아와 유럽·중동을 잇는 지정학적 이점에 주목해 지난 2012년 터키 미디어그룹 MNG와 손잡고 터키시장에 진출했다. MNG의 2개 계열사(Radyo·Sanal)에 지분 15%를 각각 투자해 이듬해 홈쇼핑 채널 MNG숍을 개국했으나 수년간 당기순손실만 거듭했다.

현대홈쇼핑은 약 135억 원을 투자한 중국 사업이 2016년 4월부터 사실상 중단된 상태다. 중국법인 '현대가유홈쇼핑'의 현지 합작사인 가유홈쇼핑과 경영권 분쟁을 벌이면서 가유홈쇼핑이 돌연 현대가유홈쇼핑의 방송 송출을 중단했기 때문이다. 앞서 현대홈쇼핑은 2003년 초반에도 중국 광저우의 홍야홈쇼핑 지분 30%를 30억 원에 인수하며 중국 시장에 진출했다가 사업 부진으로 3년 만에 철수한 바 있다.

업계, '돈 먹는 하마' 지적에도 '해외사업 무용론' 경계

2016년까지만 해도 TV홈쇼핑사들은 침체된 국내 홈쇼핑 시장을 떠나 새로운 성장 동력을 마련하기 위해 앞 다퉈 해외시장에 진출했다. 그러나 현지 정부의 규제와 국내와 다른 소비문화 등으로 각종 시행착오를 겪으면서 해외사업은 골칫덩이로 전락했다. 일각에서는 '해외사업 = 돈 먹는 하마'라는 인식까지 생겨나기 시작했다. 그러나 업계 관계자들은 "해외사업을 진행하는 방식이 달라진 것 뿐"이라며 해외사업 무용론을 경계하고 있다. 과거 진출지역을 늘리며 외형을 확장하는 데 골몰했다면 현재는 선택과 집중을 통해 수익성 개선을 도모하고 있다는 설명이다. 또 아직까진 미미하지만 유의미한 성과를 내는 해외법인도 있다고 덧붙였다.

GS홈쇼핑 관계자는 "모바일 쇼핑이 급격히 성장한 데다, TV 시청인구도 줄면서 해외사업이 힘들어진 건 사실"이라면서도 "베트남사업은 올 상반기에 4천 400만원의 반기순손익을 내는 등 순항 중이다. 현재 진행 중인 구조조정도 해외사업 철수보다는 시너지를 높이는 쪽에 방점을 두고 있다"고 말했다.

CJ오쇼핑 관계자 역시 "중국에서도 남방CJ를 제외한 동방CJ와 천천CJ는 매출이 잘 나오고 있기 때문에 4개 법인을 제외한 추가 철수는 검토하고 있지 않다"며 "오히려 내년부터는 신흥시장 대신 북미·유럽 등 구매력을 갖춘 선진 시장으로의 의미 있는 진출을 본격적으로 모색해 나갈 예정"이라고 강조했다.

자료원: 아이뉴스24, 2017.10.26. 기사편집

6. 드럭스토어

사례 13-7

CJ올리브영, 미국 진출… 내년 뉴욕에 1호점 연다

국내 1위 헬스&뷰티 스토어인 CJ올리브영이 미국에 진출한다. 30일 유통업계에 따르면 올리브영은 이르면 2018년 하반기 뉴욕 맨해튼에 1호점을 연다.

올리브영 해외 진출 개요

국가	진출시기	지역	매장 수
중국	2013	상하이, 쑤저우 등	10
미국(예정)	2018	뉴욕	1

자료: CJ올리브네트웍스

올리브영 주요 PB

브랜드	개요
보타닉힐보	더마코스메틱
라운드어라운드	기초·라이프스타일
웨이크메이크	메이크업
XTM	남성 화장품

자료: CJ올리브네트웍스

◦ PB로 뉴요커 공략

올리브영은 맨해튼 매장을 시험매장 형태로 1년간 운영한 뒤 2019년 정식 개점할 방침이다. 새로운 브랜드와 제품을 선호하는 미국 밀레니얼(1982 ~ 2000년 출생자) 세대를 집중 공략하기 위해 신선하고 톡톡 튀는 쇼핑공간으로 매장을 꾸민다는 전략이다. 밀레니얼 세대 소비자는 진부한 제품을 꺼리고, 남들이 잘 모르는 브랜드와 아이디어 상품을 주로 구매하는 성향을 보인다. 처음엔 올리브영의 색조 자체브랜드(PB)인 웨이크메이크 제품 위주로 나가려고 했지만 시장 조사를 거친 뒤 기초화장품을 주력 상품으로 내거는 쪽으로 방향을 틀었다. 현지 소비자의 피부색과 기호가 다양하고, 아직은 소비자 특성 데이터도 충분하지 않아 한국식 색조화장품으로 승부하기에는 시기상조라는 결론을 냈다.

대신 기초화장품 PB인 보타닉힐 보, 라운드어라운드 위주로 진출하기로 했다. 이들 브랜드는 이미 지난 8월 미국 전자상거래사이트 아마존에 입점했다. 올리브영은 아마존 판매 데이터와 맨해튼 1호점 방문객들의 의견을 취합해 수시로 미국 시장 마케팅 전략에 반영할 계획이다. PB 위주로 진출하는 이유에 대해 상품 품질과 브랜드 가치 등을 더 효율적으로 관리하기 위해서라고 설명했다. 국내 올리브영 매장에 납품하는 중소 입점 업체들이 현지 위생허가, 생산 시설 확충 등 해외 진출에 드는 비용을 부담스러워하는 점도 고려했다고 덧붙였다.

글로벌 H&B 기업 목표

올리브영은 장기적으로 해외 시장에서 영국의 부츠, 홍콩의 왓슨그룹 등과 어깨를 나란히 하는 글로벌 기업이 되겠다는 목표다. 이를 위해 미국 뿐 아니라 태국 베트남 등 동남아시아와 유럽에서도 시장조사를 하고 있다. 2013년 진출한 중국 시장에서도 매장을 확대해 가고 있다. 현지 상품기획자(MD)를 대거 채용해 이들에게 매장을 마음대로 꾸며보라고 주문했다. 이들은 서울에 있는 올리브영 명동 본점을 벤치마킹해 인테리어 등에 반영했다. 올리브영 중국법인에서 근무하고 있는 페이자(裴佳) MD는 "올리브영 명동본점 입구 벽에 있는 그라피티를 본떠 쭝신점 입구를 디자인했다"고 말했다.

자료원: 한국경제, 2017.11.30. 기사편집

7. 기타

사례 13-8

이마트 피코크, 미국·홍콩 시장 진출

이마트는 홍콩 슈퍼마켓 체인인 웰컴과 정식 수출 계약을 체결하고 오는 22일부터 웰컴의 슈퍼마켓에서 자체 간편식 브랜드 피코크를 판매한다고 21일 발표했다. 웰컴은 '마켓 플레이스', '제이슨스', '쓰리식스티', '웰컴' 등 다양한 브랜드의 슈퍼마켓을 운영하는 홍콩 최대 슈퍼마켓 체인이다. 웰컴의 모기업인 '데어리팜'은 연매출 23조 원의 유통 기업으로 홍콩, 마카오, 중국 등 아시아 11개국에 6,500개 매장을 가지고 있다. 이마트는 우선 웰컴의 슈퍼마켓 57개점에서 피코크 순두부찌개, 묵은지 김치찌개, 삼계탕, 순희네 빈대떡, 낙지볶음밥, 피코크 한반(즉석밥) 등 107개 한식 메뉴를 판매한다. 이마트는 이번 론칭을 계기로 피코크 판매 점포수를 지속적으로 확대할 예정이다. 홍콩 수출금액은 올해 6억 원, 내년 40억 원 달성을 목표로 하고 있다.

이마트는 과거 피코크 상품을 행사 형식으로 수출해 왔다. 해외 대형 유통채널 정식 입점은 이번이 처음이다. 이마트는 피코크를 시작으로 자체 브랜드(PB)인 노브랜드와 e브랜드를 2017년 10월 이후 웰컴사 전점(338개 점)에서 판매할 계획이다.

이마트는 피코크를 미국 시장에서도 본격적으로 선보인다. 이마트 미국법인(Emart America, Inc)은 현지 간편식 생산기지에서 주문자 생산방식으로 제작한 'Emart PK' 5종을 오는 25일부터 뉴욕, 애틀랜타, 시카고 등 미국 중동부 지역 슈퍼마켓 1000여 곳에서 판매한다. 2017년 10월 중 서부 지역 600 ~ 700곳의 판매망을 추가 확대할 계획이다. 이마트는 육류 성분이 함유된 식품의 미국 수출이 까다로운 점과 장거리 이동에 따른 물류비 등의 문제를 감안해 현지 국탕 제조 전문 공장에서 주문자 생산 방식으로 제품을 공급하기로 결정했다. 이마트 관계자는 "미국 시장에 새롭게 진출하는 만큼 제조사인 이마트를 표기해 상품에 대한 신뢰도를 높일 수 있도록 상품 라벨을 'Emart PK'로 변경해 론칭한다"고 설명했다.

자료원: 한경비즈니스, 2017.09.21. 기사편집

제2절 외국 유통업체의 세계화

세계로 뻗어나고 있는 유통업체마다 독특한 마케팅전략을 구사하고 있다. 특히 최근에는 온라인과 오프라인이 제휴하면서 세계 소매시장의 경쟁은 더욱 심화되면서 생존을 어렵게 만들고 있다. 사실 그 나라를 방문하거나 생활하지 않고 시장조사나 사례를 통한 판단은 극히 적은 부분 만을 엿 볼 수 있으리라는 전제로 사례의 나열이나 기사를 편집할 수 밖에 없다. 대표적으로 세계의 여러 국가에 진출하고 있는 유통업체들의 사례를 나라 별로 살펴보기로 한다.

1. 해외 동향

사례 13-9

아시아 유통시장 트렌드 및 전망

영국 유통 전문 컨설팅회사인 플래닛리테일(Planet Retail)은 최근 '아시아 유통시장 트렌드 및 전망' 보고서를 발표하며, 아시아 주요 국가별 소매시장에 대한 분석을 내놨다. 이에 따르면 중국을 포함해 세계 최대 소비시장으로 떠오르고 있는 아시아 소비자들은 구매 방법과 쇼핑 장소의 선택에 있어 점점 더 정교해 지고 있다. 소비자들은 겉으로 드러난 판촉보다 쇼핑 편의성을 추구하고 '가격 대비 가치' 개념에 대해 더 큰 관심을 보이는 등 쇼핑의 기능적 면보다 체험적 면을 중시하는 경향이 나타났다. 이에 따라 유통업체들은 시장 확대 가능성뿐 아니라 지속 가능성을 기대할 수 있는 비즈니스 모델로 전환하기 시작했다. 이들은 적은 면적에서 고수익, 스마트한 운영, 체계적인 풀필먼트에 대한 시도를 하고 있다.

- '진흙 속의 진주' 가득한 기회의 땅

전자상거래의 비중이 높아지는 현 시점에서 아시아시장은 거대 온라인기업들이 퍼스터 무버(first mover) 자리를 두고 경쟁하는 전쟁터가 되고 있다. 아시아시장은 O2O를 이용한 유통 모델을 구현하기에 최적의 환경을 갖추고 있는데, 이는 아시아 국가들이 소셜 커머스와 카드리스(card-less) 지불 부문을 선도하고 있기 때문이다.

포맷 간 더 많은 결합 예상

아시아 유통업체들은 업계가 당면한 과제를 극복하기 위해 서로 다른 포맷을 결합시키고 있다. 또한 적극적인 PB 개발과 점포 내 푸드 서비스 확대를 통해 수익 개선에 힘쓰고 있다. 일본, 한국, 대만, 중국, 인도네시아 업체들이 이 분야에서 두각을 나타내고 있다.

일본의 이온은 자사의 점포를 기반으로 여러 협력 관계를 구축해나가고 있다. 피카드(Picard)와 함께 냉동식품 전문점을, 바이오 시본(Bio C'Bon)과 함께 유기농 매장인 이온 웰니스(AEON Wellness)를 지난해 신규 출범했다. 생활용품 균일가점인 미니소(Miniso)의 성공 요인으로는 PB상품, 라이프스타일 디자인을 꼽을 수 있다.

중국, 인도네시아, 인도 등 모바일 솔루션에 관심이 많은 대규모 시장에서는 무인점포가 유망하다. 중국의 '빙고박스(BingoBox)'는 QR 코드 스캐닝과 위챗 모바일 결제로 완전 자동화를 이룬 무인 편의점이다. 적은 부지에도 설치할 수 있다는 장점이 있다. 한편 알디 같은 하드 디스카운트 업체들도 아시아에 진출하기 시작했다.

아시아의 주요 유통업체들은 각자의 비즈니스 모델을 소비자 니즈에 맞춰 재설계하고 있다. 이 전환 과정에서 편의점과 전자상거래가 가장 크고 빠른 성장 원동력이 되고 있다. 향후 2022년까지 채널 간 경계가 흐려지면서 클릭앤콜렉트 같은 옴니채널이 오프라인에 영향을 미치는 가장 중요한 요소가 될 것으로 예상된다.

플래닛리테일이 분석한 아시아 주요 국가별 특징을 살펴보면 다음과 같다.

일본 | 포화된 시장, 포맷 다원화로 새 길 찾다

일본은 식품과 잡화 부문에서 높은 지출을 보이는 등 아시아에서 1인당 소비지출이 가장 높다. 그러나 GDP 성장률 둔화와 또 한 차례 경기 불황이 올 수 있다는 불안감이 취약점이다. 일본의 유통 현대화는 아시아에서 최고 수준이지만, 시장이 포화되면서 일본 업체들은 해외 진출의 대안을 마련 중이다. 또한 대형 유통 영업을 제한하는 규제들은 유통산업의 자동화 도입을 촉진시킬 것으로 보인다. 편의점, 드럭스토어 등 소형 점포 포맷이 유통 자동화를 이끌고 있다. 인구 노령화, 평균 가구별 세대원수 감소, 여성 근로자 수 증가 등 인구 구조 변화는 일본 소비자들의 쇼핑 습관에 영향을 주고 있다. 특히 여성 1인 가구를 포함한 1인 가구 소비자들의 중요성이 커질 것이다.

중국 | 모바일 결제 솔루션의 선두 지역

중국은 전반적인 구매력이 증가하고 있지만, 도시와 농촌, 지역별 소비자 사이의 격차가 여전히 크다. 방대한 인구수만큼 노령 인구의 증가도 다른 국가보다 빠른 속도로 나타나고 있다. 이러한 인구 구조 변화가 소비 트렌드 변화를 주도하고 있으며 고도화된 유통 솔루션 도입을 촉구하고 있다. 또한 첨단 기술에 이미 익숙한 젊은층은 이커머스의 성장 근원이 되고 있다. 스마트폰을 통한 모바일 결제도 아시아에서 가장 보편화됐다. 중국 정부는 기술 주도형 경제국으로 탈바꿈하고자 기술 스타트업을 적극적으로 지원하고 있다. 빠른 기술 도입이 커머스 활성화를 더욱 촉진시킨다. 디지털 유통 부문은 인수합병을 통해 광범위한 물류 역량 확보에 나서고 있다.

용후이(Yonghui)는 전략 제휴를 통한 PB상품 개발에 힘을 쏟고 있으며, 소셜커머스와 신선식품 부문을 선도하고 있다. 알리바바는 가상현실 개발에 주력하며, 동남아시장으로의 진출을 꾀하고 있다.

중국은 지역별 격차가 비교적 크기 때문에 단일 전략은 적절치 않다. 다양한 소비층을 대상으로 맞춤 상품을 기획해 시장 진입로를 여러 방향으로 확보할 필요가 있다. 또한 디지털 요소가 중요해지는 만큼, 디지털 플랫폼 간 매끄러운 운영이 향후 소비자 유지와 확보에 중요 요인으로 작용할 것이다.

인도네시아 | 거대 온라인 허브로 이커머스 성장 끌어올려

인도네시아는 동남아시아에서 가장 큰 소비시장이며 직업을 가진 젊은층이 소비를 주도하고 있다. 낮은 물가상승률과 낮은 금리는 인도네시아의 거시 경제적 상황을 개선시켰다. 그러나 최저 임금과 에너지 비용의 증가가 유통업체의 고민거리가 될 것으로 보인다. 아시아 권역 내 중국 다음으로 큰 온라인 허브를 갖추고 있는 인도네시아는 마켓플레이스에 보다 최적화된 자체 전자상거래를 개발 중이다. 인도네시아의 모바일 쇼핑객은 해마다 33% 증가해 2019년에는 약 9,200만 명에 이를 것으로 예상된다. 인도네시아 유통업체들은 프랜차이즈 비즈니스 모델과 탄탄한 물류 체계를 활용해 소규모 도시로 진출하고 있다. 높은 성과를 얻은 업체를 보면, 특히 소형 점포 포맷의 경우 프랜차이즈 사업이 매출액의 최대 30%를 차지하고 있다. 급변하는 유통환경과 엄격한 사업 규제 하에서 기회와 수익성을 극대화하려면 사업 모델을 유연하게 해야 한다. 특히 모바일 쇼핑이 전자상거래 분야에서도 유망산업으로 전망된다.

자료원: 리테일매거진, 2017.10. 기사편집

2. 국가별 해외진출

1) 미국

사례 13-10

드론 배송용 하늘창고·우주관광…아마존으로 多 통한다

(1) 30분 내 배송 실험에 성공한 아마존 드론. (2) 미국 시애틀에서 첫선을 보인 신선식품 매장 아마존 프레시픽업. 온라인으로 채소나 과일 같은 신선식품을 주문한 뒤 매장 주차장에 차를 대면 아마존 직원이 주문한 상품을 트렁크에 실어준다. (3) 제프 베저스가 사비를 털어 설립한 민간 우주여행사 블루오리진의 우주선 뉴셰퍼드(New Shepard)호.

아마존은 2016년 12월 영국 케임브리지에서 소형 무인비행체인 드론으로 상품을 배송하는 실험에 성공했다. 태블릿PC로 주문한 아마존 파이어TV와 팝콘 한 봉지가 주문자의 집 뒤뜰로 안전하게 배달됐다. 상품 주문 뒤 물건이 도착할 때까지 걸린 시간은 13분이었다. 현재 아마존은 드론과 관련된 특허들을 꾸준히 축적하고 있다. 드론의 용도는 배달만이 아니다. 미국 특허청이 지난 17일 공개한 아마존의 최신 특허는 드론을 활용한 전기자동차 무선충전 기술이다.

“알렉사, 내 스마트폰 어딨어?” 아마존의 인공지능(AI) 비서인 알렉사에게 스마트폰 행방을 묻자 “소파 위에 있네요”란 답과 함께 벨소리가 울린다. 개당 15 ~20달러인 동전 모양의 초소형 무선통신기를 붙이면 열쇠나 애완동물의 위치도 정확하게 찾아낸다. 이 기술을 개발한 업체는 아마존이 아니라 미국 스타트업(신생 벤처기업)인 트랙알이다. 아마존은 2015년 트랙알처럼 알렉사를 더 똑똑하게 해주는 스타트업들을 지원하기 위해 1억 달러 규모의 벤처캐피털 ‘알렉사 펀드’를 만들었다.

드론 주도의 30분 배송시대

기업 정보업체 CB인사이트에 따르면 2016년 아마존이 출원한 물류 관련 특허는 모두 78건에 이른다. 이 중 상당수는 아마존이 실험 중인 드론 배송과 관련한 것이다. 대형 애드벌룬 형태의 ‘하늘 물류창고’ 등 드론 배송 효율을 높이기 위한 다양한 아이디어가 포함돼 있다. 아마존은 ‘프라임 나우’ 서비스가 내세우는 ‘2시간 이내 배송’을 드론을 통해 ‘30분 이내 배송’으로 단축하겠다는 목표를 세웠다. 드론 배송이 일반화할지는 미지수지만 아마존의 배송이 더 빨라질 것이란 전망엔 이견이 없다. 최첨단 물류창고와 물류 알고리즘 분야 투자가 계속되고 있기 때문이다. 빅데이터 기술을 활용해 고객들의 소비패턴을 분석, 구매 가능성이 높은 물건을 해당 지역 물류창고로 미리 가져다 놓는 '예측 배송'이 일반화할 것이란 관측도 나온다.

계산원이 없는 할인점 등장

아마존은 유기농 식료품 유통업체 홀푸드를 인수하는 등 오프라인 유통시장 진출을 서두르고 있다. 전문가들은 '아마존' 브랜드가 붙은 할인점은 월마트나 타깃과 확연히 다를 것으로 전망하고 있다. 온라인 전자상거래 플랫폼인 아마존닷컴의 약점을 보완할 수 있으면서 경비가 많이 들지 않고, 브랜드 이미지도 높일 수 있는 비즈니스 모델을 아마존이 내놓을 것으로 예측한다.

현재 아마존은 시애틀에서 계산원이 없는 무인 편의점 '아마존고'를 시범 운영하고 있다. 스마트폰에서 아마존고 앱(응용프로그램)을 실행한 뒤 물건을 집어 들고 나오면 자동으로 계산이 끝난다. 시장에선 아마존이 무인점포 전략을 홀푸드와 같은 중대형 할인점에 적용하는 방법으로 오프라인 매장 운영비용을 절감할 것으로 관측한다.

아마존은 신선식품을 직접 눈으로 확인하고 사는 것을 원하는 소비자들이 많다는 점에 착안, 아마존닷컴에서 주문한 신선식품을 찾아갈 수 있는 공간인 '아마존 프레시 픽업'도 시애틀에 설치했다. 매장 주차장에 차를 대면 직원들이 포장이 끝난 신선식품을 트렁크에 실어준다.

한층 더 공고해진 AI 생태계

알렉사가 탑재된 AI 스피커인 '아마존 에코'의 미국 시장점유율은 70% 선이다. 세계 최대 인터넷포털인 구글이 '구글 홈'을 내세워 공격적인 마케팅을 펼치고 있지만 점유율 구도를 좀처럼 바꿔놓지 못하는 모습이다. 전문가들은 에코의 시장 지배력이 한층 더 공고해질 것으로 전망하고 있다. AI 스피커 생태계에 참여하는 외부 개발자들이 굳이 시장점유율이 낮은 플랫폼을 선택할 이유가 없다는 측면에서다. 알렉사가 보유하고 있는 기능은 1만여 가지로 경쟁사의 AI 비서들을 압도하고 있다.

아마존이 AI 비서 서비스를 '아마존 프라임'의 일부로 통합할 가능성도 점쳐지고 있다. 아마존 유료회원의 혜택을 온전히 누리기 위해서라도 에코 생태계에 참여할 수밖에 없는 환경을 만들겠다는 전략이다. 아마존 프라임은 연간 99달러를 받고 2일 내 배송, 100만 곡 이상의 음악 무료 스트리밍 등의 혜택을 주는 회원제 서비스다. 미국에서만 8,000만 명이 프라임 회원으로 가입했다.

재활용 로켓발사 시대 열려

아마존 창업자인 제프 베저스 최고경영자(CEO)가 사비를 털어 세운 민간 우주여행 업체 블루오리진에 대한 기대도 크다. 블루오리진은 로켓 재활용 실험에 잇따라 성공했다. 로켓 발사는 단가가 중요하다. 한 번 쓰고 버린 로켓을 재활용한다면 비용을 10분의 1 아래로 낮출 수 있다. 블루오리진의 계획대로라면 내년에 첫 민간 우주인이 탄생한다. 이 회사의 사업모델은 지구궤도를 도는 우주 관광만이 아니다. 프랑스 방송사업자인 유텔샛 등이 출자한 미국 소형위성 벤처기업 원웹과 인공위성 400개를 지구궤도에 올려놓는 계약을 맺기도 했다.

자료원: 한국경제, 2017.10.19. 기사편집

2) 중국

중국의 유통산업은 도시와 지방의 차가 심하다. 주요 도시의 유통산업은 포화상태이지만, 지방의 유통산업은 매우 열악하다. 이미 중국에 진출한 이마트 등 유통업체는 중국정부 유통 정책을 숙지하고 당장의 시장성에만 주목할 것이 아니라 잠재력을 가진 도시 주변지역 및 지방도시에 관심을 기울일 필요가 있다. 중국은 성마다 선호하는 상품 종류와 브랜드가 달라 지역별 특색에 맞는 상품 진열이 중요하므로 현지화의 중요성을 사례를 통해 알아보도록 한다.

사례 13-11

알리바바의 '신유통 혁명'

지난 11일 중국 상하이 푸둥지역에 있는 허마셴성(盒馬鮮生) 진차오점. 매장에 들어서니 이곳저곳에서 고객들이 길게 줄을 서 신선식품을 고르고 있었다. 한편에선 한 손에 판매시점정보관리(POS)기기를, 다른 한 손엔 장바구니를 든 직원들이 빠른 걸음으로 매장 곳곳을 누비며 물건을 담고 있었다. 고객이 온라인으로 주문한 상품을 배송하기 위해서였다. 천장에는 레일을 따라 초록색 바구니가 쉴 새 없이 움직였다. 바구니에 담긴 상품은 포장을 거쳐 주문을 받은 지 늦어도 30분 안에 배송을 마친다.

아마존보다 앞선 신유통 매장 허마셴성

이곳은 중국 최대 전자상거래 기업 알리바바가 1억 5,000만 달러(약 1,700억원)를 투자해 신유통(신선식품 + 전자상거래 + 모바일 결제 + 스마트 물류를 모두 결합한 것) 혁신 실험장으로 키우고 있는 허마셴성 중국 1호 매장이다. 2016년 1월 첫선을 보였다. 상품은 수산물과 채소, 과일 등 신선식품이 대부분을 차지한다. 매장에서 반경 3㎞까지 최장 30분 이내에 무료로 배송해준다. 30분 배송 서비스가 가능한 것은 자동화 시설 덕분이다. 직원이 고객이 주문한 상품을 장바구니에 담은 뒤 레일에 올려놓으면 배송기사에게 전달되고, 다시 고객의 집까지 배달되는 시스템이다. 집이 너무 먼 고객은 3㎞ 지점에서 배송기사와 만나 물건을 건네받을 수 있다. 허마셴성이 물류창고 역할까지 하는 셈이다. 허마셴성은 단순히 마트라기보다는 '체험공간'에 가깝다. 소비자가 매장을 찾는 이유는 제품 신선도를 눈으로 직접 확인한 뒤 고를 수 있어서다. 미국 일본 러시아 영국 덴마크 이탈리아 한국 태국 칠레 아르헨티나 등 해외에서 공수해온 신선식품이 가득 진열돼 있다. 중간 유통상을 거치지 않아 가격이 싸다. 고객이 고른 식재료를 조리해 완제품으로 파는 식사코너도 따로 마련돼 있다. 점심이나 저녁 시간엔 식사하러 오는 사람들로 식탁이 모자랄 정도다. 중국의 일반 슈퍼마켓이나 할인점에선 보기 힘든 풍경이다.

허마셴성은 회원만 이용할 수 있다. 허마셴성 앱(응용프로그램)을 스마트폰에 깔면 된다. 회비는 없다. 알리바바의 온라인 결제 서비스인 알리페이로만 결제가 이뤄진다. 현금이나 카드는 받지 않는다. 알리페이에 사진을 등록하면 얼굴 인식 시스템을 이용해 결제할 수도 있다. 계산대를 거치지 않고 스마트폰에서 바로 구매가 가능하다. 모바일 앱 이용자(회원)는 100만 명을 넘어섰다. 외출하지 않고도 집에서 신선식품을 받아볼 수 있어 20 ~ 30대 젊은 층으로부터 큰 인기를 끌고 있다는 게 회사 측 설명이다.

블룸버그통신은 "알리바바는 흔히 '중국의 아마존'으로 불리지만 신유통 영역에서만큼은 아마존이 '미국의 알리바바'로 불려야 한다"며 "최근 아마존이 홀푸드 인수 등을 통해 오프라인 유통산업에 본격 진출했는데 이는 알리바바가 앞서 해온 것들"이라고 보도했다. 차이충신 알리바바 부회장은 "미래의 신유통은 온라인과 오프라인이 빈틈없이 결합하면서 만들어질 것"이라며 "허마셴성은 이 과정의 주요한 모범 사례가 될 것"이라고 말했다.

600만 개 동네 슈퍼, 알리바바 생태계로 편입

항저우 저장대 위취안캠퍼스 부근에 있는 20㎡ 남짓의 웨이진슈퍼. 지난 9월 이 슈퍼는 알리바바 '티몰스토어(중국명 톈마오샤오뎬)' 1호점으로 바뀌었다. 인근에 패밀리마트, 로손 등 유명 편의점이 잇따라 문을 열면서 파리만 날리기 일쑤였지만 티몰스토어로 재단장한 뒤 모든 게 달라졌다. 매출은 50% 가까이 늘었고, 고객 수도 30%가량 증가했다. 티몰스토어는 알리바바의 기업과 개인 간(B2C) 온라인 쇼핑몰 티몰의 오프라인 상점이라고 할 수 있다. 매장엔 티몰 전용 가판대가 설치돼 있다. 가격은 온라인과 같다. 점주는 매장 내 모든 상품의 매출과 재고량을 실시간으로 파악할 수 있다. 알리바바가 스마트 매장 관리 시스템과 각종 설비를 제공해준 덕분이다.

알리바바에 보증금 1만 위안(약 170만원)과 연간 기술 서비스료 3,999위안을 내면 티몰스토어로 바꿀 수 있다. 전체 판매 상품의 30%를 알리바바가 운영하는 기업 간(B2B) 플랫폼 '링서우퉁(零通)'에서 구매하는 조건만 충족하면 된다. 링서우퉁은 구매, 물류, 마케팅을 원스톱으로 지원하는 알리바바의 전용 서비스 플랫폼이다. 알리바바와 협력하는 온갖 브랜드 제품을 판매한다. 구멍가게 상인도 링서우퉁에 가입하면 중간 유통상을 거치지 않고 저렴한 가격에 할인까지 받아 구매할 수 있다. 링서우퉁에선 알리바바가 빅데이터에 기반해 구축한 상권

분석과 제품 배열을 비롯한 세부 서비스도 받을 수 있다. 매장 주변 반경 1㎞ 내에 애완견을 키우는 가구가 많으면 강아지 사료를 추천해주고, 아기를 키우는 가정이 많으면 기저귀나 분유 등을 권해주는 식이다. 알리바바는 2018년 말까지 티몰스토어 1만 개를 개장할 계획이다. 궁극적으로 중국 전역에 있는 600만 개의 구멍가게를 알리바바의 신유통 생태계로 편입한다는 계획이다.

무인 편의점도 준비

알리바바는 신유통 사업의 하나로 빅데이터와 인공지능(AI) 기술을 적용한 무인 편의점도 준비하고 있다. 지난 7월 초 시범적으로 선보인 '타오카페'가 그것이다. 고객은 매장 입구에서 스마트폰으로 사전에 받은 QR코드를 찍고 들어간다. 쇼핑한 뒤 나가기 전 두 개의 검색대를 통과한다. 하나는 고객의 퇴장을 인식하고, 다른 하나는 상품을 스캔한 뒤 자동결제하는 검색대다. 두 개의 검색대를 통과하면 스마트폰에 '알리페이로 OO위안이 결제됐습니다'란 메시지가 뜬다. 타오카페는 직원 없이 알리바바의 셀프 감지 센서, 머신러닝(기계학습), 위치 추적, 이미지·음성 인식 등 사물인터넷(IoT) 기술에 기반해 운영된다. 매장 곳곳에 설치된 카메라와 센서는 고객이 어떤 상품 앞에 얼마나 오랫동안 머물렀는지, 몇 시에 어떤 상품이 잘 팔리는지 등을 파악해 고객의 소비 취향을 분석한다.

알리바바는 오프라인 쇼핑몰인 '모어몰' 개설도 추진 중이다. 티몰과 개인 간(C2C) 온라인 쇼핑몰 타오바오를 오프라인에 그대로 옮겨놓은 대형 쇼핑몰이다. 티몰스토어를 확장한 구상이다. 내년 4월 완공을 목표로 항저우 본사 근처 약 4만㎡ 부지에 5층짜리 모어몰 쇼핑센터를 짓고 있다. 상품 진열부터 판매, 마케팅까지 모두 소비자 성향을 고려한 빅데이터를 기반으로 이뤄질 예정이다. 장융 알리바바 최고경영자(CEO)는 "1,000만 명의 사업자가 참여하고 2억 명이 매일 쇼핑을 즐기며, 고객 5억 명이 활동하는 플랫폼과 데이터를 구축할 것"이라며 "이를 기반으로 맞춤형 쇼핑 경험을 제공해 유통의 패러다임을 바꿀 것"이라고 말했다.

자료원: 한국경제, 2017.11.13. 기사편집

3) 일본

일본의 유통은 권역별로 나누어져, 장기거래를 통해 지역유통업자들이 장악을 하고 있는 상태이며 대기업 도매상에서 중간도매상이 연결되어있는 등 여러 단계로 구성되어 있다. 또한 일본은 지형적으로 남북으로 길어 지역별 소비성향이 다르고, 배타적인 성격이 강해 유통의 신규진입이 어렵다고 할 수 있다.

일본의 대형 유통업체들은 매출 부진을 만회하기 위해 대대적인 가격인하 행사를 벌이고 있는 중이며, 지금까지 점포확대를 해왔던 편의점 업계도 인터넷쇼핑몰과 모바일쇼핑으로 인한 성장률저하의 대응책으로 인터넷업체와 제휴전략을 할 뿐 만 아니라 해외시장진출에 더 박차를 가하고 있다. 사례를 통해 알아보도록 한다.

사례 13-12

로열티 낮추고, 레이아웃 변경하는 세븐일레븐 재팬

5만 4천 점이 넘는 일본 편의점 시장에 제동이 걸렸다. 일본 편의점 업체들은 2011년 연간 점포 증가율이 5%대로 상승한 이후 연간 2,500개 전후로 점포 수를 늘려왔다. 그러나 2015년 970개, 2016년 1,497개로 증가 수가 대폭 감소했다. 이제 일본 편의점 업체들은 전격적으로 시장포화에 대응해야 하는 시점을 맞았다.

일본 최대 편의점 세븐일레븐 재팬은 최근 시장 변화에 대응하기 위해 가맹점 로열티 인하 및 점포 내 노동생산성 향상에 주력하고 있다. 게다가 창업 이래 변화가 없던 매장 레이아웃을 대대적으로 변경하는 등 일대 혁신을 꾀하고 있다.

- 로열티 1% 감액해 가맹점 지원

일본프랜차이즈협회 자료를 기초로 세븐일레븐 재팬이 산출한 자료에 의하면 세븐일레븐이 편의점 시장에서 차지하는 점유율은 42.7%다. 2017년 4월에 개최된 세븐&아이홀딩스의 2017년 2월기 결산 설명회에서 세븐일레븐은 향후 시장 점유율을 50%로 높이겠다고 선언하고, 이를 위해 다양한 신규 정책을 도입하고 있다.

그 일환 중 하나가 가맹점 경영 지원을 강화하는 것이다. 그 배경에는 인건비 상승이 있다. 예를 들어 도쿄도 최저임금(시급)은 2015년 932엔으로, 2006년보다 213엔 증가했다. 인건비 상승은 가맹점 경영을 좌우하는 중요한 요소다. 이미 가맹점 수입과 인건비가 거의 맞먹는 수준이다. 이러한 상황에서 세븐일레븐 재팬은 획기적인 정책을 발표했다. 2017년 9월부터 가맹점이 지불하는 로열티를 일률적으로 1% 감액하기로 했다. 이에 따라 세븐일레븐 재팬 본부의 로열티 수입은 2018년 2월기 기준으로 약 80억 엔이 감소할 것으로 추정된다. 향후 과제는 신규 출점 확대를 위해 가맹점주를 확보하는 것. 수수료율 인하는 처음 시행하는 것인데 기존점 점주의 경영 의욕 제고와 신규 점주 확보를 위해 불가피한 결정이었다.

RFID 활용 등 생산성 향상에 주력

세븐일레븐 재팬은 점포에서의 노동생산성 제고에 주력하고 있다. 그중 한 가지가 자동세척기 도입이다. 카운터에 설치해 주로 튀김 집기 등을 세척하는 데 사용한다. 세븐일레븐 재팬 추산에 따르면 작업 시간을 하루 1시간씩 줄여 연간 약 30만 엔의 인건비를 절감할 수 있다고 한다. 또한 자동세척기는 뜨거운 물로 세균을 세정하기 때문에 기존 방식보다 세척력이 우수하며 물 사용량도 약 20% 절감되는 등 위생, 환경 면에서 이점이 많다. 순차적으로 매장에 도입해 2018년 2월까지 전 점포에 설치를 완료할 계획이다.

한편 RFID를 활용한 검품 시스템을 시험적으로 도입해 검품 작업 생산성을 향상시키고 있다. 이제까지 검품 작업은 단품별로 실시됐지만 한 번에 다량의 상품을 검품해 시간을 절약할 수 있게 됐다. 세븐일레븐 재팬에 의하면 RFID 도입으로 점포에서 검품에 소요되는 시간은 1일 170분에서 8분으로 대폭 절감된다. 이를 통해 연간 약 80만 엔의 인건비를 줄일 수 있다.

창립 이래 매장 레이아웃 최초 변경

세븐일레븐 재팬은 2009년 '가깝고 편리하다'라는 슬로건을 내걸고 편의점을 재정의했다. 그리고 고령화, 소가구화, 여성의 사회적 진출 증가라는 사회구조 변화에 따른 새로운 외식 트렌드에 대응하기 위해 중식(테이크아웃) 시장을 개

척했다. 특히 세븐일레븐 재팬은 매장 이용 고객층이나 이용 방법이 변화하는 데 주목했다. 2006년과 2016년 카테고리별 평균 판매액을 비교해보면, 가장 성장률이 높은 것은 냉동식품으로 473% 증가했다. 이어서 계산대 상품이 257%, 일배식품(샐러드, 삼각김밥 등)이 116%로 중식 관련 카테고리가 크게 성장한 것으로 나타났다. 한편 잡화는 72%, 잡지·서적은 43%로 감소해 카테고리별 성장과 쇠퇴가 분명하다.

이러한 수요 변화에 대응하기 위해 세븐일레븐 재팬은 창업 이래 거의 변화가 없던 매장 레이아웃을 대대적으로 변경했다. 신규 레이아웃을 채택한 매장에서는 일평균 매출이 3～4만 엔 향상됐다.

까다로운 고객 눈높이 따라 상품 리뉴얼

■ 삼각김밥은 10년 주기로 쌀 변경

세븐일레븐 재팬은 최근 패스트푸드의 대표 상품이라 할 수 있는 삼각김밥 혁신에 나섰다. 10년 주기로 사용하는 쌀을 바꾸고 있다. 또한 정미방법이나 온도관리 기준을 엄격하게 적용하고 있다. 쌀의 양은 그대로 유지하되, 밥의 폭을 35㎜에서 38㎜로 변경해 부피를 늘리고 도톰한 식감을 살렸다. 김을 싸는 필름도 환경을 배려한 소재로 변경했다. 또한 연어, 참치 마요네즈, 명란, 다시마, 매실 같은 기본 아이템을 중심으로 속 재료를 바꿨다.

■ 디저트 상품 쇄신

디저트는 충동구매가 많아 객단가를 높이는 효자상품이다. 이에 상품 개폐나 리뉴얼 작업을 적극적으로 진행해왔다. 지난 4월 말에는 2001년부터 판매한 슈크림빵 '우유 듬뿍 토로린슈'를 리뉴얼해 '더 세븐슈'로 새롭게 출시했다. 카운터 상품 중에서는 갓 내린 커피 '세븐카페'에 새로운 카페라테를 투입했다.

■ 일용잡화의 매대 개선

지난 10년간 일용잡화의 판매동향을 보면 주방, 주거용 세제는 매출이 성장하고 있지만 건전지, 문구는 하락하고 있다. 그래서 주방 매대를 확대하고, 문구 매대는 축소해 매일 사용하는 제품을 충실히 갖춘 잡화 매장을 구축했다.

◎ 외부 기업과 제휴해 택배사업 확대

점포 수익 증대에 주력하는 한편, 택배사업도 강화하고 있다. 세븐일레븐 재팬은 2000년부터 도시락이나 반찬 택배 서비스 '세븐밀'을 전개하고 있다. 점포 직원이 점포 업무와 택배 업무를 병행하기 때문에 증가하는 수요에 원만히 대응하지 못했다. 그래서 2017년 4월 21일 세븐일레븐 재팬은 일본의 대형 운수업체인 세이노홀딩스와 제휴를 발표했다. 세이노홀딩스의 자회사 배송원이 세븐일레븐 택배 서비스 세븐밀이나 점포 상품을 배송하고 더 나아가 주문 접수나 고령자 방문 활동도 실시한다는 계획이다. 또한 같은 날 도시재생기구의 자회사로 단지 등 주택 관리를 실시하는 일본종합주생활(이하 JS)과도 제휴를 발표했다. JS는 단지 내에 세븐일레븐 점포를 운영, 이를 거점으로 단지 주민 대상 택배 서비스나 생활지원 서비스를 제공하기로 했다.

◎ 성공모델 기반으로 미국으로 역진출

일본뿐 아니라 북미에서도 사업을 전개하고 있는 세븐일레븐 재팬은 미국 내 점포망 확대에도 힘을 쏟고 있다. 2017년 4월, 북미사업을 맡고 있는 세븐일레븐잉크(이하 SEI)는 미국 스노코(Sunoco) LP사의 일부 사업을 약 33억 달러에 인수했다. 이를 통해 스노코 LP가 전개하는 주유소병설형 편의점 약 1,100개 점을 확보하게 됐다.

자료원: 리테일매거진, 2017.08. 기사편집

4) 기타

베트남은 2007년 세계무역기구(WTO)에 가입승인을 받으면서 유통시장의 단계적 개방을 추진한 후 2009년 1월 1일부터 유통 및 프랜차이즈 시장에 대해 100% 외국인에게 시장을 개방하게 됨으로써 현대적 소매분야가 빠르게 확장하고 있지만 전통적인분야가 계속해서 유통시스템을 지배하고 있다. 대형 소매업체들이 최신의 기술, 장비와 자금력을 활용하면서 도심 유통 시스템의 중심부로 들어오고 있다.

인도 소매업시장은 인도 경제의 고성장과 더불어 빠르게 증가하고 있으며, 기업형 소매유통업부문은 최근 몇 년간 40% 이상의 높은 성장률을 이어오고 있다. 고도성장을 바탕으로 한 중산층의 확산과 급속한 도시화 및 소비패턴 변화 등으로 인해 점차 다양한 유통업태 들이 성장할 것으로 보인다.

러시아는 대형 유통업체가 소매시장을 주도하고 있는 반면 재래시장의 비중이 급격히 감소하고 있는 추세다. 대형 유통업체들은 러시아 주요 도시에서 지방의 대도시로 점포망을 확대해 가고 있다. 외국계 업체들이 대형점포위주로 러시아 유통업체는 중소형 점포 위주로 시장을 주도하고 있다.

사례 13-13

베트남 – 규제 완화로 도시화가 안정적 성장 가져올 것

세계 13위 인구 대국인 베트남은 도시화가 진행되고 있다. 베트남 정부의 유통 및 관련 산업에 대한 외국인직접투자 허용, 젊은 층이 많은 인구 구조, 증가하는 중산층 등의 매력적인 요소 덕분에 향후 10년간 안정적인 성장이 기대된다. 2022년 6.3%의 높은 GDP 실질 성장률에 힘입어 베트남 소비자들의 소비심리는 눈에 띄게 개선됐다. 2025년까지 40%의 지출 증가를 보일 전망이다. 베트남 유통산업은 특히 인수합병과 규제 완화를 중심으로 지난해 많은 변화를 겪었다. 베트남은 현대화가 급속히 진행되고 있어 전 채널에 걸쳐 두 자리 수의 중기 성장률을 보일 것으로 기대된다.

또한 아시아에서 가장 높은 인터넷 보급률을 기록하며 전체 인구의 약 50%가 인터넷을 이용할 수 있다. 스마트폰 이용자 수도 증가 추세다. 모바일 커머스 매출액은 지난해 40% 증가했다. 베트남의 선두업체 사이공 코옵(Saigon Co.op)은 최근에 특히 콤팩트 슈퍼마켓과 편의점 확장에 나서고 있다.

베트남으로 진입하는 외국 기업이 늘어남에 따라 베트남 소비자들은 보다 다양한 외국 브랜드 상품을 접하게 될 것이다. 빈그룹(VinGroup) 등 현지 업체들은 세븐일레븐, 라자다와 같은 외국 대기업들과 함께 시장 입지를 구축해나가려고 시도하고 있다. 편의점과 온라인 시장을 선점하려는 경쟁이 시작될 것이다.

자료원: 리테일매거진, 2017.10. 기사편집

사례 13-14

테스코의 인도 유통업체 지분 50% 소유도 허용

영국 통신업체인 보다폰이 인도 합작업체의 지분을 100% 확보하고, 세계적 유통업체 테스코가 인도 소매업체의 지분 50%를 매입하기로 하는 등 인도의 외국인 투자지분 확대 조치에 따른 외국인 투자 증대 움직임이 나타나고 있다.

인도 정부는 외국인 투자 유치를 위해 올해 초 자국 통신업체의 외국인 보유 지분 한도를 기존의 74%에서 100%로 올렸으며, 지난해 9월에는 소매업체에 대해 외국인이 지분을 51%까지 가질 수 있도록 허용했다.

인도 외국인투자촉진위원회(FIPB)는 30일(현지시간) 보다폰이 16억 달러를 들여 인도 합작업체 지분을 매입, 이 업체의 지분을 100% 확보하는 계획을 승인했다고 현지 언론이 31일 전했다.

FIPB는 세계 3위 유통업체인 테스코가 1억1천만 달러를 투입, 인도 타타그룹 산하 소매업체인 '트렌트 하이퍼마켓'의 지분 50%를 매입하는 계획도 통과시켰다.

테스코의 이번 투자는 다른 외국 유통업체의 인도 진출을 유발할 것이라고 전문가들은 전망하고 있다. 인도 소매시장의 연간 매출액은 10년 후 약 1조 달러에 이를 것으로 업계는 보고 있다.

테스코는 2008년부터 인도 남부와 서부 지역에서 타타그룹의 또다른 소매업체인 '스타 바자르' 및 '스타 데일리'의 16개 매점에 80%가량의 제품을 공급하고 있다.

인도 정부는 경제성장의 둔화를 만회하기 위해 외국인 투자 유치에 힘쓰고 있지만 복잡한 행정절차와 공직자 부패 등으로 외국업체들이 선뜻 투자하길 꺼리고 있다.

자료원: 연합뉴스, 2013.12.31. 기사편집

사례 13-15

러시아, 90여개 패스트푸드 브랜드 성행

프랜차이즈 체인점에서 프랜차이즈가 급성장중이다. 러시아 내 패스트푸드 체인점 수는 2,706개로 2012~2013년 1분기까지 476개 늘었다. 현재 러시아 내에서 90여 개의 패스트푸드 브랜드가 영업 중이다. 상대적으로 고객 회전이 빠르고, 초기 개점비용이 적은 점이 패스트푸드점 개점이 인기를 끄는 이유로 분석됐다. 프랜차이즈 1~3위 브랜드는 모두 패스트푸드 브랜드다.

현재 프랜차이즈 1위 기업은 말콘(Marcon)사의 '스타도그스(Stardog's)'다. 2011년 모스크바의 가판음식점이 일부 폐쇄됐으나 지난 2년 간 230개의 증가한 630개 체인점이 영업하고 있다. 2위인 '서브웨이(Subway)'는 470개, 2013년 '크로시카 카토시카'를 제치고 3위에 올라선 '맥도날드'는 363개의 체인점을 운영 중이다.

러시아 리서치업체 알비씨(RBC research) 조사에 따르면 경제위기로 인한 외식비 감소로 2013년 러시아 외식시장은 5.5% 성장, 종전의 절반 이하로 성장률이 둔화됐다. 하지만 2014년 소치 동계올림픽, 2018년 월드컵 등 스포츠 이벤트가 잇따라 개최된다. 이에 따라 국내외로부터 투자가 이어져 2012~2013년 1분기까지 1,150개의 체인점이 개점, 성장을 이어갈 것으로 전망했다.

자료원: 더바이어, 2014.01.03. 기사편집

사례 13-16

유럽 초저가 마트 '리들' 진열대 90%가 PB상품

이탈리아 밀라노 도심에 위치한 슈퍼마켓 리들 매장은 남달랐다. 세련된 인테리어에 길들여진 한국인 소비자의 눈으로 보면 진열 방식이 엉망이라고 느껴질 정도였다. 종이 상자에 물건이 그대로 놓여진 채 진열돼 무성의해 보이기까지 했다. 약 7m 길이의 디저트 판매대에서 자체브랜드(PB)가 아닌 제품은 네슬레 제품 딱 한 가지였다. 나머지 수십 가지는 모두 리들의 PB였다. 리들이 가격 경쟁력을 갖는 배경이다.

이들은 경쟁사 알디와 함께 일반 브랜드보다 20 ~ 50% 싼 PB 상품을 주로 팔아 미국과 유럽에서는 하드디스카운트스토어(HDS)로 불린다. 90% 이상이 PB고 상품 수는 일반 마트의 10분의 1 수준이다. 가격을 저렴하게 유지할 수 있는 비결이다. 최근에는 질 좋은 유럽산 와인, 치즈, 피자, 햄 PB를 앞세워 품질까지 높였다. 리들의 PB 와인은 지난해 국제 와인&주류 품평회에서 실버 아웃스탠딩 메달을 땄다. 최근 개장한 리들 볼로냐 점포는 고급화에 좀 더 다가갔다. 프랑스산을 파는 PB '뒤크 드 쾨르', 이탈리아산 식품 위주의 '이탈리아모' 등이 인기가 높다고 했다. 매장에서는 이탈리아산 재료를 갖고 직접 빵을 굽고 있었다. 리들 이탈리아 관계자는 "합리적인 가격으로 고품질의 PB 상품을 제공한다는 것이 우리의 비전이다. 오래된 매장의 리뉴얼에도 힘쓰고 있다"고 했다.

리들과 알디는 유럽에 이어 미국 시장을 공략하고 있다. 베인앤드컴퍼니는 2020년까지 미국에서 알디, 리들 같은 HDS가 매년 8 ~ 10%씩 성장할 것으로 내다봤다. 기존 전통적인 대형마트 성장률의 5배 수준이다. 이미 리들의 모그룹인 슈바르츠그룹은 식품 유통기업 중 미국 월마트와 프랑스 카르푸에 이어 세계 3위로 올라섰다.

유지윤 KOTRA 밀라노무역관 연구원은 "이탈리아 유통망은 폐쇄적이라 해외 기업이 진출하기 쉽지 않다. 리들은 가격 경쟁력을 무기로 현지 소비자들을 빠르게 사로잡고 있다"고 말했다.

자료원: 동아일보, 2017.10.06. 기사편집

참고문헌

1. 오영애, 김문정, 김은희, 사례중심 유통의 이해, 도서출판 두남, 2014
2. 오영애, 김문정, 김은희, 유통관리, 도서출판 두남, 2010
3. 안광호, 조재윤, 한상린, 유통원론, 학현사, 2014
4. 서용구, 홍성준, 유통원론, 학현사, 2015.
5. 유통산업통계, 대한 상공회의소, 2014.
6. 매경시사용어사전
7. TTA정보통신용어사전, 한국정보통신 기술협회, www.tta.or.kr
8. 2018 유통산업 전망세미나, 대한상공회의소, 2017.12.6.
9. 장래인구추계, 통계청, 2017.
10. 헤럴드 경제
11. 매일경제
12. 한국경제매거진
13. 이 데일리 등 다수
14. 닐슨코리안 클릭, 2017
15. 2017년 12월 및 연간 온라인쇼핑 동향, 통계청. 2018.
16. P. Kotler and Gary Armstrong, Principles of Marketing, 5th ed. Global ed. PEARSON, 2014.
17. Anne T. Coughlin, Erin Anderson, Louis W. Stern and Adel El-Ansary, Marketing Channels, 6th ed.(Upper Saddle River, NJ: Prentice Hall, 2001).
18. Bowersox, Donald J. and M. Bixby Cooper, Strategic Marketing Channel Management, Mcgraw-Hill, Inc., NY. 1992.

찾아보기

ㄱ

ㄴ

ㄷ

ㄹ

ㅁ

ㅇ

ㅈ

저자약력

■ **김 문 정**

- 서울대학교대학원 석사(경영교육)
- 세종대학교대학원박사(경영학)
- 세종대학교, 상명대학교 강사
- California State University San Marcos, Visiting Scholar
- 서울메트로 연구자문위원
- 한국유통과학회 부회장
- 한국커뮤니케이션학회 편집위원
- (현재) 백석문화대학교 광고·마케팅학부 교수

〈저서〉

- 마케팅원론
- Practical English
- 창업과 경영정책
- 소매업 상품관리
- 전략적 창업론
- 2급 유통관리사
- 유통관리
- 사례중심 유통의 이해

■ **김 은 희**

- 숭실대학교 대학원(경영학석사/박사)
- 숭실대학교 강사
- 서울과학기술대학교 강사
- 중소기업혁신전략연구원 연구위원
- (현재) 백석문화대학교 광고·마케팅학부 교수

〈저서〉

- 글로벌시대의 기업문화와 해외투자전략
- 2급 유통관리사
- 유통관리
- 사례중심 유통의 이해

유통관리 – 사례중심

초 판 1쇄 발행 —— 2018년 2월 12일
초 판 2쇄 발행 —— 2019년 2월 15일
지은이 —— 김 문 정 · 김 은 희
펴낸이 —— 전 두 표
펴낸곳 —— 도서출판 두남
서울시 강동구 성내로6길 34-16 두남빌딩
신 고 : 제25100-1988-9호
TEL : 02) 478-2065~7, 2311
FAX : 02) 478-2068
E-mail : dunam1@unitel.co.kr
http://www.dunam.co.kr

정가 20,000원

ISBN 978-89-6414-782-5 93320